A morte da porta-estandarte, Tati, a garota e outras histórias

ANÍBAL MACHADO

A morte da porta-estandarte, Tati, a garota e outras histórias

18ª edição

JOSÉ OLYMPIO
EDITORA
Rio de Janeiro, 2010

Reservam-se os direitos desta edição à
EDITORA JOSÉ OLYMPIO LTDA.
Rua Argentina, 171 – 3º andar – São Cristóvão
20921-380 – Rio de Janeiro, RJ – República Federativa do Brasil
Tel.: (21) 2585-2060
Printed in Brazil / Impresso no Brasil

Atendimento e venda direta ao leitor:
mdireto@record.com.br
Tel.: (21) 2585-2002

ISBN 978-85-03-01074-0

Capa: Folio Design/Cristiana Barreto e Flávia Caesar
Desenho a traço de Suely Avellar sob bico de pena de Luís Jardim.

Este livro foi revisado segundo o novo Acordo Ortográfico da Língua Portuguesa.

CIP-BRASIL. CATALOGAÇÃO-NA-FONTE
SINDICATO NACIONAL DOS EDITORES DE LIVROS, RJ

Machado, Anibal M. (Anibal Monteiro), 1894-1964
M129m A morte da porta-estandarte e, Tati, a garota e outras histórias /
18.ed. Aníbal M. Machado. – 18.ed. – Rio de Janeiro: José Olympio, 2010.

ISBN 978-85-03-01074-0

1. Conto brasileiro. I. Título.

10-6458 CDD: 869.93
CDU: 821.134.3(81)-3

A

SELMA

Sumário

O Iniciado do Movimento

Nascido em 1894, Aníbal M. Machado viveu sua primeira juventude como testemunha, interessada e certamente entusiasta (embora esse entusiasmo, como convinha a um bom mineiro de Sabará, só se expressasse em *sotto-voce*), de todas as revoluções que se sucederam, às vezes quase acavalando-se, nas primeiras décadas do século XX. Em especial, as que começavam ou iam terminar no campo das artes.

Aquela, como todos sabemos, foi a época das vanguardas estéticas, que aliás começaram a manifestar-se ainda no último quarto do século XIX. Foi a grande temporada do futurismo, do expressionismo, do dadaísmo, de um sem-número de *ismos* que, associando substâncias afins ou mesmo pouco aparentadas, levaram ao modernismo, essa manifestação eloquente e impositiva da modernidade.

Era natural, portanto, que a personalidade e a obra literária de Aníbal Machado se apresentassem, como de fato aconteceu, impregnadas de modernismo. A personalidade foi por muitos títulos marcante e exerceu justificado fascínio sobre mais de uma geração. Já a obra escrita foi por demais escassa para tanto talento.

Se excluirmos três ensaios que na origem foram conferências, e um pequeno volume de poesia, mais tarde incorporado a outro livro, sua obra de maior volume e consistência resume-se a dois livros de ficção (*Vila Feliz*, que com os acréscimos recebidos em reedições acabou ganhando um longo título, *A morte da porta-estandarte & Tati, a Garota & outras histórias*, e *João Ternura*) e um de reflexões (*Cadernos de João*) sobre temas e assuntos variados.

A contribuição ensaística de Aníbal Machado ao debate cultural da época tem sua contemporaneidade evidenciada já nos títulos, que remetem diretamente aos assuntos. Em primeiro lugar, ele tomou por objeto o cinema, essa arte moderna por excelência: *O cinema e sua infância na vida moderna* (1941). Em segundo, aspectos da vida contemporânea, vistos de uma perspectiva poética: *ABC das catástrofes* e *Topografia da insônia* (1951). E, finalmente, as artes plásticas modernas, personificadas pelo gravador brasileiro Oswaldo Goeldi (*Goeldi*, 1955).

Moderna era desde o início a dicção de sua poesia; e inequivocamente modernas as características de construção e estilo de "O rato, o guarda-civil e o transatlântico", conto publicado em meados da década de 1920, precursor da obra futura.

Escassos, os trabalhos inaugurais também já eram indicadores daquilo que iria distinguir o moderno em Aníbal do moderno em outros autores de seu tempo. Como tantos escritores e intelectuais da época, ele vivia em constante inquietação com o que acontecia para além dos limites do salão em que os amigos eram recebidos e ilustrados pelo seu conhecimento e sua sabedoria; mas a consciência do conflito social não o obrigava a deixar-se levar pela ortodoxia que viajava na subsuperfície de várias correntes modernistas.

O fato é que jamais sua pena se moveria em direção única, fosse escrevendo poesia, ficção ou filosofia. Em todas as ocasiões ele foi o que colhia sementes nas mais diversas searas e ia semeá-las onde houvesse ventos soprando nas mais diversas direções.

Não é difícil perceber na obra de Aníbal Machado a presença – sempre discreta – de autores e ideias que marcaram seu século. O desenvolvimento de histórias como "O piano" e "O telegrama de Ataxerxes" deixa pouca dúvida de que elas tenham sido roçadas pela asa denunciadora de Kafka. Com elas somos advertidos, primeiro, de que qualquer circunstância da vida moderna pode repentinamente nos tornar presas do absurdo, e segundo, de que em nosso tempo, mais do que nunca, o poder tornou-se distante e ilusório, mas também perigoso e desapiedado.

Há outros contos nos quais é o surrealismo que deixa algumas de suas melhores marcas. Mas o notável, no caso, é que ao levá-las em conta, nosso ficcionista se mostrasse menos interessado pelas extravagâncias dos surrealistas no processo de criação da obra, e mais pelas preocupações com o destino humano, que eles herdaram de seus predecessores, a começar por Rimbaud.

Em estreito convívio com o labirinto e o estranhamento, os mitos também batiam ponto na obra de Aníbal Machado. Evidenciavam-se de preferência naquelas ocasiões em que o ser humano sente a proximidade do inefável. Os mitos e os experimentos de linguagem com os quais às vezes nos deparamos em suas ficções (v., p. ex., o Livro VI de *João Ternura*) são inequívocos indícios de simpatia pela visão de Joyce e a riqueza poética em seus modos de envolver e revelar o mundo.

Filtrados e finalmente fundidos em um cadinho único, os múltiplos interesses e as variadas influências recebidas por Aníbal Machado resultaram em uma obra que ficou de certa maneira isolada na literatura brasileira do século XX. Nos tempos de *João Ternura* houve por aqui muita deglutição de carne estrangeira. Como já vimos, foi modesta a participação de Aníbal em tais festins. E embora tenha viajado pelas estradas duplas do irreal e do absurdo, não foi como um bandeirante, mas como um viajante curioso que o fez. Em compensação, poucos o igualaram em outras artes mais sutis e trabalhosas, como, por exemplo, a de reunir muitas vozes, sem excluir as das coisas inanimadas, na hora de narrar uma história.

Escritas a partir da metade da década de 1920, as ficções de Aníbal Machado têm mais do que a peculiaridade de construção e estilo como testemunha de sua modernidade. Elas são percorridas por elementos caros à visão do moderno pelos modernistas. A velocidade é um deles.

Hoje, a velocidade está incorporada à nossa existência, em boa parte como neurose. Havia sintomas, mas ainda não era assim quando ele começou a assestar seus binóculos sobre a nova humanidade que despontava.

Aníbal Machado percebeu que no quadro da vida moderna a velocidade pedia mais que instrumentos para medi-la. O escritor devia compreendê-la em planos e dimensões variados e extrair algo de positivo dessa compreensão – a dinamização da narrativa, por exemplo –, sem no entanto eximir-se de observá-la criticamente. Isso fazia toda a diferença entre esse contista que amava os navios, os trens e as linhas telegráficas e, por exemplo, os futuristas que às vezes andaram celebrando a velocidade por si mesma.

Não foi, portanto, pela correria neurótica do mundo moderno que Aníbal Machado deixou-se fascinar; foi pelo movimento (a propósito, Heráclito é invocado nos *Cadernos de João*), seus múltiplos significados, suas múltiplas possibilidades. Não por acaso, o elemento metafórico de sua preferência era o vento. Em sua obra, a de ficção principalmente, o vento sopra com uma frequência às vezes perturbadora. Sopra em diferentes circunstâncias, com diferentes funções. Mas sejam elas quais forem, ele é sócio da crise, do movimento e da mudança. Ele pode mesmo tornar-se matéria direta de reflexão, isto é, sem mediação da poesia ou da prosa ficcional, como vemos nos *Cadernos*.

Em mais de uma situação dramática, o vento deixa de ser um mero fenômeno físico e trata de personalizar-se. Em "O iniciado do vento", da segunda fornada de contos (publicados em 1959, juntamente com os de *Vila Feliz*, sob o título de *Histórias reunidas*), o vento anuncia sua personalidade logo no começo, quando vai ao encontro do trem no qual viaja o engenheiro, falsamente acusado de ter atentado contra a integridade de um menino. Depois de submeter-se a julgamento, o engenheiro é absolvido e torna-se o "iniciado do vento". O vento, portanto, faz-se presente tanto no anúncio da crise quanto no surgimento da situação que a debelará. O vento começa a soprar na terceira página de *João Ternura* e só se ausentará quando, após as mortes provisórias, o protagonista morrer definitivamente.

O movimento estava no centro da visão de mundo de Aníbal Machado. Como simpatizante do socialismo (a rejeição da mão única não o impedia de sonhar com um mundo mais justo e mais harmonioso), era natural que para ele a História não fosse um lago, mas um rio com curvas e corredeiras. Essa concepção da vida como movimento atravessa o fragmentário mas nunca ocioso conjunto de reflexões filosóficas dos *Cadernos de João*.

O movimento, finalmente, é o que mais caracteriza a construção de *João Ternura*, essa ficção descontínua e multivalente. Até certa altura, pelo menos, João Ternura é o herói de um romance de aprendizagem e formação. Como tal, deve ter seus elementos autobiográficos. Mas João Ternura, antes de ter finalmente um destino individual, pode ser tomado como uma encarnação do brasileiro, em um momento no qual o Brasil tentava mais uma vez desenvolver-se, movendo-se ao mesmo tempo em várias direções, interiorizando-se e concentrando-se em metrópoles que começavam a ulcerar o mapa do país.

Aníbal parece ter reservado para *João Ternura* o máximo de sua capacidade imaginativa e de seu poder criador. Aqui ele se vale dos mais diversos modos e recursos narrativos para acompanhar a incerta evolução de seu protagonista. Contra o pano de fundo de um Carnaval carioca, tão tropical quanto surreal, João Ternura encerra sua viagem acionando a metralhadora da crítica, carregada com balas de tinta. Com essa tinta ele amplia seu já vasto painel do Brasil, preenche-o com mais alguns paradoxos e deixa a marca de sua restrição em figuras de historiadores, pensadores, políticos e líderes religiosos. Com razão, um amigo qualifica João Ternura de anarco-individualista...

Embora tenha descoberto algumas das feridas da existência humana, Aníbal Machado não era um escritor amargo. Era crítico, sim, mas um crítico que se enquadrava também na tradição do homem cordial, que se apresentava como uma personificação do bom humor e da amizade, essa virtude cada vez mais ausente da sociedade contemporânea.

Em vida, Aníbal Machado foi alvo de intenso interesse. Seu *João Ternura*, publicado póstumo (o escritor morreu no Rio, em janeiro de 1964), tornou-se, muito antes de ir para as livrarias, uma peça da mitologia da vida literária brasileira. Parte de sua obra foi adaptada para o cinema, mas as traduções têm sido menos numerosas do que seria de esperar. Perdeu a corrida para mitologias mais típicas do modernismo brasileiro.

Importa, porém, o fato de Aníbal Machado ser sempre uma revelação para o leitor. Cada vez que saímos de seus livros, levamos a convicção de termos convivido com alguém meio mágico, que, para nos deslumbrar, de vez em quando ia além da nossa comum realidade, alguém iniciado do vento, do mar, do movimento, de tudo aquilo que a sensibilidade reserva a uma imaginação destemerosa mas tranquila.

MARIO PONTES

A MORTE DA PORTA-ESTANDARTE, TATI, A GAROTA E OUTRAS HISTÓRIAS

EM SUA ORIGEM, ESTE LIVRO DE NOME comprido e compósito chamava-se apenas *Vila Feliz* (1944), e continha pelo menos um conto já célebre, "A morte da porta-estandarte", publicado isoladamente na década de 1930. Em 1954, vários outros contos vieram reunir-se à coletânea de dez anos antes. Entre eles, obras-primas como "O iniciado do vento" e "Viagem aos seios de Duília". Com isso, *Vila Feliz* passou a chamar-se *Histórias reunidas*. Mais tarde, por motivos editoriais, esse segundo título deu lugar ao atual.

Hoje, o antigo *Vila Feliz* compõe-se de 13 contos, um dos quais, "O rato, o guarda civil e o transatlântico", aparece em apêndice. Na verdade, esse conto foi publicado antes de todos os outros; foi impresso pela primeira vez em 1925, nas páginas da revista *Estética*, dirigida por Prudente de Morais, neto e Sérgio Buarque de Hollanda.

Com um pé no real e outro no fantástico, "O iniciado do vento" dá o tom da coletânea, tal como está hoje organizada. O escape da realidade, mesmo quando discreto, pode ser percebido ainda em "O desfile dos chapéus", em "O piano" e no mencionado "O rato, o guarda-civil e o transatlântico".

"O telegrama de Ataxerxes" — um homem que tenta, em vão, ser recebido pelo Presidente da República, seu colega de infância – puxa para o absurdo; "A morte da porta-estandarte", para o realismo de uma tragédia carioca; "O ascensorista" para a crônica da vida na metrópole, representada por um prédio de apartamentos; e "Viagem aos seios de Duília", para o drama que traz consigo a força destruidora do tempo.

MARIO PONTES

A morte da porta-estrandarte, Tati, a garota e outras histórias

O INICIADO DO VENTO

a joão cabral de melo neto

QUEM PODERÁ DIZER QUE AMANHÃ mesmo aquele passageiro não esteja na manchete principal dos jornais como herói dos acontecimentos que o levam agora à cidadezinha de... no alto da serra.

A locomotiva ofegava entre margens de bananeiras.

O passageiro abandonou o jornal, deixou cair as folhas. Lera os crimes de outros, passaria em breve a ler o seu... crime. Baixou os olhos: na folha esvoaçante, as fotografias de um punguista e de um cáften expulso. Amanhã seria a sua fotografia... Lançada que fosse a notícia aos quatro ventos, não adiantava mais restabelecer a verdade, gritar sua inocência.

A que ficará reduzido depois da provação da publicidade, depois do temporal?

No momento — pior que a revolta contra a injustiça — era o sentimento de pudor ferido, de invasão do seu silêncio.

Olhou pela janela: ainda faltavam duas estações. Mais inquieto agora, quase chorando, disse adeus ao futuro... a certa imagem de seu futuro que insistia nos sonhos da mocidade.

Estava escuro. Pelo vento que viera ao encontro do comboio e o envolvia num turbilhão, pressentia-se próxima a cidade. O viajante não reconhecia nesse vento o mesmo que soprava naquelas altitudes quando, concluída a ponte, buscara a estância de repouso levando ainda nos ouvidos o barulho do concreto a despejar-se nos caixões, e o rumor suave da correnteza na aresta dos pilares.

Fora um trabalho arrasador; meses e meses ao sol, com os operários; e à noite, dentro da barraca, os cálculos no papel, a conversa com os trabalhadores; depois, os cigarros, a insônia, e a leitura até alta madrugada — vício a que não sabia resistir

Afinal, a obra fora inaugurada dentro do prazo. E era uma bela ponte, ele próprio o reconhecia. Gente e mercadorias já deviam estar transitando entre as duas margens. Antes assim. Um pensamento amargo tirava-lhe porém o gosto dessa evocação: ia desembarcar não mais na capital do vento, senão numa cidade irreconhecível, cabeça de comarca e sede da administração da Justiça. Perante esta fora intimado a comparecer para ser interrogado. O processo correra até então à sua revelia.

Seria mesmo crime o que praticara? Os homens inventam leis, modificam à vontade os códigos. Como saber o momento preciso em que os nossos atos passam da inocência ao crime, se a gente não distingue bem a linha divisória.

— Serei mesmo um criminoso?

A imagem do desaparecido sorria-lhe de longe, como que respondendo.

Mal se ouvira o apito do trem, a multidão que se deixara ficar até tarde da noite na praça encaminhou-se para a estação, enquanto o alto-falante anunciava: "Aproxima-se com o atraso habitual o trem que vem conduzindo a esta cidade o engenheiro José Roberto, o qual será interrogado amanhã pelo crime de que é acusado. O Meritíssimo Juiz da Comarca recomenda a todos que se mantenham calmos, respeitando a pessoa do acusado e aguardando a decisão serena da Justiça."

Embora sede de comarca, era tão pequena a cidade que um grito ou gargalhada forte a atravessavam de ponta a ponta. Assim, não seria exagero supor que toda a população se achava reunida ali, àquela hora.

Ao aviso do microfone, as mães apanharam as crianças adormecidas na grama do jardim, e se aproximaram da Estação. No cinema, o público, trocando o final de um filme sonolento pela chegada do engenheiro, abandonou a sala de projeção e se dirigiu para a sacada do prédio. Dali apreciaria melhor a passagem do acusado.

Os coqueiros da praça ainda se mantinham imóveis. Mesmo que começasse a ventar, não era razão para que as famílias se recolhessem, insensíveis que eram, de tão habituadas, àquele vento famoso.

A pequena locomotiva foi entrando mais devagar, como convinha, batendo demais o seu sino. Era uma máquina antiga, e meio cômica quando apitava com estridência desproporcionada ao seu tamanho.

A autoridade policial e o agente da estação abriram caminho, pedindo a todos que se afastassem. Cada qual queria ser o primeiro a ver a cara do engenheiro. Este, calmo e alto, surgiu na plataforma do vagão. Não sabia que viajara com algum personagem importante; mas logo, pela convergência geral dos olhares em sua pessoa, compreendeu tudo. E empalideceu. Alguém teria dado o aviso de sua chegada.

Houve o silêncio de alguns instantes para a "tomada" de sua figura; em seguida, rompeu um murmúrio indistinto mas hostil, cortado pelas sílabas tônicas de alguns palavrões conhecidos, se não de palavrões sussurrados por inteiro.

— Para o Hotel Bela Vista? — interrogou o delegado.

— Sim — respondeu o acusado numa voz firme que reconheceu não ser a sua.

Ao passar pela ala das moças, uma delas não se conteve:

— Ah, ele é bonito! — exclamou. E depressa, arrependida, tapou a boca com a mão.

Alguns o tinham visto, meses atrás, sem lhe guardarem bem a fisionomia. Era então, como tantos outros, um veranista de passagem. Agora, não. Vinha com a auréola do crime, ligado àquela terra por um processo judiciário, por um escândalo.

Os moleques tinham combinado uma vaia com busca-pés que o perseguissem durante o trajeto até o Hotel. Maltrapilhos e abandonados, brigavam sempre entre si, mas o fato de ter sido um deles a vítima, unia-os agora no ódio comum ao engenheiro. Disso tirou partido o próprio escrivão do crime com uma parcialidade que a população aplaudia, e que o juiz da Comarca, severo, mas sempre alto e distante no desempenho de suas funções, ignorava.

De tal juiz se dizia que era bom demais para aquele burgo. Seu vulto, seu saber e dignidade moral, suas nobres maneiras estavam a indicar-lhe o aproveitamento nalgum Tribunal superior, a que presidisse com beca romana e frases latinas. Nunca porém o quiseram elevar àquelas cumeadas. Sempre elogios, jamais a promoção. A política negava justiça a quem melhor a distribuía. Era voz geral que, desgostoso, pedira contagem de tempo para aposentadoria.

Mediante manobras mesquinhas que escapavam aos olhos do juiz sempre voltados para o mais alto e o mais longe, o seu esperto escrivão conseguira prestígio e se fazia temido na cidade. Conduzia os processos, influía nas testemunhas. A vida e a liberdade de muita gente estavam em suas mãos — sobretudo agora, com um promotor sentimental, sempre no sítio do fazendeiro, por cuja filha se apaixonara.

Por artes do escrivão, fora desrespeitada a recomendação de se preservar a pessoa do réu.

O engenheiro vai subindo a ladeira entre busca-pés que lhe passam raspando pelas pernas.

O hotel apresentava-se iluminado, todas as vidraças abertas. Parte da população, apenas curiosa, seguia o hóspede a certa distância. As famílias retiraram-se, enquanto as janelas começavam a se fechar para a ventania que não tardava.

Queimados os últimos busca-pés, os moleques transformaram o resto da noite em passeata carnavalesca, esquecidos do colega morto e de seu indigitado assassino. A este reservara a hoteleira o mesmo quarto onde o hospedara a primeira vez, dando vista para o cemitério e para a colina fatal onde a vítima desaparecera para sempre.

Já o vento corria forte. Mas o engenheiro evitava qualquer pensamento ou evocação que não se prendesse à sua defesa.

A maneira como o receberam era um aviso. Agora que se fechara no quarto, sentia o quanto lhe perigava a liberdade. Sentado numa poltrona roída, perplexo diante do absurdo, fumava sem parar e pensava no que devia fazer. Às vezes, uma onda maior de revolta cobria o seu caso pessoal, ia alcançar os fundamentos da sociedade e da condição humana em geral, o que lhe produzia certa embriaguez momentânea em que se reconhecia profeta e vociferador. Chegava a achar-se cômico nessa vertigem, mas não queria nem podia perder-se em divagações: o caso concreto estava ali, como a ponta de um punhal aproximando-se de seu coração. Amanhã mesmo se acharia perante a Justiça, de seus olhos vendados, de sua cara falsa e fria.

Enquanto fazia essas amargas reflexões, o vento não cessava um minuto de empurrar as venezianas, como que forçando a entrada. Pelo que dele escapava nas frestas — lâminas frias, finas — podia o engenheiro imaginar-lhe o ímpeto veloz e a noturna impaciência.

Uma pancada suave na porta, e aparece a dona do hotel. Pousa no hóspede os olhos calmos e negros. A corrente de ar do corredor, entrando pelo quarto, agita ao mesmo tempo os cabelos da mulher e o cortinado das janelas. Vem com a bandeja. Traz chá e frutas.

— O senhor deve estar lembrado de mim.

— Sim, como não?

— Vinte e tantos dias o senhor foi meu hóspede, não é verdade?

Colocou a bandeja na mesa. O engenheiro permanecia silencioso. A mulher dá um jeito ao travesseiro, passa o pano pelo aparador.

— É bom ir tomando antes que esfrie.

Reclina o corpo para firmar o trinco de uma veneziana, o que faz com propositada lentidão.

— Foi pena ter acontecido aquilo...

A hoteleira não leva a mal o mutismo do hóspede. Estava triste e preocupado, era natural. Relanceou o aposento. Não encontrou mais nenhum pretexto que a fizesse demorar ali por mais tempo. Ao sair, lembrou-se de dizer:

— Há um advogado lá embaixo, na sala, querendo falar-lhe.

A estas palavras, o engenheiro acordou de sua cisma:

— Hein?... Faça-o subir, tenha a bondade.

— Tome o chá antes. O senhor deve estar fatigado. Se precisar de mim é só apertar o botão.

Disse e retirou-se, deixando atrás, a relembrá-la, um perfume insinuativo.

O advogado entrou ofegante. A porta bateu-lhe atrás com estrondo. Vinha oferecer os seus serviços profissionais. Ali, naquela terra, tirante o juiz, "fique certo seu doutor, ninguém mais presta, nem eu mesmo!", disse com ênfase, batendo no peito. — Sou um homem acabado... Minha mulher fugiu, meu filho não dá notícias. Desde estudante, com a graça de Deus, fui sempre uma criatura...

Ouviu-se nesse momento um grito lá fora:

— Morra o criminoso!

O causídico interrompeu o relato de sua vida para dizer:

— Está ouvindo?!... Não se fala em outra coisa na rua. Acho imprudência o senhor sair hoje.

— A que horas o interrogatório? — perguntou calmamente o engenheiro.

— Ah, pois não! Três da tarde, no edifício do Foro, segundo andar, sala de audiências.

Com a cara quase encostada à do engenheiro, foi-lhe segredando aos ouvidos, na sua linguagem profissional:

— O processo é um amontoado de infâmias e incongruências. A denúncia apoia-se em indícios fracos. E o cadáver que foi visto descendo o ribeirão nas divisas do Município, dez dias depois, era de um jovem de cor branca, não podia ser do Zeca da Curva. Não se atemorize. Havemos de pulverizar as testemunhas.

Ao sentir-lhe o hálito de sarro de charuto e cerveja, o engenheiro recuou.

— Há testemunhas? — perguntou.

— A principal o senhor conhece.

— Como?

— Trouxe-lhe o chá ainda há pouco. Acabou de sair deste quarto.

O engenheiro não deixou transparecer por palavras o seu pasmo; apenas pela expressão do olhar e um ligeiro tremor de ombros. Aproximando-se, o advogado relanceou a porta e disse baixinho:

— Ela é influenciada pelo escrivão que lhe salvou o hotel de uma falência. Dizem que é séria, não sei. Duvido... O que se murmura por aí, à boca pequena, é que ele tem uma paixão secreta por ela. Criatura má... Veja o que fez comigo: quase duas horas me deixou lá embaixo na sala, com esse frio! Esquisitíssima! Não está ouvindo o piano? Pois é ela... Não há hóspede que aguente. Ficou assim desde que perdeu o marido... Mas vamos ao principal: meus honorários não são de assustar. Prefere negar o crime ou alegar alguma dirimente?

— Não houve crime — exclama o engenheiro.

— Sim; compreendo... — disse o bacharel com cínica reticência. — Também era o que faltava se o senhor fosse confessar o crime... Mas comigo, em particular, o senhor poderá abrir-se. É segredo profissional, saberei guardá-lo. Perante o júri, sim, deve negar o fato. Dirá, por exemplo, que não conhecia o menino...

— Mas eu conheci o menino! Privei com ele durante vinte dias.

— E o lado sexual? — pergunta o advogado.

— Que lado sexual?! — exclama o engenheiro levantando-se com ímpeto.

— Está no processo. Se não me engano, no depoimento de madama...

— Que madama?

— A que lhe trouxe o chá, e está tocando piano.

— Vamos chamá-la!

O advogado mexeu-se na cadeira, reacendeu o charuto. Com esse gesto, despedia-se do ar subserviente com que entrara. Entre baforadas ressurgiu o profissional desembaraçado e loquaz.

— Quer um conselho? Não o faça. O escrivão deve estar lá embaixo. Visita-a quase todas as noites. É um homem perigoso, simulador. Servil ou autoritário, conforme a conveniência. Deixemos para esclarecer tudo em juízo. Ao que consta, essa mulher tem paixão por outra pessoa.

— Não me interessa...

— Conforme. Se essa pessoa é o próprio denunciado, convém tomar o caso em consideração.

— Por mim?!...

— Sim. E talvez o senhor nem tenha percebido. Está-se vendo que é muito jovem, ainda não tem experiência. Se quiser passar agora a procuração...

— Não. Eu me defendo sozinho.

— Sozinho! — exclamou o advogado. — E ainda desse jeito, confessando tudo!... Ah, meu caro, não brinque com a Justiça... Está muito moço para suicidar-se.

Chegou à janela e olhando para a noite, começou a dizer:

— Ninguém faz ideia do que seja a cadeia desta cidade! Ali não entra luz, a água mina das paredes. Venta noite e dia! Ali só os ratos e vermes são felizes!...

Era uma advertência que o engenheiro achou declamatória e extemporânea. Pediu desculpas ao advogado, estava cansado, precisava dormir, amanhã lhe diria qualquer coisa.

— Mas defenda-se, meu jovem! Por mim ou por outro advogado, defenda-se — disse o bacharel despedindo-se com uma emoção que o hóspede não ficou sabendo se era sincera ou simulada.

Mergulhou o rosto no travesseiro. Estava quase a soluçar.

Lá fora o vento guaiava. Era agora um vento de tipo retórico e banal, o que corre em toda parte sem a menor afinidade com o outro, que era todo malícia, mocidade, fecundação. A discriminação gratuita entre as duas famílias de vento prendia-se no espírito do engenheiro às impressões deprimentes da chegada. Vestido como estava, dormiu.

Acordou antes da cidade. Abriu a janela. No lusco-fusco da madrugada, a cidadezinha era um amontoado triste de casas. Despertada dentro de algumas horas, ela começaria a desprender seus venenos, faria andar seu aparelho de compressão.

Já decidira o engenheiro o que ia fazer: tudo confessar, nada esconder. Que sabia da Lei?, nada. Que sabia do fato?, tudo!

Batem à porta, a hoteleira apresenta-se. Pálida, contrafeita, os olhos quebrados pela insônia.

— Desculpe-me. Vim eu mesma trazer o café. Essas criadas de hoje não se pode confiar nelas. Quebram tudo, servem mal os hóspedes. O piano o incomodou?

— Não, minha senhora.

— Fiz o possível para tocar baixinho, fechei as portas. É a minha reza da noite. Não posso deitar-me sem tocar nem que seja um pouco. Já tenho perdido hóspedes por causa disso. Esta noite pensei muito no senhor.

O engenheiro não sabia como definir as intenções daquela mulher. Impressionado embora com as palavras do advogado, sentiu que era preciso resistir à doçura de maneiras com que ela procurava envolvê-lo. Manteve-se num silêncio cauteloso, cortado apenas por monossílabos de estrita deferência.

A mulher olhava para o retrato colocado sobre a mesa de cabeceira.

— É a sua noiva?

— É.

— Eu também já fui moça feito ela. Os anos correm tão depressa...

Retirou da mesa a bandeja da véspera, colocou a nova, cheia de frutas, queijo, pão e café recendente:

— Convém alimentar-se bem. O senhor vai ter o que fazer. Não há de ser nada. Essa gente aqui é muito má. Felizmente nosso juiz... Já conhecia o advogado?

— Vi-o ontem, pela primeira vez.

— Não se entregue a ele, é o que lhe aconselho. Vive de combinação com o escrivão. Eu mesma...

A mulher empalideceu, hesitou, deixou sair uma lágrima em vez da confissão que parecia querer soltar. Abrandou-se o ânimo duro do engenheiro:

— A senhora ia dizer que...

— Nada... nada... — atalhou a mulher.

Retirou as rosas de uma jarra, atirou-as pela janela:

— Veja só, murcharam depressa... A audiência está marcada para as três horas, não é?

Apanhou o roupão azul, colocou-o no cabide:

— Bonita cor, bom tecido. Circunvagou a vista pelo aposento: — É engraçado, quando entro para arrumar o quarto na ausência do hóspede, eu sei logo se ele é velho ou moço, solteiro ou casado. Até o cheiro é diferente...

O engenheiro se mantinha mudo, na poltrona.

— Não se preocupe, Nossa Senhora há de lhe ajudar. É só não excitar o ânimo da população. O menino era muito estimado. Se precisar de alguma coisa, pode me chamar. A porta de meu quarto está sempre aberta...

Ante a expressão calada do engenheiro, um ar de ódio transfigurou o rosto da mulher:

— No meu depoimento, eu só contei o que sabia...

O homem encarou a mulher. Estaria diante de uma criatura diabólica? Ou de alguma incompreendida, disposta a queimar naquele hotel e lugarejo os anos maduros de sua vida, como se a renovação dos hóspedes lhe diminuísse a solidão e tornasse possível o encontro com alguém que de repente viesse mudar-lhe o destino?

— Não passa de uma megera! — pensou.

Por um momento chegou a pressentir nela uma possível aliada. Mas logo reagiu contra esse sentimento, receando novas ciladas

A cidade ia dentro em pouco receber o vento; o sintoma era aquela súbita imobilidade e anemia no céu. Já penetrava pelo quarto e fazia tudo vibrar. Era o mesmo que o engenheiro conhecera ali, meses atrás, quando em férias. Nada queria com ele, porém. Pelo menos por enquanto. Viera cuidar de sua defesa, de sua liberdade. Precisava ter a cabeça fria. Aquela invasão brusca e amistosa só vinha perturbá-lo. Veja-se o que acabou de fazer lá embaixo, justamente no edifício do Foro, onde, dentro em pouco, ia proceder-se ao interrogatório: soprou tão forte que quebrou a vidraça lateral, ferindo com os estilhaços uma mulher e um ciclista.

— Mandaram dizer para o senhor comparecer às três horas — veio informar um empregadinho que ficou a olhar para o hóspede.

Às três e um quarto o acusado entrou no Foro. Ali funcionavam várias repartições municipais. Havia menos gente que na véspera, à sua chegada. Passou por entre duas filas de curiosos. Relanceou a vista pela praça. Bastou um grito que veio de longe e que, ouvido pela segunda vez, lhe parecia um *slogan* de vingança "eh, doutorzinho! chegou tua hora!", para que tivesse a medida do ódio contra a sua pessoa.

Parou perplexo, como à espera de um guia. Suportou os olhares reunidos de quase toda a Câmara Municipal, do Foro e da Coletoria, que tudo funcionava no mesmo prédio. Era a condenação prévia.

O oficial de justiça indicou-lhe a escada, acompanhou-o até a sala de audiências. No trajeto entre o primeiro degrau de pedra do saguão e o fim da escada, já no segundo andar, foi-se-lhe definindo na alma, apertando-lhe o coração, um sentimento que até então não imaginava tão atroz: o de ser o renegado, o maldito.

Para ele todo aquele aparato.

O silêncio, as caras fechadas, a troca de olhares oblíquos, as folhas de papel que mudavam de mesa, o reabastecimento dos tinteiros, a campainha, o Cristo de madeira, as idas e vindas do oficial de justiça e do advogado da véspera, os sussurros deste aos ouvidos do escrivão, e uma risadinha geral subentendida, quando não explícita — tudo contra ele, tudo para sua desgraça. Ao entrar o juiz, o silêncio se fez maior.

Aquele vulto alto e cansado, algo volumoso dentro da roupa preta, trouxe-lhe certo alívio. Sem o querer, associou o trio juiz-promotor-escrivão, já sentados à mesa sobre o estrado, à imagem das bancas examinadoras mais exigentes do seu curso de engenharia.

Como fazer com que sua verdade tivesse mais poder do que a mentira armada com os aparelhos e o cerimonial da justiça? O que aconteceu e precisava contar era, de sua natureza, tão inverossímil que não seria compreendido pelo tribunal popular, caso o juiz o mandasse a júri.

Acabara de ouvir a leitura da denúncia. Homicida!... Será possível? E, além de homicida, pervertido sexual! Assim dizia a denúncia do promotor. Era como se o punhal estivesse perto, doendo-lhe já no corpo.

Sentiu necessidade imediata de dormir, escapar pelo sono. Mas reagiu. Tirou um cigarro, acendeu-o rapidamente; o escrivão observou que não era permitido ali.

A sala foi-se enchendo. Todos, menos o juiz, o fixavam com interesse.

O escrivão olhava espantado para a assistência. Achava exagerado o número de moças no recinto, fato inexplicável num simples interrogatório; e absurdo, irritante mesmo, o tom de piedade que transparecia dos olhos delas.

— Até agora não constituiu advogado, nem quis ver o processo! — disse o escrivão aos ouvidos do promotor. — Será liquidado. Ou então é louco!

O juiz ficara lendo num livro que não se sabia bem se era a Bíblia ou o Código Penal. Quando finalmente levantou para o acusado os olhos congestionados e calmos, não era, a bem dizer, para enxergar nele a pessoa do engenheiro; era para o conhecimento de um caso a mais que ia apreciar como magistrado.

Com voz pausada, fez as perguntas de praxe. Ao declarar o réu a sua idade, uma exclamação ao fundo da sala: "É uma criança!", suscitou um psiu! do escrivão que se voltara irritado para o lado das moças.

— Tem alguma declaração a fazer? — perguntou o juiz.

O denunciado respondeu que sim. Ia contar tudo, sem mesmo saber se estava se acusando ou se defendendo. Não lera o processo. E dispensara o advogado. Não por desprezo ao profissional que o procurara na véspera; nem por desatenção à Justiça. Mas porque "o que vou narrar a Vossa Senhoria, sr. Juiz..."

— A Vossa Excelência — emendou o escrivão.

— ... O que vou narrar a Vossa Excelência, sr. Juiz, não poderia constar no processo.

Aqui uma nuvem escura envolveu-lhe o espírito. E quase toda a sala desapareceu. Do escrivão sobrenadava a gravata vermelha, depois o rosto liso, os olhos claros.

A inibição do engenheiro foi demorada. E, para a própria assistência, difícil de suportar. Perdido o impulso inicial que continha os germens de tudo o que ia dizer, parecia-lhe haver soçobrado no momento mesmo de salvar-se. Sentiu num átimo a alma danada do homem que forjicara o processo, aquele tipo que agora o encara com sarcasmo.

Só voltou a si, quando a voz do Juiz:

— Vamos! Pode continuar.

Sua consciência ia-se turvando outra vez, quando um novo "vamos!" do Juiz o despertou.

Ao fazer menção de prosseguir, a sala experimentou certo alívio. Recomeçou a falar com uma calma que não sabia bem de onde vinha.

— "Senhor Juiz, o menino achava-se realmente comigo, no momento em que desapareceu."

Houve um frêmito geral. Só o rosto do Juiz não acusava a menor alteração.

"... Mas que eu o tenha matado ou me prevalecido dele para torpezas, não é verdade, oh! não é verdade! Vou contar tudo tal como se deu, desde o momento infeliz em que desembarquei nesta cidade. Não sei se o que vou dizer significa a minha defesa ou a minha acusação, mas é a expressão do que aconteceu. E o que aconteceu, advogado nenhum saberá explicar. Talvez nem eu próprio. Eis a razão por que o dispensei, embora Vossa Senhoria... Vossa Excelência tivesse nomeado um para me assistir no processo. Poderá alguém acusar-me; defender-me, impossível. Porque o fato se deu: o menino está desaparecido ou morto. Talvez eu tenha sido cúmplice involuntário de uma tragédia. Mas se há no caso algum criminoso, esse criminoso não pode ser responsabilizado. Oh! impossível ser responsabilizado! Impossível, sr. Juiz. Só contando..."

Houve uma pausa longa, aflitiva. Depois começou a falar, como alguém que se achasse sob estado de hipnose:

"Senhor Juiz, sou engenheiro construtor de pontes. Procuro viver de coisas positivas e, tanto quanto possível, explicáveis. Não cultivo a atração do abismo. E o absurdo me aborrece. Se de meus pais herdei certa tendência para o sonho, eles próprios me preveniam contra as ciladas da imaginação. Também não sou amador de fatos estranhos da vida, posto que sempre aconteçam. Já disse que sou engenheiro e construtor de pontes. Sr. Juiz, há cerca de três meses desembarquei nesta cidade em busca de repouso. Estava esgotado, precisava refazer as forças. Desde criança, ouvira dizer que aqui ventava muito. E o nome deste lugar ficara-me na memória ligado à ideia de vento, como o de outros lugares à ideia de crime ou de tranquilidade colonial.

"Durante a subida, não pensava em outra coisa. Tanto assim que ao desembarcar, ainda um pouco atordoado, interpelei logo o primeiro sujeito que se aproximou: — Onde o vento?

"Não preciso dizer que ele me deixou sem resposta; mas também não se espantou, habituado que devia estar aos modos dessa gente que chega pela primeira vez à montanha, ainda com os tiques e esquisitices da cidade.

"Olhei em redor. As árvores imóveis, a poeira no chão e, por cúmulo, abertas as vidraças. Então não há vento algum, pensei. Era lenda. Ou talvez eu tenha descido numa hora de calmaria. Podia não estar ventando no momento e ter ventado muito, antes.

"Procurei os vestígios. A iluminação escassa não me permitia um exame profundo. Pela disposição das frondes próximas e na pele dos raros transeuntes talvez eu pudesse descobrir sinais de sua fustigação constante. Não havia; ou, se havia, era de difícil reconhecimento. Notei, é verdade, as pedras roídas nos alicerces, e escoriações no reboco das paredes. Mas não era o suficiente. Foi quando dei com as palmeiras. Aquelas que estão ali em frente, na praça."

Apontou para fora, todos olharam. Depois prosseguiu.

"Tudo então se esclareceu. Tinham a copa entortada para o sueste; o tronco também. E cicatrizes de palmas arrancadas. Vento, portanto.

"Não me enganara. Era pois este lugar a capital do vento. Ou pelo menos, uma cidade ventada. Enchi-me, de alegria, vendo confirmar-se minha expectativa. Até na figura do garoto que me esperava segurando as malas — um menino de cabelos lisos, olhos espantados, pele bronzeada, e uma mobilidade extrema na fisionomia — eu via um filho do vento. É possível, sr. Juiz, que eu exagerasse, que visse vento em tudo. Trazia a imaginação livre e os nervos um pouco desgovernados pelo cansaço.

"— Você é daqui mesmo? — perguntei.

"— Sou, sim senhor — respondeu o garoto.

"— Você é descendente de índio?

"— Minha avó...

"A estação já se tinha esvaziado.

"— Mas cadê o vento? — perguntei.

"— Daqui a pouco ele começa. É pro Bela Vista que o senhor vai?

"— Sim.

"Subimos a ladeira. Apressei os passos. Não desejava ser surpreendido pelo vento ainda na rua. Não me sentia preparado.

"— Ele vem sempre?

"— Ah! todo dia...

"O pequeno carregador parecia arquejar, perguntei-lhe se queria largar a maleta no chão para uma pausa. Respondeu-me que não; estava habituado.

"Um casarão apareceu todo iluminado.

"— É ali o Bela Vista — disse o menino.

"— Você gosta de vento?

"— Gosto. Quando ele não vem eu fico aborrecido.

"Falava aos arrancos, a respiração difícil. Tinha o corpo inclinado, como contrapeso à mala maior. — Acho que o que eu gosto mesmo... é do vento...

"Já no hotel começavam a fechar-se as vidraças. Compreendi logo: o vento não tardaria.

"— O senhor também gosta?

"Respondi com um aceno.

"— Então, se quiser, eu posso lhe arranjar um cavalo amanhã para o senhor apreciar lá de cima. O aluguel é barato.

"Combinei a condução com o menino.

"A associação de cavalo e vento me exaltara subitamente. Parecia resgatar em mim todos os males que a fadiga acumulara. Eu falo em cansaço, mas não era só isso. A imagem de cinco operários mortos retirados do fundo da ensecadeira quando faltou a bomba-de-ar também não me saía da lembrança. Como ia dizendo, combinei com o menino; ele traria cedo o animal.

"Entrei, mostrara-me o aposento que mal pude reparar como era. Adormeci, aflito para que amanhecesse logo. Foi um sono espesso, profundo, interrompido às vezes pelo barulho de uma ventania que eu não sabia bem se era do sonho — pois ventava também dentro do meu sono — ou se era a que rodava lá fora. Cavalo e vento..."

O engenheiro, aqui, parou de repente o relato. Qualquer força estranha interferira em seu espírito.

— Não sei, sr. Juiz — continuou como que voltando a si de um estado sonambúlico —, se estou contando coisas inúteis. Se posso dizer tudo, se o senhor quer me ouvir até...

— Se Vossa Excelência quer me ouvir — corrigiu o escrivão.

Gesto discreto do juiz fazendo sentir ao escrivão que aquilo não tinha importância.

— Não sei, sr. Juiz, se *o* senhor quer ouvir-me até o fim.

— Sim, sim, continue — disse o magistrado.

— Onde mesmo que eu estava?

Toda a sala se preparava para escutar o resto da história.

— Eu estava... eu estava...

Ficou suspenso, tentando reatar o fio do relato.

— Com o cavalo e o vento... — soprou uma voz feminina junto do balaústre que separa as duas metades da sala.

"— Ah! sim. No dia seguinte, cedo, me levantei. Não era o engenheiro fatigado da véspera; era um homem despreocupado, à espera de um menino com um cavalo. Eu ia descobrir os arredores, e já recebia as primeiras virações da manhã.

"À porta do hotel uma onda de bem-estar fazia de mim o homem mais feliz do mundo. A ponte voltou-me ao pensamento, mas sem a recordação das canseiras e problemas da construção, e já na sua imponência de coisa concluída, útil a toda uma região. A imagem da ponte completava a minha felicidade. Foi quando apareceu o menino.

"Vinha de longe, rindo, montado no cavalo, a puxar o outro que me era destinado. Aproximou-se, quis saber se tinha escutado o vento daquela noite. Eu disse que não. — Pois o senhor perdeu. Mas não foi dos melhores. O bom mesmo, o senhor vai ver hoje.

"Perguntei-lhe como se chamava. — Me chamam aqui de Zeca da Curva.

"— Que nome!

"Passou a mão pela crina do animal e explicou gaguejando:

"— É porque nós sempre moramos lá em cima, na volta da estrada...

"Dentro de alguns minutos, já fora da cidade, eu ia pouco a pouco entrando na intimidade da paisagem. O garoto parecia contente de se ver promovido de carregador a cicerone de turista. Deu-me o nome das colinas principais, mostrou-me as corredeiras, o vale. Contou que uma vez tinha havido um incêndio horroroso na fábrica, a fumaça cobrira tudo, até parecia noite, depois que veio o vento a cidade amanheceu de novo. Susteve o cavalo e ficou a olhar para o céu.

"— Acho que ele já vem vindo.

"— Ele quem?

"— O vento.

"— Como sabe que vem?

"— No corpo, uai...

"— Mas o ar está parado. Que é que você sente no corpo?

"— Uma coisa...

"Suas narinas farejavam os longes. Alguns instantes depois, ele tinha a cabeleira, em desalinho, e o meu chapéu fora atirado à distância. Não era ainda o vento forte que eu esperava. Parecia a vanguarda de outro, maior; que vinha avançando atrás. E à medida que aumentava de velocidade, ia mostrando uma qualidade diferente daqueles que correm em outros lugares. Parecia soprar da minha infância, trazendo o que havia de melhor e de mais antigo no espaço.

"Viramos os animais para recebê-lo de frente. Era como se cada um de nós estivesse na proa de um pequeno barco. Subitamente se animou a paisagem. Todas as árvores se manifestaram. Principalmente as bananeiras do vale e os bambuais da colina, que também são vistos daqui no espigão daquela serra."

O denunciado apontava para a serra que se deixava ver através da vidraça.

Ante a maneira natural com que fazia a sua narrativa, a assistência foi perdendo a prevenção e começou a ouvi-lo com simpatia. Continuou:

"— Agitavam-se de tal maneira que o apito de um trem que partia no momento ficou abafado no barulho.

"— Não falei que vinha? — gritou o garoto, orgulhoso do seu vento.

"E começamos a correr... O que era uma delícia!

"Cavalo e vento!...

"Com o sol no zênite, voltei ao hotel. Já o vento tinha cessado. O menino me perguntou quando é que eu queria mais;

disse-lhe que me procurasse depois. Deixou o meu cavalo pastando nas ervas da rua e desapareceu num galope.

"Entrei na sala de refeições que era limpa e cheirava a chão encerado e pratos guardados. Os poucos hóspedes comiam em silêncio. Pareciam chocados com a minha entrada. Mandaram-me olhares furtivos, antes que os meus os rechaçassem. Esses hóspedes tinham o ar tristonho e pareciam desejar que ninguém lhes perturbasse a paz. Eu também alimentava o mesmo desejo. A dona veio colocar em minha mesa uma jarra de flores silvestres, privilégio, segundo me dissera, dos hóspedes recém-chegados.

"Voltei ao quarto para a sesta. Meu primeiro contato com aquele vento deixou-me o coração preparado para uma aventura maior. Não se pode dizer, sr. Juiz, que eu já estivesse dominado por ele, mas dormi com seu rumor nos ouvidos, por que não dizer na alma. Com o vento e também com a paisagem que ele transfigurara.

"Durante dias e dias foi a minha obsessão. Nem cheguei a retirar da mala os livros de leitura, com que pretendia encher o tempo. Só o vento bastava. Toda vez que começava a soprar mais forte, Zeca da Curva aparecia. De tal maneira, que a figura maltrapilha do desaparecido se tornara para mim como uma promessa de vento.

"Entre mim e ele se estabeleceu curiosa camaradagem, na qual um expandia o seu espírito infantil e o outro, eu, o adulto em férias, procurava distração para as horas de ócio. Só que não podia esperar, seu Juiz, que dessa brincadeira inicial resultasse desfecho tão triste: um homem perante a Justiça e uma criança desaparecida ou morta. O que começou como passatempo acabou em desgraça.

"Preciso contar, sr. Juiz, como se foi formando entre nós esse estado de espírito. Eram encontros e diálogos quase diários em face e dentro mesmo das correntes de ar que percorrem esta cidade, onde a vítima era tida como um vagabundo, fazedor de biscates. Talvez um solitário e, por certo, um incompreendido. Eu trocava pela sua intuição poética a minha experiência de adulto e meus vagos conhecimentos de meteorologia.

"A princípio cheguei a pensar que ele estivesse alimentando os meus caprichos, em busca de gorjetas ou de qualquer proteção de minha parte. Depois... depois é que vim a descobrir nele um verdadeiro iniciado do vento.

"Se de fato morreu, e espero em Deus que não, ninguém mais do que eu deplora essa morte. Éramos vistos sempre juntos, à hora da ventania. E pelo que vim a saber ontem, posso bem imaginar toda a sorte de suposições maliciosas que essa intimidade despertava nos habitantes da cidade, especialmente os hóspedes de meu hotel. A dona me perguntou que graça eu achava em tal companhia. Eu não podia responder em dois minutos o que vou tentar explicar ao senhor... a Vossa Excelência, sem saber se o conseguirei.

"Zeca da Curva e eu saíamos todos os dias para estudar o vento, segundo a direção, a hora, a velocidade, o cheiro e as diversas coisas que ele faz bulir. Quase sempre deixava que o menino falasse; quando emudecia, era eu que o provocava com noções teóricas ou invenções gratuitas.

"Logo na primeira vez, aproximando-se com seu cavalo, fez-me uma pergunta:

"— Onde é que ele começa, hein?

"— Não sei — respondi.

"— Mamãe disse que é Deus que faz soprar o vento no mundo.

"Respondi que também não sabia. O garoto ficou decepcionado; insistiu em que eu sabia, mas não queria dizer.

"— O senhor não reparou esta noite? Teve um vento danado... Corria de um lado para outro, empurrava tudo que era porta e janela. Acho que ele não sabia bem o que queria. Fiquei o tempo todo espiando pelo buraco da fechadura; a língua fininha dele entrava no meu olho. O senhor não sabe aquela bananeira que nós vimos lá em cima, perto da caixa-d'água?, pois parecia que estava pegando fogo. Acho que ela sofreu um bocado."

O interrogado fez aqui uma pausa.

"— Estou-me esforçando, sr. Juiz, por conservar o jeito especial de o garoto falar, mas vejo que não é possível, perco o que havia de mais saboroso na sua linguagem.

"O segundo encontro foi na estrada do Cruzeiro. Alimentei a conversa:

"— Ontem eu vi quando ele se escondeu na grota — disse-me o menino enquanto subíamos.

"— Com certeza pernoitou lá.

"— Com certeza o quê? — perguntou, fazendo uma careta.

"— Pernoitou lá — repeti.

"— O que é que é isso, pernoitou lá, pernoitou... pernoitou?

"— Passou a noite — expliquei.

"— Ah, que palavra gozada!

"— Olha lá... as nuvens — eu disse. — Todas na mesma direção e frisadinhas. Quer dizer que o vento está correndo muito alto, você está vendo?

"— Estou, mas eu gosto é quando ele passa baixinho e vem brincar no capim.

"— Com certeza está indo para o mar.

"— Pro mar! Como é, que sabe?

"— Porque a costa atlântica é para aqueles lados...

"— Costa o quê?

"— A costa que dá para o oceano chamado Atlântico, nunca ouviu falar?

"— Ah, agora tô me lembrando, a professora falava nesse nome... O vento que corre para o mar é diferente, não é?

"— Conforme. Às vezes vai com grande velocidade, sessenta, setenta, noventa quilômetros a hora...

"— Como é que sabe?

"— A gente pode tomar a velocidade, há aparelhos para isso.

"— Pois sim, vou acreditar! — respondeu em tom de zombaria. A gente toma a velocidade do vento é nas árvores e na roupa dos varais. E o que é que o vento vai fazer no mar?

"Respondi que não sabia, mas achei melhor dizer qualquer coisa, dar largas à imaginação do meu interlocutor.

"— Ajudar os veleiros — respondi. — Animar as águas, preparar os temporais. Você já viu o mar?

"Sua testa franziu-se. Era, creio, a segunda vez que lhe fazia tal pergunta e ele desconversava. Passou a cismar. Depois, em tom de justificativa: — O maquinista prometeu me levar escondido na máquina, mas mamãe disse que me bate, que se eu for, ela não vai mais querer saber de mim.

"Parou a cismar.

"— Lá o vento corre à vontade, não é? Não tem parede, não tem morro, não tem nada para atrapalhar... Assim, é fácil...

"— Lá ele vira ventania — lembrei.

"— Aqui também nós temos ventania, uai! O mês passado houve uma na hora mesmo da procissão. Atrapalhou tudo, nós corremos, o padre ia na frente, o andor caiu, foi uma coisa danada! Pergunta à Espiga de Milho! O vento faz cada uma!

"— Quem é Espiga de Milho?

"— Minha namorada. Mas é escondido, ouviu?, mamãe não sabe.

"Com o correr dos dias, comecei a me apaixonar por esse jogo. Dei ao menino algumas noções elementares sobre deslocamento de massas quentes e frias da atmosfera. Não acreditou; desconfiava que eu estivesse dizendo bobagens. Falamos sobre diversos tipos de vento. Eu levava comigo um esboço de classificação para o qual me servira dos dados que ele mesmo me fornecera. Escrevera as notas durante a noite, no quarto do hotel. Pode parecer pueril, mas eu o fazia tanto para a recreação do menino como para a minha própria.

"Assim, segundo a nossa classificação, havia ventos maliciosos e ventos desordeiros, ventos calados e ventos que cantavam, ventos compridos, de grande velocidade, e ventos miudinhos, desses que começam a correr sobre a grama e logo desanimam aos pés do primeiro arbusto. Confessou que apreciava muito esse tipo de vento, chamado brisa, filhote do grande, que movimenta as nuvens; é, dizia ele, uma viração 'que não dá nem para suspender as saias das moças mas serve para levantar os gravetos do caminho e os papeizinhos da calçada'. 'As grandes árvores nem se mexem, pois não dão confiança a essa brisa, mas as plantinhas miúdas ficam felizes.'

"Fizemos outras hipóteses e nos despedimos depois de acertarmos umas tantas ideias sobre o assunto.

"Animado com a conversa, trouxe-me no dia seguinte uma hipótese nova. Disse que esteve pensando muito durante a noite: aquele negócio de massas frias e massas quentes, de que lhe falara na véspera, achava que era bobagem. — O vento — afirmou — é soprado por gigantes enormes escondidos atrás da cordilheira; se é muito forte, chama-se ventania; quando fica escuro, chama-se furacão, pior ainda do que a ventania.

"— Se o vento não tem cor — interrompi —, por que diz que o furacão é escuro?

"— Porque é escuro mesmo — respondeu. — Eu acho que ele é assim porque passa com as lanternas apagadas. — E continuou: — Ventania é danada pra virar canoa e destelhar casa. Desarruma tudo. O pessoal fica aflito quando ela vem, e eu fico só gozando...

"— E os outros ventos?

"— Ah, sim, tem o ventinho de todo o dia — respondeu. E apontando com o queixo: — Este que está passando aí, por exemplo... Muito bom para refrescar a pele e empinar papagaio... Parece que não vale nada, não é? Mas depois que chega é uma festa... Olha lá os bambuais como ficam! Olha o milharal!...

"— E a brisa? — perguntei.

"— Ah! essa sai da boca dos filhotes do gigante. Gosta muito de apostar corrida com o rio.

"Só para excitá-lo, procurei qualquer definição especial para a brisa e disse: — É um vento que ainda não cresceu.

"Olhou para mim, reflexivo: — Isso mesmo!

"Sem querer, liguei no meu espírito a invenção do menino às coisas da mitologia, de que vagamente me lembrava. Na expressão do meu rosto teria ele notado o efeito de sua descoberta. Parecia orgulhoso. Deixei ficar.

"A nossa intimidade, sr. Juiz, foi assim crescendo à base de vento. Encontrávamo-nos sempre. Um dia, eu subia a estrada que leva à colina de onde se avista a cidade e a ala esquerda do hotel. Sobre as casas pairava, a faixa de fumaça deixada pela locomotiva. Eu caminhava devagar. Mais devagar vinha descendo o garoto. Pela primeira vez aparecia penteado. Ia com certeza encontrar-se com Espiga de Milho. Falou-me: — Pensei que o senhor tivesse ido embora.

"Olhou entristecido para a cidade e depois para a paisagem:

"— Ele hoje não veio...

"— Mais tarde, com certeza — respondi.

"— O mundo fica sem graça, não é? Tudo parece fotografia.

"Circunvaguei a vista. Tudo parecia mesmo fotografia. Ar parado, árvores imóveis, inalterável ainda a faixa de fumaça. Pensei comigo: 'Este garoto está hoje diferente... Fora de seu natural. É preciso ventar para que ele comece a viver.'

"Corria nesse momento um ventinho de ensaio, as árvores maiores nem se mexiam. O garoto observou, apontando para alguém: — Olhe que gozado o ventinho nas barbas daquele velho!...

"Atirou com o bodoque uma pedrinha ao chão, disse até logo, e continuou a descer. Já se achava longe, quando gritou: — Olha, olha, lá nos bambuais!...

"Não olhei para os bambuais. Olhei para o menino que voltava correndo. Sua cabeleira estava desfeita, ele mesmo todo diferente, subitamente transformado em personagem do vento. Mas este foi logo diminuindo e cessou. Zeca da Curva assumiu um ar escabriado. Sem jeito, virou-se para os lados do vale:

"— Daqui a um pouquinho ele volta. Quer apostar?

"Alguns segundos depois as janelas começaram a bater, as roupas arrancaram-se dos varais, desfez-se a plumagem de fumo. Apareceu uma menina ruiva com uma garrafa de leite.

"— Vem, Espiga de Milho! Vamos aproveitar!

"Ela atendeu. De mãos dadas, sumiram-se os dois na curva. Fiquei de longe, a ver se repontavam mais adiante. Mas o céu começou a enfarruscar. Entrou outro tipo de vento, o vento de chuva, diferente do que nos interessava. Nós não gostávamos da chuva que atrasa a corrida do vento, sempre aflito por desembaraçar-se de suas malhas.

"Alguns dias depois encontrei Zeca da Curva chorando. Estava indignado.

"— Mamãe me bateu.

"— Vai ver que você fez alguma arte.

"Confessou, amuado, queixando-se:

"— O vento levanta a saia das moças, e a gente é que leva a culpa, ora essa! Só porque fiquei espiando...

"Pensei logo em Espiga de Milho com as pernas descobertas e os sinais da puberdade se arredondando debaixo da blusa. E para fazê-lo esquecer a mágoa, apressei-me em voltar ao tema do vento. Inventei que nele correm também meninos invisíveis, os mensageiros. Sabia que essa ideia ia excitá-lo.

"— Os quê? — inquiriu logo.

"— Mensageiros — repeti.

"— Ah! mensageiros, mens...

"— São alados — completei.

"— Que negócio é esse, alados?

"— Que tem asas.

"— É verdade?

"Senti um frêmito perpassar-lhe o corpo.

"— Sim, é verdade.

"— Bem que eu desconfiava...

"Fez uma pausa:

"— E no furacão? tem crianças também?

"— No furacão passam os guerreiros terríveis — inventei.

"— Por isso é que ele faz tanto barulho, não é?

"— Exatamente — respondi.

"— Quando venta muito forte, eu sempre desconfio que está acontecendo muita coisa que ninguém sabe...

"— Onde? — perguntei.

"— Aí por este mundo... O vento é muito importante, não é?

"— Então? Não sabe que ele ajudou a descobrir o Brasil?

"— O vento?!

"— Sim, o vento.

"— Puxa!

"Já havia esquecido a coça materna. Fazia inspeções pelo céu.

"— Está vendo aquelas nuvens lá?

"— Estou.

"— Pois amanheceram na mesma posição de ontem. Ficaram encalhadas. Ontem o vento andava mais devagar do que o rio. — Bateu na testa, lembrando-se de qualquer coisa: — Espera aí... Está na hora da chegada do trem.

"Partiu voando para a Estação. Ia pegar as malas, fazer o seu biscate.

"Esqueci-o por algum tempo; voltei às minhas leituras. Quando pensava nele, era para duvidar de sua sinceridade. Cheguei a supor que, talvez para me ser agradável, talvez para chamar a atenção sobre si, ele forçava o assunto e simulava atitudes. Não estaria exagerando? Ou apenas se divertia? Ou procurava mesmo impor-se à amizade do turista para merecer-lhe favores?

"Achei pouco provável a suposição, tão extraordinário e espontâneo me parecia ele. Eu mesmo lutava comigo para não me deixar arrastar por uma ilusão.

"A dona do hotel me perguntava se eu tinha esquecido o garoto. Não respondi.

"Na verdade, espacei os nossos encontros e já começava a duvidar da sua paixão pelo vento. Certa manhã, no início de um temporal, cheguei à janela levado pela curiosidade de saber como se comportava o menino diante daquelas lufadas. Se era sincero fora de minha presença. Minha janela abria-se para os barracos da colina, onde ele morava. Meti o binóculo, o seu casebre se aproximou. Logo avistei Zeca da Curva no terreno, a pular. Tirara a roupa, ficara nu no meio do vento. Correndo de um lado para o outro, esbarrou numa lata e rolou pelo barranco. De repente, ei-lo de braços abertos e olhos fechados, gozando, aspirando o espaço. Assim permaneceu alguns minutos, imóvel, feliz.

"Agora, pensei comigo, já não tenho dúvida: ele é mesmo o enfeitiçado do vento. Acertei melhor as lentes e percebi, sr. Juiz, claramente percebi o que o menino fazia: mijava! Com o perdão da palavra, ele mijava, sr. Juiz! Gritei. Não me atendeu. Nem podia, tamanha era a barulheira. A urina diluía-se em gotas cristalinas. Misturando ao ar um líquido de seu organismo, tive a impressão de que procurava sentir-se mais ligado aos elementos."

Aqui, o denunciado perdeu o impulso com que vinha falando. Cochichos da assistência e uma troca de sorrisos entre o promotor e o escrivão tê-lo-iam devolvido a um plano em que lhe seria impossível continuar com a mesma fluência e candura. Olhou para o Juiz, como que o consultando. Este lhe fez com a mão um aceno favorável. Que prosseguisse. Encorajado, continuou:

"— É possível, seu Juiz, que o que estou contando não tenha relação real com o processo. Mas tem com a verdade. Muitas vezes se chega à verdade pelos caminhos mais absurdos. Desde o momento em que verifiquei como procedia Zeca da Curva quando se viu só com o seu vento, comecei a acreditar mais nesse menino. Imaginei-o incompreendido entre os companheiros; incompreendido e calado, para não ser objeto de zombaria. O pequeno maltrapilho era o meu mestre de vento, o verdadeiro iniciado. E eu, o discípulo, não me vexo de confessá-la. Daí por diante, só o compreendia dentro mesmo do vento. De tal maneira que, sem a sua companhia, eu me tornava indiferente a qualquer viração. Mas evitava que ele percebesse o meu estado de espírito, e dentro de mim mesmo lutava contra as imagens delirantes, lembrando-me da advertência de meus pais.

"Os hóspedes do hotel deviam achar-me cada vez mais esquisito. Minhas férias estavam a terminar, eu já pensava em arrumar as malas.

"Certa manhã, acordei com a pancada seca de um objeto no espelho. Era uma goiaba atirada da rua. Cheguei à janela. Reconheci o menino embaixo: — Isso é modo de despertar alguém?

"— Hoje vai ter! — gritou-me ele.

"— Como é que sabe?

"— Uai! a gente sabe sem querer... O corpo avisa. Os meninos já estão passando...

"— Que meninos?

"— Isso que o senhor falou outro dia... Os meninos do vento! Já estão bulindo nas folhas...

"— Ah! sim... os mensageiros... — respondi sorrindo. — Mas é para já?

"— Não. Vai ser de tarde — disse consultando o céu e mordendo uma goiaba. — Olha as árvores grandes... por enquanto estão quietas, mas o senhor vai ver mais logo.

"A camaradagem entre mim e o garoto crescera até o ponto de que dava ideia esse episódio do projetil no espelho. Por volta de três horas, subimos a colina, lugar habitual de nossos encontros. Lá em cima, ele me foi indicando a pista do vento. E apontando para o horizonte: — Olhe aqui, ele vai partir de lá, quer apostar? e correr nesta direção.

"Com o dedo ia traçando a direção provável do vento no espaço.

"Ficamos esperando algum tempo. O céu era de uma cor neutra, meio amarelada, tonalidade que para nós indicava lufada iminente. O garoto parecia desassossegado, com medo de ser desmentido. Afinal o vento começou. Não ainda na plenitude de sua força, mas já amplo e gostoso.

"— Depois vai ficar melhor — disse o garoto —; por enquanto, são as primeiras amostras.

"Mas já vinha com o cheiro de mato e de rebanho. Ganhasse um pouco mais de espessura e o agarraríamos com a mão. Era como um animal invisível, mas perto. Ficamos mudos, a sentir o perpassar de sua cauda interminável.

"— Este de hoje está bom! — exclamou, deliciado.

"Mantinha os braços abertos e os olhos fechados. Seus cabelos assanhados prolongavam a animação das frondes e pastagens.

"Fixei-lhe a fisionomia, curioso de verificar-lhe as mutações. Tanto vale dizer que larguei o vento pelo menino. Mas, tomado também pela força da correnteza, dentro em pouco éramos dois a experimentar a mesma embriaguez. No meio da polifonia, ouvia-se um som de lata velha. E uma mulher, espécie de bruxa desgrenhada, do alto da cafua chamava o garoto para a janta.

"Bruscamente afastado de seu vento, o menino seguiu contrariado. Mas logo a corrente aumentava de velocidade; e se transformava em ventania, categoria mais alta segundo a nossa classificação. Devia vir da floresta, sua matriz longínqua. Com certeza recebera no trajeto afluentes que a enriqueceram, virações de campina, brisas de lagoa. Para mim, era naquele céu, por cima das montanhas, que se operava a combinação de sopros múltiplos, emanação da terra, extrato de paisagens percorridas.

"Retido pela velha, o menino ia perder aquele momento. Sem a presença dele, o espetáculo não seria o mesmo. Sentindo porém a atração do vento, não resistiu e voltou.

"Eu me agarrara ao tronco de uma árvore para não ser levado. Zeca da Curva parecia embriagado. Arrancou a camisa, estendeu os braços. Permanecia imóvel, tenso. De repente, ouvi-lhe a exclamação: — Com este eu vou!

"Abalou-se pela rampa, saltou o valado, atravessou uma sebe, ganhou a várzea, diluiu-se na bruma... E reapareceu diminuído, lá para os lados de uma macega, correndo, correndo sempre, até sumir-se no longe. Fiquei só no meio do turbilhão. Com a sensação de que ele me abandonara.

"Pudesse eu fazer aquilo! Faltava-me a força e a pureza do menino. Fui tomado de um sentimento estranho: senti-me rebaixado perante mim mesmo.

"— Ele tem doze anos! — disse comigo, tentando anular meu despeito.

"As rajadas aumentavam empurrando-me para o espaço, como que me desafiando a imitar a proeza do pequeno companheiro. Não. Eu, não! Sou engenheiro, não sou criança! Construo pontes, tenho os pés fincados na terra... Loucura, querer emular-me com o garoto, disputar com ele os mesmos direitos perante o vento. Tratei de sair dali. Amanhã, pensei, amanhã saberei onde o largou a ventania.

"Já então, sr. Juiz, só restava do vento a cauda leve e comprida. Passara o turbilhão, o lugarejo reapareceu calmo, lavado. Acendiam-se as lâmpadas. Uma a uma as vidraças se abriram. Fui descendo a ladeira. Na portaria do hotel, mal fechei a porta, a dona espantou-se: — Mas o senhor lá fora, com um tempo destes!

"Eu disse que gostava de tempo assim. — Sempre com o menino, não é?...

"Não respondi à pergunta reticente. No dia seguinte, voltei para o Rio sem maiores apreensões. Porque estava certo de que o menino tornaria. E já o supunha reintegrado em sua cidade e no seu vento, quando vim a saber por uma carta anônima que me acusavam de seu desaparecimento e de práticas infamantes.

"E foi tudo, sr. Juiz, o que se passou entre mim e Zeca da Curva!...

"Estes, os fatos. São simples demais para serem acreditados. Minha amizade com a malograda criança foi, como disse, unicamente na base do vento, assim como o meu encontro com ele foi o vento que propiciou. Encontro que será também com a desgraça, se Vossa Excelência, senhor Juiz, não quiser admitir que, além dos fatos habituais de nossa vida cotidiana, outros há, íntimos, que ocupam a parte maior de nosso ser; mas que temos vergonha de confessar para não parecermos infantis ou loucos. São justamente os mais secretos, e o senso comum se recusa a considerá-los."

Nova pausa do engenheiro. O olhar aflito da assistência parecia implorar-lhe que prosseguisse.

"Há de parecer tolice o que contei; mas sei que não é crime. Não pode ser crime dividir com quem quer que seja um entusiasmo maior pela chuva, pelo fogo ou pelas plantas...

"No tipo de intimidade que mantive com o desaparecido entrou muito de nossa imaginação e, de minha parte, certa vontade de espairecer-me. Envergonho-me de ter sido obrigado a contar num ambiente impróprio para que me acreditem coisas que parecem inverossímeis, e que não poderiam constar de processo algum. Um crime é um crime, e impõe respeito; mas a narrativa em juízo de uma aventura com o vento há de parecer coisa inventada e absurda. Eis por que falei tanto no vento. V. Ex.ª me desculpe. Se algum culpado houve, sr. Juiz, no caso, foi mesmo o vento. Eu quero esclarecer que me refiro a um que sopra quase todos os dias e neste momento mesmo já começa a agitar as palmeiras lá fora."

Toda a assistência, menos o Juiz, voltou os olhos para a praça. As árvores principiavam a balançar.

"... é um vento especial, morno, de um teor diferente, rico de qualidades... eu ia dizer de intenções."

O Juiz voltou-se pela primeira vez para o interrogado. Fixou-o com expressão desconhecida. Sua aparente indiferença sofreu alteração visível. Disse com certa dificuldade:

— O denunciado não precisa voltar a falar do vento. Queira limitar-se aos fatos.

"— ... eu queria com isso, sr. Juiz, explicar a influência exagerada que ele exerceu em mim e no menino. Não nego certa conivência da minha parte. Fizemos dele um emprego abusivo, confesso. O que começou em brincadeira acabou em revelação. Eu não podia prever tal desfecho."

Enquanto o acusado parecia chegar ao fim, o vento forçava as janelas. Vinha com aquela impaciência com que se comporta ante os obstáculos de vidro. Depois mudou de rumo e conseguiu uma brecha. Entrava às lufadas pela vidraça lateral, a que se havia partido de manhã. E por essa fresta, logo ampliada, invadiu o prédio. Levantava os papéis, fazia bater as portas. Dava a impressão de que queria participar do final do interrogatório. Impressão que vinha da natureza da narrativa e do ambiente que se criara. O promotor ficara todo o tempo embevecido numa cisma remota. Ouvia-se um barulho na escada. E ainda as últimas palavras do engenheiro:

"— E quem pode afirmar com segurança, sr. Juiz, que Zeca da Curva esteja morto? Por que não admitir que ele tenha vindo com este vento e já esteja subindo pela escada?" — Houve um *suspense*.

A interrogação traduzia um começo de alucinação que contaminava a assistência. Todos olhavam em direção à escada. Ouvia-se um sussurro aumentado pelo vozerio lá embaixo, no saguão. Deu o juiz por terminada a audiência. Pouco a pouco a sala recuperou a atmosfera forense. O promotor descruzou as mãos sob o queixo, e voltou à realidade.

Foi quando se fez ouvir a voz do escrivão. Queria saber se era para tomar por termo tudo aquilo e como. Mal pôde disfarçar um travo de ironia nessa pergunta. Ao que o magistrado respondeu que não era necessário, e que lhe fizesse subir o processo.

A sala foi se esvaziando. Duas moças deixaram-se ficar sentadas ao fundo. O Oficial de Justiça veio pedir-lhes que se retirassem, ia fechar as portas. Perguntaram se no dia seguinte ia ter mais. Mostraram-se contrariadas ao saber que não. Era como se tivessem interrompido a contragosto a leitura de um romance.

Ganhando a praça, o engenheiro respirou livre. O peso na nuca, o peso que parecia querer guilhotiná-lo, desapareceu. Que a máquina da Justiça viesse a fabricar-lhe a condenação, já não se importava, sentia-se livre.

Chegou o ônibus da tarde com os jornais do Rio. Esperava-se o noticiário do escândalo, tal como o redigira o próprio escrivão a pedido do correspondente. O denunciado comprou uma das folhas, verificou, ele mesmo, o que pressentira. Não se abateu nem se revoltou; apenas sentiu a vontade de abandonar depressa aquele lugar.

Populares deixavam-se ficar nas imediações do Foro. Era porém impossível trocarem impressões. O vento não deixava.

Começou arrancando o jornal das mãos do promotor; depois, o chapéu de alguns. Aumentando de velocidade e enrolando-se em redemoinhos poeirentos, derrubou a prateleira do engraxate. Folhas de revistas espalhavam-se pelo chão e desintegravam-se no ar, enquanto as mulheres prendiam fortemente as saias.

Ninguém conseguia ler a notícia até o fim: ou a ventania carregava de novo o jornal ou a poeira turvava a vista dos leitores.

Das sacadas altas do Foro descia uma nuvem de escrituras, certidões e editais. Pairavam no ar antes de virem pousar nas frondes. Era o arquivo que se desmanchava.

A praça assumiu um ar festivo. Os molegues se atropelavam na disputa dos papéis. Não longe, a caminho do hotel, o engenheiro contemplava aquilo e se emocionava. Queria resistir, manter-se impassível. Lembrou-se da recomendação paterna ("não se perder em devaneios", "tratar só com a realidade"). Como porém recusar a evidência do que estava acontecendo?

Não precisava que o vento viesse assim tão estabanado, pensou. Mas que maravilha! Será que ninguém percebia? Era de um tipo novo, menos descarnado e musical. Com algo de rebelde e desordeiro. Pena que ali não estivesse o Zeca da Curva. O engenheiro tinha certeza de que ele continuava vivo. Voltaria escondido, para uma busca naquelas grotas de montanha. Ou será que ia encontrá-lo expatriado do seu vento, vagando triste pelas ruas da Capital?

Eis agora o vento nas pernas do Meritíssimo!... Oh, vento, respeita o varão austero. Por que empurrá-lo assim, por que atirar-lhe ao chão o chapéu? Um juiz-juiz não pode, não deve correr... Nem olhar para trás, nem apanhar o que caiu... Um juiz de verdade só caminha de cabeça erguida, a passos firmes como quem vai de braços com a Justiça.

O pretinho veio correndo pela ladeira para dizer que no Bela Vista a dona estava chorando, trancada no quarto. E o escrivão? Lá embaixo, no bar, sem querer conversar. Seus amigos compreendem-lhe o silêncio. Um deles ameaça:

— Aquele tipo não há de botar mais os pés aqui.

O outro:

— Só serviu para virar a cabeça do povo.

O escrivão olha para fora, põe-se a cismar. Vê o engenheiro, de mala na mão, tomar o ônibus da tarde. Sente-se derrotado, confuso. Então aquilo era maneira de se defender? As árvores começam a sossegar.

— Para mim, vento é vento e nada mais... — concluiu com melancolia o escrivão, acenando com a cabeça.

A dona do hotel nunca mais se apresentara a seus hóspedes. Nem acolhera o escrivão. Dizia-se que depois da meia-noite seu piano tocava em surdina. Eram tantos os quartos vazios que não havia quase ninguém para ouvir. O juiz não mais compareceu às audiências. Nem despachou processo algum.

Qualquer coisa havia mudado na fisionomia moral da cidade. O vento começou a existir. Descobriram-lhe um sentido novo.

Algo de estranho passara-se na consciência do magistrado. Transferido ou aposentado, desapareceu da comarca dias depois, sem nada dizer, sem se despedir de ninguém.

A última vez que fora visto, vagava pela colina de onde Zeca da Curva partira para sempre. Notaram que sobraçava o calhamaço de um processo. E que falava sozinho.

Qual fosse esse processo ninguém sabia. Sabia-se apenas que o vento soprava no calhamaço com força desconhecida e, uma a uma, arrancava-lhe todas as folhas...

Viagem aos seios de Duília

a carlos drummond de andrade

DURANTE MAIS DE TRINTA ANOS, o bondezinho das dez e quinze, que descia do Silvestre, parava como burro ensinado em frente à casinha de José Maria, e ali encontrava, almoçado e pontual, o velho funcionário.

Um dia, porém, José Maria faltou. O motorneiro batia a sirene. Os passageiros se impacientavam. Floripes correu aflita a avisar o patrão. Achou-o de pijama, estirado na poltrona, querendo rir.

— Seu José Maria, o senhor hoje perdeu a hora! Há muito tempo o motorneiro está a dar sinal.

— Diga-lhe que não preciso mais.

A velha portuguesa não compreendeu.

— Vá, diga que não vou... Que de hoje em diante não irei mais.

A criada chegou à janela, gritou o recado. E o bondezinho desceu sem o seu mais antigo passageiro.

Floripes voltou ao patrão. Interroga-o com o olhar.

— Não sabes que estou aposentado?

— Uê!...

— Sim, Floripes. Aposentado.

— E que vai fazer agora, patrão?

— Sei lá, Floripes... Sei lá!

— Mas o almoço será sempre servido à mesma hora, pois não?

— Tanto faz. Pode ser às nove e meia, onze, meio-dia ou quando você quiser. Minha vida de hoje em diante vai ser um domingão sem fim...

Debruçado à janela, José Maria olhava para a cidade embaixo e achava a vida triste. Saíra na véspera o decreto de aposentadoria. Trinta e seis anos de Repartição.

Interrompera da noite para o dia o hábito de esperar o bondezinho, comprar o jornal da manhã, bebericar o café na Avenida, e instalar-se à mesa do Ministério, sisudo e calado, até as dezessete horas.

Que fazer agora?

Não mais informar processos, não mais preocupar-se com o nome e a cara do futuro Ministro.

Pela primeira vez fartava a vista no cenário de águas e montanhas que a bruma fundia.

Inúmeras vezes o fizera, mas sem perceber o Pão de Açúcar e a baía, as ilhas e os navios, o Corcovado e as praias do Atlântico, sempre se interpondo entre seus olhos e a paisagem uma reminiscência molesta, lembrança de antigo aborrecimento ou de contrariedades na repartição. Se algum navio transpunha a barra e vinha crescendo para o porto no ritmo calmo da marcha, seu coração amargava-se contra o sobrinho Beto que embarcara como radiotelegrafista de um navio do Loide, e nunca mais dera notícias; se o Cristo do Corcovado se erguia de um pedestal de nuvens, vinha-lhe à memória aquele triste fim de tarde, lá em cima, em que pela primeira vez na vida se conduziu de maneira vergonhosa, embriagado que estava, a dizer impropérios contra a República e contra um ato injusto do "sr. Ministro", até ser detido por um guarda. Aposentado agora, continuava a ligar os diferentes aspectos da natureza a acontecimentos que a deformavam.

Com os trinta e seis anos perdidos na Repartição, teria perdido também o dom de viver?

Muito próximo se achava ainda desse passado para não lhe receber a influência. A manifestação de despedida fora ontem mesmo. Cobriram-lhe a mesa de flores; saudou-o em nome dos chefes de serviço o diretor mais antigo, seu ex-adversário; falou depois um dos subordinados, estudante de Medicina; por último, uma funcionária, a Adélia, que usava decote largo, se referiu "à competência e exemplar austeridade do querido chefe de quem todos se lembrarão com saudade". Uma menina, filha do arquivista, fez-lhe entrega de uma bengala de castão de ouro, com a data e o nome. E o Ministro mandou um telegrama.

Foi só. Estava encerrada a etapa principal e maior de sua vida.

Os decênios de trabalho monótono, de "austeridade exemplar" como dizia Adélia, forjaram-lhe uma máscara fria. Atrás dela se escondeu e de si mesmo se perdera. Como fazer desaparecer-lhe os vestígios? Como se reencontrar?

Adélia não podia imaginar o que para ele representava a "exemplar austeridade". Adélia jamais saberá o que ocorria na alma do antigo chefe quando os olhos deste passavam como um relâmpago pelo colo branco de sua subordinada; talvez nem ela pressentisse. Austero coisa nenhuma: desajeitado apenas, tímido: gostaria de poder fazer o que censurava nos outros.

Floripes admirava a bengala procurando decifrar os dizeres do castão de ouro.

— É o que me resta, Floripes, dos trinta e seis anos. Isso e um telegrama do Ministro!

— O que me está a dizer, patrão?

— Nada, Floripes.

"Ora veja! Estou livre agora, livre!... Mas livre para quê?"

Ao clarear do dia seguinte escancarou a janela para a baía. Procurava sentir a manhã de sol como a deviam estar sentindo àquela hora os moradores da bela colina. Mas nada lhe diziam os barcos a vela flutuando longe, nem os castelos de nuvens que se armavam no céu.

Ia experimentar a cidade, andar sem destino. E sem chapéu. A ausência do chapéu seria a primeira mudança exterior em seus hábitos, um começo de libertação. Até então, a moda lhe parecera ridícula, além de fonte de resfriados. E se envergasse uma camisa esporte? Poderiam rir-se dele: a pele do pescoço perdera a consistência; e a marca circular do colarinho duro lá estava, firme como uma tatuagem.

Na rua, um colega veio dizer-lhe que os jornais deram a notícia; alguns até com elogios ao velho servidor. O amigo abraçou-o. E logo recuou com certo espanto:

— O seu chapéu, Zé Maria?

— Ah, não uso mais!...

— Felizardo! Vai começar a gozar a vida, hein? Já até parece outro homem — disse, interpretando a ausência do chapéu como o primeiro passo para um programa de rejuvenescimento.

O aposentado livrou-se do importuno. "Livre! Estou livre!" Namorou vitrinas, tomou café, repetiu café, tomou chope, foi, voltou, viu, tomou café outra vez, cumprimentou... O tempo não passava. Mais lento ainda do que na Repartição.

A título de despedir-se de alguns companheiros e de apanhar uma caneta-tinteiro, lembrou-se de chegar até lá. Na verdade, sentia-se impelido por um desejo ambíguo, como o general reformado que vai a paisana em visita a seu antigo regimento. Era tarde, porém; o *rush* se avolumara. Achou melhor voltar para casa, postar-se na fila do bonde. "Livre! Estou livre!"

Durante a subida, a brisa fresca fê-lo sentir a falta do chapéu. Via-se como que despido.

Floripes serviu-lhe o jantar, deixou tudo arrumado, e retirou-se para dormir no barraco da filha.

Mais do que nunca, sentiu José Maria naquela noite a solidão da casa. Não tinha amigos, não tinha mulher nem amante. E já lera todos os jornais. Havia o telefone, é verdade. Mas ninguém chamava. Lembrava-se que certa vez, há uns quinze anos, aquela fria coisa, pendurada e morta, se aquecera à voz de uma mulher desconhecida. A máquina que apenas servia para recados ao armazém e informações do Ministério, transformara-se então em instrumento de música: adquirira alma, cantava quase. De repente, sem motivo, a voz emudecera. E o aparelho voltou a ser na parede do corredor a aranha de metal, sempre calada. O sussurro da vida, o sangue de suas paixões passavam longe do telefone de Zé Maria...

Como vencer a noite que mal começava?

Fechou o rádio com desespero, virou dois tragos de vinho do Porto, deitou-se. A espaços ouvia o barulho do bondezinho rilhando nas curvas da colina, a explosão de um e outro foguete que subiam da vertente de Águas Férreas, seguida de latidos de cães e gritos indistintos. Ingeriu outra dose de vinho. E adormeceu.

O telefone toca. Quem será? Quem se lembraria dele? Algum convite? Trote?

— Alô, meu bem!

— Alô! aqui fala José Maria.

— É engano — proferiu secamente a interlocutora.

Era engano! Antes não o fosse. A quem estaria destinada aquela voz carregada de ternura? Preferia que dissesse desaforos, que o xingasse.

A boca feminina já devia estar dizendo frases de amor na linha procurada.

Era um triste aparelho telefônico!

Atirou-se de bruços na cama. E sonhou. Sonhou que conversava ao telefone e era a voz da mulher de há quinze anos... Foi andando para o passado... Abriu-se-lhe uma cidade de montanha, pontilhada de igrejas. E sempre para trás — tinha então dezesseis anos —, ressurgiu-lhe a cidadezinha onde encontrara Duília. Aí parou. E Duília lhe repetiu calmamente aquele gesto, o mais louco e gratuito, com que uma moça pode iluminar para sempre a vida de um homem tímido.

Acordou com raiva de ter acordado, fechou os olhos para dormir de novo e reatar o fio de sonho que trouxe Duília. Mas a imagem esquiva lhe escapou, Duília desapareceu no tempo.

À medida que os meses passavam, foi tomando horror à expressão "funcionário público aposentado", que lhe cheirava a atestado de óbito. Jurou nunca mais frequentar a "Mão do Salvador", instituição de caridade, cuja sede, com seus móveis severos e gente sem graça, lembrava o ambiente atroz da Repartição.

Chamava Floripes a todo momento, queria saber minúcias do passado dela.

Ia dar início a profundas modificações em sua pessoa. Começaria pelos trajes: roupa clara, moderna, não mais aqueles ternos escuros cobrindo a eventual austeridade. Seu físico de homem empinado e enxuto não parecia de todo desagradável. Entraria de sócio para algum clube; e se encontrasse um professor discreto, talvez aprendesse a dançar.

Essas providências seriam a sua *toilette* exterior para a nova fase da vida.

Semanas depois, aliviado do colarinho duro, era visto pelas ruas em trajes mais leves, sorrindo forçado para os conhecidos.

Tornou-se sócio de um clube da Lagoa. Sozinho porém nunca punha os pés lá, até que um dia se fez acompanhar pelo Lulu, bom atleta e péssimo funcionário, que o apresentara como "velho servidor do Estado" às principais beldades do bairro. Como dialogar com elas? Não conhecia futebol nem equitação, não sabia jogar baralho, não guardava nomes de artistas de cinema, ignorava os escândalos da sociedade.

Tentou manter conversa, não conseguiu. Parecia-lhe que zombavam dele. Se algumas moças lhe dirigiam a palavra, era como se lhe atirassem esmola. Acabou a noite só e triste, agarrado ao seu copo de uísque. Quase nunca provava essa bebida; achava-a até ruim. Como fazia parte do rito social, não custava virar o copo. Deixou o Lulu com as moças, e saiu fazendo uma careta. "Velho servidor do Estado..."

O farol dos automóveis apagava nas águas da Lagoa o reflexo das últimas estrelas. Um casal abraçava-se debaixo de uma amendoeira. Sentiu-se mais só. A vida era para os outros. Antes tivesse ainda algum processo a informar; estaria ocupado em alguma cousa. Não! Um começo de soluço contraiu-lhe a garganta. Chamou um táxi.

No dia seguinte postou-se, como outros de sua idade, numa das esquinas da Rua Gonçalves Dias, local preferido pelos militares da reserva e aposentados de luxo, gente saudosa do passado. Notou que eles se compraziam em adejar perto dos doces da confeitaria, e ver passar as damas elegantes de outrora.

Ali se perfilava, de terno branco, um velho Almirante de suas relações:

— Olhe, faça como eu: nunca se convença de que é aposentado. Adquira algum vício, se já não o tem. Evite os velhos. Um pouco de exercício pela manhã. Hormônios às refeições, não é mau. Quanto a conviver, só com gente moça.

Ele aprendera na véspera o que era conviver com gente moça... Para rematar, e como índice de otimismo, contou-lhe o Almirante uma anedota pornográfica.

O funcionário riu com esforço, e despediu-se enojado. Entrou numa livraria. Buscaria a solução na leitura dos romances. Pediu um, à escolha do caixeiro. Tentou ler. Impossível passar das primeiras páginas. Não compreendia como tanta gente perde horas lendo mentiras. Ao atravessar, dias depois, o Viaduto, deixou o livro cair lá embaixo, sentiu-se livre daquilo.

O melhor mesmo era ficar debruçado à janela. E todas as manhãs, enquanto a criada abria a meio as venezianas para deixar sair a poeira da arrumação, José Maria as escancarava para fazer entrar a paisagem. Dali devassava recantos desconhecidos, ilhas que jamais suspeitara. Acompanhava a evolução das nuvens, começava a distinguir as mutações da luz no céu e sobre as águas. Notava que tinha progredido alguma coisa na percepção dos fenômenos naturais. Começava a sentir realmente a paisagem. E se considerava quase livre da ureia burocrática.

Esse noivado tardio com a natureza fê-lo voltar às impressões da adolescência.

Duília!...

Toda vez que pensava nela, o longo e inexpressivo interregno do Ministério que chegava a confundir-se com a duração definitiva de sua própria vida, apagava-se-lhe de repente da memória. O tempo contraía-se.

Duília!

Reviu-se na cidade natal com apenas dezesseis anos de idade, a acompanhar a procissão que ela seguia cantando. Foi nessa festa da Igreja, num fim de tarde, que tivera a grande revelação.

Passou a praticar com mais assiduidade a janela. Quanto mais o fazia, mais as colinas da outra margem lhe recordavam a presença corporal da moça. Às vezes chegava a dormir com a sensação de ter deixado a cabeça pousada no colo dela. As colinas se transformavam em seios de Duília. Espantava-se da metamorfose, mas se comprazia na evocação.

Não ignorava o que havia de alucinatório nisso. Chegava a envergonhar-se. Como evitá-lo? E por quê, se isso lhe fazia bem?

Era o afloramento súbito da namorada, seus seios reluzindo na memória como duas gemas no fundo d'água. Só agora se dava conta de que, sem querer, transferira para Adélia a imagem remota. Mas Adélia não podia perceber que era apenas a projeção da outra. Mesmo porque, temendo o ridículo, José Maria jamais se deixara trair.

Disponível, sem jeito de viver no presente, compreendeu que despertara com muitos anos de atraso nos dias de hoje. Não encontraria mais os caminhos do futuro, nem havia mais futuro nenhum. Chegara ao fim da pista. De Beto, não havia mais notícias.

Da velha cidade que restava? Onde o Rio de outrora? As casas rentes ao solo, os pregões, o peixeiro à porta? A cada arranha-céu que subia — eles sobem a todo momento — a cidade calma de José Maria ia-se desmanchando.

Sentiu que sobrava. Impossível reatar relações com uma cidade irreconhecível. Pediu que o cancelassem do clube da Lagoa; desistiu da aula de dança.

Só lhe fazia bem desentranhar o passado. Dias e noites o evocava com a cumplicidade da paisagem. E no fundo da contemplação, insistiam os dois focos luminosos. Ora se acendendo, ora se apagando.

Odiava recordar-se da Repartição. Nem sabia explicar como, nas tardes de movimento, mais de uma vez suas pernas o largaram nas imediações do Ministério.

Começava a sentir-se livre. Para outra direção o chamava o que havia de mais excitante em sua vida. Ao apelo póstumo, nem tudo de seu passado parecia perdido. Sabia agora o que ia fazer. Trauteando uma canção, tomou o bondezinho. Entrou em casa com o coração palpitando. Reviu-se mais jovem ao espelho.

Quando Floripes chegou de manhã cedo, encontrou-o de pé. Lamentava não ter tempo de encomendar um terno novo para apresentar-se melhor ao seu passado...

— Floripes, tu tomas conta do apartamento. Eu vou viajar. Meu procurador te dará dinheiro para as despesas. Se Beto aparecer, dirás que eu parti... Dirás também que... Não, não precisas dizer mais nada. Se quiseres, traze para cá tua filha e o netinho.

Floripes parou espantada.

— Será que o patrão vai se embora?

— Vou, Floripes.

— Para não voltar mais?

— Não sei, Floripes.

— E se chegar alguma carta, patrão, para onde devo mandar?

— Não haverá cartas para mim. Ninguém me escreve...

— E se alguém telefonar?

— Oh, Floripes, por favor...

O que transpirava de solidão e amargura nessas palavras, compreendeu-o a velha Floripes que se absteve de novas perguntas.

Descendo à cidade, José Maria comprou malas, preveniu passagens. Outro homem agora, alegre quase. Não precisaria mais fazer esforço para ser o que não era. Difícil coisa querer forçar a alma e o corpo a uma vida a que não se adaptam. Agora, sim, ia ser feliz. E se alvoroçava como o imigrante que se repatria.

Fazia uma tarde bonita. Pela primeira vez Zé Maria achara agradável estar na rua. Mulheres sorrindo, vitrinas iluminadas. Parecia que a cidade, à última hora, caprichava em exibir-lhe alguns de seus encantos. Assim procede a mulher indiferente, ao ver partir o homem a quem fez sofrer.

Comprou um mapa do país. Só com apertá-lo ao peito sentiu-se livre e já fora do Rio. Voltou para casa. Abriu-o em cima da cama, seguindo com a ponta do lápis os meandros do coração montanhoso do Brasil.

— Aqui! — marcou.

Era perto de uma cordilheira no centro-sul. A cidadezinha enchia-lhe o coração, embora insignificante demais para constar na carta.

Estranhou o apito fanhoso da *Diesel* à hora da partida. Voz sem autoridade, mais mugido que apito. Tão diferente do grito lírico da locomotiva que há mais de quarenta anos o trouxera do interior. Entristeceu. Muita coisa haveria que encontrar pela frente, modificada pelo progresso: a locomotiva por exemplo; o trem de luxo em que viajava.

Seu desejo era refazer de volta, pelos meios de antigamente, o mesmo roteiro de outrora. Impossível. Estradas novas vieram substituir-se aos caminhos que levam ao passado. Com o coração inundado de reminiscências, preferia evitar Belo Horizonte. Receava que a visão da cidade nova viesse aumentar-lhe a sensação do envelhecimento pessoal.

Pela madrugada, o trem parou horas entre duas estações. O viajante despertou com o silêncio. Só ouvia o sussurro do ventilador. Toda a composição de um cargueiro tinha tombado mais adiante, entornando manganês pelo vale. Preparava-se a baldeação.

José Maria aproveitou para descer, e sentir o cheiro de Minas. O sol vinha esgarçando devagar o véu de bruma que cobria as serras tranquilas. Anoitecia já em Belo Horizonte, quando chegou com atraso. Disseram-lhe que era preciso tomar, no dia seguinte, a "jardineira" para Curvelo.

A nova Capital, mesquinha cidade poeirenta há quarenta anos, era agora um grande centro onde ninguém se lembraria dele. Para que então sair à rua, ver arranha-céus, caminhar entre as novas gerações de desconhecidos? Preferível fechar-se no quarto de hotel até que chegasse a hora da "jardineira".

Agradável na manhã seguinte o percurso numa rodovia que não era de seu tempo. Ônibus e caminhões escureciam as estradas de poeira. Ao pé de uma serra calcária, que conhecera intacta, as chaminés de uma fábrica de cimento emitiam rolos de fumaça escura. Mais adiante, os fornos de uma siderúrgica.

Cansado, adormeceu. Despertou com um coro longe, de vozes, coro que subitamente cresceu e passou, lançando-lhe no coração um jacto de poesia. Era uma "jardineira" repleta de mocinhas, colegiais de uniforme azul e branco que desciam do sertão para a reabertura do ano letivo na capital. No banco ao lado, um passageiro queimado de sol parecia esperar que José Maria acordasse para encetar conversa.

— Pois é. Estamos em fins de fevereiro e nada de chuva! Em toda parte agora tem Ceará. Se aquilo lá desaba — apontou para uma nuvem escura —, é porque Deus qué me ajudá: tá mesmo em cima de minha roça. Mas não desaba, não!...

Olhou fitamente para José Maria. Teria achado nele um tipo estranho à região.

— Vosmecê também vai comprá cristá, não é?

— Não — respondeu José Maria.

— Tá indo pro Rio S. Francisco?

— Não. Estou indo para um lugar chamado Pouso Triste.

— Pra cá de Monjolo? Ah! conheço por demais... Já botei roça lá perto.

— Ouviu por acaso falar em Duília?

— Duília... Duília... Espera aí... Duília... Ah! o senhor queria dizer d. Dudu, não é? Conheço muito.

José Maria sentiu um estremecimento. Arrependera-se da pergunta. Calou-se. A deformação de um nome tão doce como Duília horrorizava-o. Devia ser outra pessoa. Era melhor não prosseguir na conversa. O homem queimado compreendeu, e calou-se.

Ao entardecer, apitava uma fábrica de tecidos e uma vitrola esganiçava a todo pano, quando a "jardineira" encostou à porta do hotel principal de uma cidade. Era Curvelo, boca do sertão mineiro.

José Maria já se sentia dentro da área do passado.

Daí em diante a viagem se faria nas costas de um burro. Tudo como quando tinha dezesseis anos. Tratou um "camarada" que o gerente do hotel lhe indicara. Na manhã seguinte, cedinho, partiu rumo de leste.

— Se não cai temporá, nóis chega dereitinho, patrão — disse-lhe o camarada, enquanto Curvelo desaparecia atrás, numa nuvem de poeira.

O velho funcionário ao mesmo tempo que sentia a delícia de montar um animal e respirar o ar puro, receava lhe voltassem aquelas pontadas que o atormentavam na repartição.

Soero, o camarada, desconfiava estar seguindo um homem importante; mas não ousava perguntar.

— O Rio das Velhas vem vindo por aí, anunciou depois das primeiras horas de caminhada.

Pouco depois, o rio fiel aparecia ao viajante.

— Oh! velho Rio das Velhas! — exclamou José Maria. — Sempre no mesmo lugar! E todo esse tempo me esperando!

Achou-o tranquilo, mas um pouco emagrecido.

Soero foi chamar o balseiro, enquanto José Maria, agachado na areia, deixava que o velho rio lhe ficasse correndo longo tempo entre os dedos.

Embarcaram as alimárias, e foram deslizando de balsa para a margem oposta.

De pé, o funcionário parecia estar sonhando. A bengala desamarrou-se da mala e caiu na correnteza. Soero quis mergulhar.

— Deixa, deixa! — gritou José Maria.

Preferia não perdê-la. Era afinal uma lembrança dos ex-colegas. Mas já que foi para o fundo do rio, que lá ficasse.

Almoçaram e retomaram a montaria.

— Agora vem Dumbá. Oito léguas — disse o camarada.

— E o Paraúna? — reclamou o viajante, recordando-se.

— Ainda temos que atravessá.

Tudo era deslumbramento para o viajante. À medida que ouvia esses nomes quase esquecidos, a coisa nomeada aparecia logo adiante, rio ou povoado.

As léguas se estiravam, a noite ia longe. Ou porque a escuridão fosse maior com a lua minguante, ou porque a correnteza engrossasse de repente, o Paraúna surgiu mudado e agressivo. Nem parecia o rio que os viajantes atravessam a vau. Soero explicou que devia ter chovido muito nas cabeceiras, daí aquele despropósito de águas; mas baixariam depressa, esses rios magrinhos enfezam por qualquer pancada de chuva, depois se aquietam que nem córrego manso.

— Se vosmecê não quisé chegá até o arraiá, a gente espaia os burro e arrancha por aqui mesmo.

Apearam-se. Soero desceu os arreios e a cangalha, amarrou o cincerro ao pescoço do cavalo-madrinha, e deixou os animais pastando perto.

Deitado no couro, José Maria escutava o sussurro das águas. Pouco se lhe dava o corpo moído, a dor nos rins. Nunca se imaginara deitado ao relento, a cabeça quase encostada a um de "seus rios". Ficou a escutá-lo. Era como o primeiro rumor de um passado que vinha se aproximando.

Cobrindo-se com a manta, adormeceu. Soero fumava e se persignava, a olhar desconfiado para a outra margem o um vulto branco parecendo fantasma esperava o abaixamento das águas.

De madrugada o Paraúna voltou ao natural. Soero saudou o vulto de branco com quem cruzou no meio do rio. O homem respondeu em latim. José Maria se espantou ao ouvir frases latinas em cima daquelas águas, naquele ermo... Perguntou o que era aquilo. Soero disse que não sabia, sempre o encontrava bêbado pelos caminhos.

— Dizem que sabe muito e ficou maluco.

As alimárias seguiam agora em trote mais animado para a Rancharia do Dumbá, onde, a conselho do "camarada", devia o viajante descansar o resto da tarde e passar a noite, antes de encetarem a travessia mais difícil da Serra do Riacho do Vento, na Cordilheira do Espinhaço.

A Rancharia é pouso forçado para quem atravessou ou vai atravessar a Cordilheira. Reconheceu-a de longe o viajante, pelo pé de tamarindo. O mesmo de sempre.

O pernoite ali, enquanto os animais recebiam ração mais forte de sal e capim, ia permitir ao metódico funcionário a recuperação das forças exauridas. Viagem violenta demais para um sedentário.

Ficara-lhe nos ouvidos o Paraúna com o barulho de suas águas. Não era o desconforto da cama nem a pobreza do aposento que lhe tiravam o sono; nem o latido dos cães, nem o relinchar dos burros; nem uma sanfona triste que parecia exprimir toda a solidão lá fora: era o fato de se achar mais perto, dentro quase daquilo que não precisava mais evocar para sentir.

Mais algumas léguas e tocaria o núcleo de seu sonho.

O que mais o espantara no gesto de Duília — recordava-se José Maria durante a insônia, agarrando-se ao travesseiro — foi a gratuidade inexplicável e a absurda pureza. Ela era moça recatada, ele um rapazinho tímido; apenas se namoravam de longe.

Mal se conheciam. A procissão subia a ladeira, o canto místico perdia-se no céu de estrelas. De repente, o séquito parou para que as virgens avançassem, e na penumbra de uma árvore, ela dá com o olhar dele fixo em seu colo, parece que teve pena e com simplicidade, abrindo a blusa, lhe disse: — Quer ver? — Ele quase morre de êxtase. Pálidos ambos, ela ainda repete: — Quer ver mais? — E mostra-lhe o outro seio branco, branco... E fechou calmamente a blusa. E prosseguiu cantando...

Só isso. Durou alguns segundos, está durando uma eternidade. Apenas uma vez, depois do acontecimento, avistara Duília. A moça se esquivara. Mas o que ela havia feito estava feito, e era um alumbramento.

Custava acreditar que estivesse agora se aproximando dessa fonte de claridade. Sentiu bater mais depressa o coração. E desejou que o dia raiasse logo.

Puseram-se de novo a caminho. Horas depois, galgavam a serra. Salvo nos capões onde a quaresma e o pequizeiro se destacavam, a vegetação ia-se fazendo mais pobre: canela-de-ema, coqueiro-anão, cacto — enquanto o panorama se ampliava, e a vista abarcava os longes. Por um segundo, essa paisagem cruzou no pensamento de José Maria com o panorama de Santa Teresa. Um segundo apenas, pois logo apareceu uma boiada que lhe cobriu o rosto num turbilhão de poeira.

Faltava o trecho maior para se chegar ao Arraial de Camilinho. Os burros suavam na subida penosa.

— Daqui a pouco vem o Chapadão — avisou Soero.

A essa palavra, José Maria animou-se. Tal como na antevéspera, ao ouvir o nome Rio das Velhas.

Pela altitude, pelas suas léguas de pedra e vento, pelo seu silêncio, esse chapadão do Riacho do Vento lhe surgira como entidade autônoma e orgulhosa, que dava passagem ao homem mas lhe negava abrigo para morar e pastagem para o gado.

Era o trecho mais imponente e difícil no acesso à região de Duília. Por ali transitara há mais de quatro decênios, fazia uma noite escura, só pelos relâmpagos podia suspeitar o panorama irreal que se desdobrava de dia. Ia então fazer os preparatórios em Ouro Preto, e caminhava cheio de medo para o futuro; seu pai e um caixeiro-viajante o acompanharam até a primeira estação da Estrada de Ferro. Lá o puseram no carro. Foi quando começou a ficar só no mundo, e pela primeira vez chorou o choro da tristeza.

O velho funcionário não dava uma palavra. Contemplava. À esquerda, as extensões lisas das "gerais" do S. Francisco; à direita, às colinas arranhadas pelas minerações da bacia do alto Jequitinhonha. Estranhava o ar parado numa serra que trazia o nome de Riacho do Vento.

Entre os trilhos quase apagados que confundiam o viandante, quem dava a direção era o cincerro do cavalo-madrinha.

Já o sol deixara de reluzir nos afloramentos de pedra e mica, e ainda havia léguas pela frente. Como fica longe o lugar do passado!

Abatido, o olhar vago, o viajante parecia estar seguindo os caminhos do próprio pensamento. O cansaço aumentava. Onde o fim do Chapadão?

Imenso Brasil. Era então por esses ermos sem fim que corriam ofícios e papéis da administração pública?! Quantos, ele mesmo, José Maria, fizera despachar sem a mais vaga ideia das distâncias que iam cobrir! Mergulhava em reflexões. Infinita a distância entre a natureza e o papelório! De repente, dirigindo-se ao camarada:

— Você conhece Duília?

Soero não ouvira bem, ou não compreendera a pergunta que vinha perfurar um silêncio de horas. Esperou que o patrão a repetisse, mas o grito de um pássaro desmanchou o começo do diálogo. E tudo ficou por isso mesmo.

Depois de seis léguas de marcha batida, Soero sentiu que o homem misterioso não aguentava mais.

— Acho que de uma vezada só até Camilinho, é um bocado de chão pra vosmecê.

Propôs uma pausa. Pouco adiante, descobriu uma grota para o pernoite. Num córrego de águas frescas, os animais desarreados mataram a sede. Os dois homens jantaram o que traziam nos bornais. Os couros foram novamente estendidos. José Maria, amedrontado, perguntou a Soero se havia onças por ali.

O camarada tranquilizou-o. Enquanto para este era aquela uma noite de rotina, para o velho funcionário repetia-se, a céu descoberto, a aventura excitante das margens do Paraúna. Doíam-lhe tanto os membros e era tal o cansaço, que já não podia contemplar por muito tempo as estrelas que cintilavam pertinho. Mergulhou no sono pesado.

Às onze horas do dia seguinte, entrava no Arraial do Camilinho. Aí se dispunha a refazer as energias para a etapa final.

Tudo o que vinha percorrendo já era país de Duília. Agora sim, não precisava ter pressa. A bem dizer, do alto do Riacho do Vento para cá, a moça parecia ter-lhe vindo ao encontro. Era como se ela viajasse na garupa do animal.

O resto da tarde e a noite passou-os José Maria na pensão da Juvência. A velha nem se lembrava de que ele ali estivera, adolescente, ao deixar Pouso Triste: também ela o supunha algum emissário norte-americano atrás de minério para a guerra. José Maria preferiu passar incógnito. Absteve-se de pedir informações.

Mais seis horas e estaria naquela cidadezinha, face a face com a mulher sonhada. Não imaginava agora fosse tão fácil aproximar-se do que tão longe lhe parecera no tempo ou no espaço.

Detinha o burro a cada momento; olhava, hesitava. Nem mesmo se inquietara com a nuvem de chuva que vinha avançando do nordeste. Soero estranhou a indiferença do patrão. O aguaceiro caiu, molhou a ambos.

José Maria tinha medo de chegar.

Passou a chuva, veio o sol, borboletas voejavam sobre a lama recente. E Pouso Triste se aproximando... perfil de colinas conhecidas... o riacho cristalino com um último faiscador... o sítio do Janjão. Agora, o cemitério onde dormem os seus pais... "Estarei sonhando?"

— Pouso Triste!

Olhou confrangido. Era então aquilo!... E a cidade?

Trazia na memória a visão de uma cidade: surgiu-lhe um arraial!... Pobre e inaceitável burgo, todo triste e molhado de chuva!...

Foi descendo devagar. Passou em frente à igreja, entrou na praça vazia. Fantasmas desdentados conversavam à porta da venda.

A brisa agitava as folhas da única árvore gotejante.

Tinha sido ali...

A pensão. Parou e entrou. Pediu um banho, mudou de roupa. Sórdido chuveiro. Foi para a janela. Povoado lúgubre! Como compará-lo à cidade luminosa que erguera em pensamento para santuário de Duília? Teve raiva de si mesmo. Nenhum parente, ninguém para reconhecê-lo. Melhor assim. Fixou a árvore. Era a mesma... Pelo menos aquilo sobrevivera. Saiu para vê-la de perto; deixou-se ficar debaixo de seus galhos. Reviveu a cena inesquecível... Mas não encontrou o mesmo sabor. A árvore parecia indiferente.

Não se conformava com a falta de claridade. Nem a da luz exterior, nem a outra, subjetiva, que iluminava a cidade ideal onde se dera a aparição da moça.

Pertinho, bem perto devia estar ela. Tão perto que assustava. Dentro de poucos instantes — o seu rosto, a sua voz, os seios!... Mas aquele marasmo, o torpor das coisas — o envelhecimento da árvore e da paisagem, tudo prenunciava a impossibilidade de Duília.

Timidamente, pediu notícias à dona da pensão. A velha fez um esforço de memória. E tal como o passageiro da "jardineira", respondeu:

— Duília?... Dona Dudu, não é? Uma viúva? Ah! sumiu daqui já faz tempo. Ouvi dizer que está de professora no Monjolo. Ainda que mal lhe pergunte, vosmecê é parente dela?

— Não — disse José Maria. E para desarmar a curiosidade da velha: — Trago-lhe umas encomendas.

Deixou passar alguns instantes. Perguntou por perguntar:

— Sabe dizer se tem filhos?

— Filhos? Um horror de netos!... Que Deus me perdoe, o marido era uma peste.

Não quis saber do resto.

Despediu-se de Soero, o bom camarada; pagou-lhe bem o serviço. Seguiria sozinho até Monjolo. Conhecia a estrada. Pouco mais de três léguas. Léguas que se tornaram difíceis, pois a lama era muita, e o burro mal ferrado patinhava.

A viagem se arrastava sem o encantamento da que terminara na véspera. Não desejava que a decepção de Pouso Triste influísse na sua chegada a Duília.

Tudo agora parecia pior, o caminho mais estreito, mais aflitiva a ausência de claridade. Sentiu o deserto no coração. Sua alma deixou de viajar. Fazia-lhe falta a presença muda de Soero. Fez parar o animal.

— Será que Duília....

Novamente lhe viera o terrível pressentimento. Como aceitar outra imagem dela senão a que guardara consigo: a namorada eterna, fixa? A imaginação delirante não cedia à evidência da razão.

A poucas horas da amada, José Maria tremia de medo.

O burro começou a andar por conta própria. Os últimos quilômetros o viajante os fez como um autômato.

Monjolo se anunciava por um som de sanfona que parecia o gemido constante do fundo do Brasil.

Foi surgindo pela frente um arraial ainda menor e mais pobre que Pouso Triste. Os urubus não frequentavam o céu, quase se deixavam pisar pelas patas da alimária. José Maria engoliu um soluço.

Tomados de espanto, os poucos moradores espiavam o estrangeiro.

O letreiro "Escola Rural" aparecia em tinta esmaecida. Uma casinha modesta, com chiqueiro no porão. A sala de espera limpa, com gravuras de santos enfeitados de flores de papel, e que tanto servia à Escola como à residência, nos fundos. As carteiras escolares estavam quebradas.

O viajante apeou-se, bateu à porta. Uma senhora, muito pálida, veio atendê-lo em chinelos.

— Eu queria falar com Duília... Dona Duília... — corrigiu.

A senhora fê-lo entrar e sentar-se. Pediu licença, deixou a sala. Momentos depois, voltou mais arrumada. Seus cabelos eram grisalhos, a voz meio rouca, o sorriso agradável, apesar dos dentes cariados. Ainda não tinha sessenta anos, e aparentava mais.

— A senhora também é professora?

Duas crianças gritaram da porta:

— Dona Dudu! Dona Dudu!

Ela respondeu:

— Vão brincar lá fora. — E virando-se para o estranho: — Não se pode ficar sossegada um minuto. Esses meninos acabam com a gente.

José Maria sentiu como que uma pancada na nuca. Baixou as pálpebras, confuso. A professora ficou esperando que ele se identificasse. Notou-lhe a fisionomia alterada, um começo de vertigem.

— Está se sentindo mal?

Saiu e voltou com um copo d'água.

— Não foi nada. O cansaço da viagem. Já passou.

Olhava para ela, estarrecido.

A mulher, aflita por que o desconhecido desse o nome.

— Veio a passeio, não é?

— Não. Não vim propriamente a passeio...

— Um lugar tão distante... Ultimamente as jazidas têm atraído muitos estrangeiros para cá.

— Eu não sou estrangeiro — respondeu o visitante. — Sou brasileiro... E daqui... de bem perto daqui. Sou também de Pouso Triste...

Uma expressão de surpresa e simpatia clareou o rosto da professora. José Maria encarou-a com dolorosa intensidade. Subitamente empalideceu. Chegara o momento culminante. Fechou os olhos como se não quisesse ver o efeito das próprias palavras. A professora pressentiu que algo de grave trouxera até ali o sombrio visitante. Atordoada, esperou. José Maria principiou a falar:

— Lembra-se de um rapazinho, há muitos anos, que a viu numa procissão?

A mulher abriu os olhos.

— Nós tínhamos parado debaixo de uma árvore... lembra-se? Ela ainda está lá... não morreu. Eu olhava como um louco para você, Duília...

Ao ouvir pronunciar seu nome com intimidade cúmplice, a professora teve um arrepio. O homem não sabia como continuar. Hesitou um momento.

— Depois... depois eu larguei Pouso Triste. Nunca mais me esqueci. E só agora...

Parou no meio da frase. Tremia-lhe o queixo.

A mulher, assustada, reconhecera nele o rapazinho de outrora. Fitou-o longamente. Passou-lhe pelo rosto um lampejo de mocidade.

Volvendo a cabeça para o chão, enrubesceu com quarenta anos de atraso...

Quedaram-se por alguns momentos. O vazio do mundo pesava sobre o sossego do povoado. Grunhiam os porcos embaixo. Um cheiro de lavagem e de goiaba madura entrava pela janela, e parecia a exalação do passado.

José Maria suspirou fundo. Aquela mulher, flor de poesia, era agora aquilo! Fantasma da outra, ruína de Duília... Dona Duília... Dudu!

A mulher interrompeu a longa pausa:

— Tudo aqui envelheceu tanto! — disse, erguendo a cabeça. — Que veio fazer neste fim de mundo, seu José Maria?

Ouvindo-a por sua vez pronunciar-lhe o nome, sentiu-se José Maria menos distante dela. Parecia que davam juntos o mesmo salto no tempo.

— Vim à procura do meu passado — respondeu.

— Viajar tão longe para se encontrar com uma sombra! — E volvendo-se para si mesma: — Veja a que fiquei reduzida.

José Maria pousou o olhar no colo murcho, local do memorável acontecimento.

Aquilo que ali estava poderia ser a mãe de Duília, da Duília que ele trazia na memória; jamais a própria.

— Não devia ter feito isso, advertiu a mulher, como que despertando da profunda cisma.

— O quê?

— Voltar ao lugar das primeiras ilusões.

"Sim, é verdade, pensou o homem, não devia ter vindo. O melhor de seu passado não estava ali, estava dentro dele. A distância alimenta o sonho. Enganara-se. Tal como Fernão Dias com as esmeraldas..."

Ergueu-se, chegou à janela. A tarde caía depressa. Os casebres se fundiam na cinza suja. Uma preta entrou e acendeu o lampião de querosene.

Não tinha mais tempo para criar novas ilusões. Nada mais a esperar. Ficaria por ali mesmo... Floripes fizesse o que entendesse da casinha de Santa Teresa. Felizes os que ainda desejam alguma coisa, os que lutam e morrem por alguma coisa. Felizes aquelas meninas que desceram cantando para Belo Horizonte. A ele, José Maria, só lhe restava encalhar naquele buraco, dissolver-se por ali mesmo, agarrado aos últimos destroços do passado.

Sentiu falta de ar. Bem a seu lado se achava alguém que se dizia Duília, espectro da outra. Espectro também, Pouso Triste; e aquele mesquinho arraial lá fora... e tudo o mais que a noite vinha cobrindo!

Súbita raiva transfigurou-lhe as feições. Voltou a ser o estranho, o que invadira a mansão de miséria e paz da velha professora. Teve ímpeto de espancá-la, destruir aquele corpo que ousara ter sido o de Duília. Desse corpo de que só vira um trecho, num relâmpago de esplendor...

Ante o silêncio sombrio do visitante, a professora teve medo. Procurou aliviar-lhe o desespero contido.

— Vai voltar para o Rio?

Ao ouvir a voz mansa, José Maria enterneceu-se. Sentia-lhe no timbre a ressonância musical da antiga. Sentou-se de novo; e fechando o rosto com as mãos, caiu no pranto. Achou-se ridículo, pediu desculpas. Duília, compassiva, tomou-lhe a mão, procurou consolá-lo. Um sentimento comum aproximava-os.

Espantou-se a professora ao se dar conta do que estava fazendo: dar a mão ao quase desconhecido de há pouco.

Por longo tempo, as duas mãos enrugadas se aqueceram uma na outra. Mudos, transidos de emoção, ambos cerraram os olhos. Duas sombras dentro da sala triste...

O homem não se conteve. Ergueu-se, saiu precipitadamente. A professora correu atrás:

— José Maria! Senhor José Maria!...

A voz rouca mais parecia soluço do que apelo.

— José Maria!

Os moradores se alvoroçaram:

— O que terá havido com a professora?

— Foi depois que chegou aquele estrangeiro alto!

— Quem será esse indivíduo?

E já se preparavam para perseguir o intruso, munindo-se de pedras e pedaços de pau. Mas o desconhecido desapareceu na escuridão.

Parada no meio do largo, Duília arquejava. Ninguém lhe ouvia mais a voz nem lhe distinguia o vulto.

Alguns soluços cortaram a treva.

O DEFUNTO INAUGURAL

RELATO DE UM FANTASMA

a rodrigo m. f. de andrade

VAMOS SUBINDO DEVAGAR. Quando alcançarmos o espigão, poderei saber para onde. Saber, não: desconfiar. Mas os homens não falam; apenas exalam um ou outro gemido nas rampas mais fortes. Eu não sou tão pesado assim. Pelo contrário: tantos dias exposto ao ar livre, o sol reduziu-me bastante, curtindo-me as carnes.

Conheço estes caminhos. Muitas vezes, bêbado ou vencido pelo cansaço, deixei-me ficar encostado à cangalha, sobre o pedregulho do leito, enquanto o meu cachorro farejava os bichos e a mula aproveitava o capinzinho das margens.

Só acordava quando trovejava lá em cima e me vinha o medo de ser arrastado pelas enxurradas; ou então quando se aproximavam esses caminhões enormes que começam a invadir a serra depois que se abriu a estrada que vira para a encosta de lá.

A garoa afastou-se do vale. Não sei por que os galos ainda cantam. Chegamos ao alto onde o pé de coqueiro joga uma sombra curta para o lado das jazidas.

Deve ser pouco mais de meio-dia. Tomara que o nosso rumo seja no sentido contrário ao dessa sombra. Conquanto para a minha pele seja indiferente sol ou chuva, prefiro a vertente de cá, onde deve ter ficado o molde irregular das patas da alimária.

Os homens param. Depois se decidem: será mesmo pela estrada nova! Tal como eu queria. O dia clareou bonito. Nunca o vira assim. Estou feliz. Circulo nele agora, participo-lhe da atmosfera.

Vem subindo Josefina com a criança ao colo. Eu queria dar-lhe bom-dia, mas não posso. Se ela soubesse quem vai aqui!... Passou sem desconfiar...

Na ponte provisória um dos homens falseia o pé, e meu corpo rola. Vão pescá-lo mais adiante. Tive receio de que o deixassem seguir com as águas. Já começo a ser menos indiferente ao destino de minha carcaça.

Ao longe — mancha de sangue na vegetação — uma bomba de gasolina. A primeira instalada nestes ermos de montanha. Depois, a estalagem. O dono grita, ao dar com os meus despojos:

— Que há lá em cima que estão mandando defuntos cá para baixo? Já é o segundo!...

Os homens não respondem. Desanimaram não sei por quê. Quererão largar-me ali mesmo, nalguma grota, tal como me encontraram. Se fosse antes, não me importaria. Mas já agora nasce em mim um capricho: chegar primeiro, ganhar a corrida. Eles prosseguem mais soturnos.

A que distância andaria o outro? Foi um tropeiro que informou mais adiante:

— Cruzei com ele há coisa de duas léguas da Igrejinha; levantei o lenço. Imagine quem era? O Antão, caçador de parasitas. Catingando já, coitado...

E reconhecendo a qualidade da mercadoria que ia na rede:

— Se vosmecês querem chegar na dianteira, carece andar ligeiro. A festança vai ser de arromba. Só estão esperando o material. Parece que pagam bem. Comprar defunto, pra cemitério, foi coisa que nunca vi! — concluiu o tropeiro soltando uma gargalhada. E depois de relancear o meu corpo embrulhado no lençol: — Óia! o pé dele tá aparecendo!...

Agora sim, compreendo por que, e sei para onde me estão carregando: fizeram cemitério nalgum lugar, mas faltou defunto para inaugurá-lo. Daí o pedido às redondezas. Que cemitério será?

O dia vinha escurecendo. Os homens tinham agora pela frente uma planície animada de sapos e pirilampos.

— Engulam a cachaça — disse eu, já impaciente. — E toquem depressa!

Minha voz não ressoa, mas produz efeito. Tanto assim que os homens empunham logo o pau da rede e me erguem aos ombros.

E eu vou seguindo, o rosto voltado para a primeira estrela.

Um era careca, o outro tinha bigode. Atravessaram o pântano. Se não conhecessem tão bem o caminho, ficaríamos os três atolados na lama. Quase não se falavam.

— Espanta a varejeira da testa — gritei para o careca... Isto é, quis gritar. O homem sacudiu a cabeça.

— Por menos de quatrocentas pratas, nós voltamos com ele — disse o de bigode.

— Até trezentos, a gente fecha o negócio — responde o careca.

— Vosmecê vê que ele nem tá cheirando!...

Era a minha vantagem sobre o concorrente. Pelo que percebi da conversa deles, e pela marcha batida em que vínhamos, o outro devia ser alcançado na curva do Bananal, antes de o sol raiar. A esse pensamento, trocaram-me de ombro e apressaram a marcha.

Surgiram na cerração as primeiras mulheres que se encaminhavam para o eito. Ao darem comigo, caíram de joelhos, persignando-se. A mais moça fez uma pergunta, a que só de longe o careca respondeu:

— Foi tiro, não; morte de Deus.

— Toca depressa, toca! — gritava eu sem poder gritar.

Receavam os homens que outros cadáveres, além do que seguia à frente, estivessem afluindo ao mesmo tempo para o Arraial Novo.

Morrer, sempre se morre por estas terras abandonadas. Mas com a friagem dos últimos dias e o advento dos caminhões, contando-se bem, é fácil encontrar defunto apodrecendo pelos caminhos, ou dentro da mata.

O interesse dos que me carregavam era chegar primeiro e negociar depressa os despojos; o meu, era ganhar a corrida com o colega que ia na frente.

— O outro já deve estar perto — diz o de bigode. — Tá largando catinga...

Surge ao longe um bananal oscilando suas folhas tostadas de vento frio. Experimento certo bem-estar, como nunca na vida. Não propriamente um bem-estar comum, mas o sentimento, quase apagado em mim, quando me apanharam na grata, de que ainda vagueio e vaguearei algum tempo pelas imediações de meu corpo.

Mais de quarenta anos tem esta carcaça. À frente dela vou seguindo, como a projeção de uma luz distanciada mas não excluída de sua lanterna.

Que bom este passeio! Tudo tão fluido que posso perceber o que se faz e acontece na área mais próxima de meu corpo.

E lá vai o tropeiro Fagundes — eu me chamava Fagundes (Fagundes?) — descendo de rede para o cemitério do Arraial Novo!...

Por que, nesse arraial, tanta pressa em inaugurá-la? Por que não esperar pelos defuntos da localidade? A vida lá é boa, eu sei. Tem aguadas, milharais, moinhos; terras férteis e homens fortes. Ninguém há de querer morrer ali, só para estrear cemitério!...

— Eh, Bigode!... Eh, Careca! Depressa!...

No Ribeirão das Mulatas alcançamos os outros. Vão perder a partida. Além do mais, a mercadoria que oferecem apodrece tão depressa que será capaz de ser recusada, mesmo que chegue em primeiro lugar; ao passo que meu corpo, magro e curtido, parece intacto.

E os meus homens passaram silenciosos. Os do outro defunto olharam com raiva. Meus fluidos atravessaram depressa aquela área, como que fugindo ao mau cheiro...

Ao avistarem o arraial que sorria ao longe, no meio do arvoredo, os dois homens suspiraram.

Fui recebido por um bando de crianças em meio do latido geral dos cães. Colocaram-me num estrado que me esperava no centro da igrejinha. Correram a avisar a professora rural, enquanto os meus carregadores, à porta, discutiam o preço.

Os curiosos foram chegando. Descobriram-me a cara. Era a primeira vez que viam defunto. Ante o meu dente único plantado na gengiva esbranquiçada, puseram-se a rir. A maioria eram rapazes.

— Agora o cemitério vai ser cemitério mesmo — dizia um.

— Lá se vai o nosso campo de futebol! — suspirava o outro.

— Acho que não se devia recorrer a defunto de fora — opinava um terceiro.

— Uma vergonha para nossa terra!

Entrou um cachorro. Dentro da pequena nave ecoavam-lhe os latidos. Entrou em seguida uma velha que se ajoelhou junto de mim, impondo silêncio aos rapazes e ao cachorro.

Ao se retirarem de lenço ao nariz, os moços tropeçaram na escadaria com um fardo que cheirava mal, envolto em jornais e folhas de bananeira. Era o outro. Com bastante atraso, numa carrocinha, vinha chegando o terceiro concorrente. Três defuntos ao todo.

Os rapazes indignaram-se. Era a invasão do Arraial por gente podre. Revoltante, aquilo. Foram queixar-se ao Fundador: na pressa de inaugurar o cemitério as mulheres inundam o povoado de cadáveres! Um, ainda passava. Mas tantos assim!... Não acha um perigo, Fundador?

Assim chamava todo mundo a esse velho robusto, três vezes casado, figura principal e dono de quase todo o povoado, que enchera de filhos e netos.

— Vocês se entendam com as mulheres. Elas que inventaram esse negócio de cemitério. Eu, por mim, quando chegar a minha hora, vou morrer sozinho lá em cima, no mato, já disse.

Um dos jovens entristeceu subitamente.

— Não se amofine, rapaz — disse o Fundador batendo-lhe no ombro. — Mandarei fazer outro campo para vocês.

— Não estou pensando no campo. Me refiro aos defuntos.

— Ele está fingindo, Fundador! — interveio o companheiro. — Está com o sentido é no campo mesmo. Não pensa noutra coisa. Eu também. Nosso clube foi desafiado, o senhor sabe. Estávamos treinando todos os dias. Agora, depois desse enterro, como é que vai ser? — E com certa astúcia: — O senhor não acha que um só defunto é pouco para dar àquilo um ar de cemitério? Ainda mais um sujeito que ninguém conhece... que nem é cidadão do Arraial.

— Isso mesmo, isso mesmo! — ciciava eu aos ouvidos do rapaz.

Mas ele não me ouvia, não me podia ouvir...

— São vocês os culpados — disse o Fundador. — Eu mandei abrir um cemitério, vocês fizeram um campo de futebol.

— Saiu sem querer, Fundador, saiu sem querer...

— Até as medidas são iguais, me disseram!

Calou-se o primeiro rapaz, a fisionomia transtornada. E num impulso de paixão que lhe venceu a timidez, dirigiu-se ao velho:

— Fundador, nós nunca tivemos disso aqui! Ninguém falava em morte. Todo mundo só pensava em trabalhar e viver. O senhor bem que podia salvar o nosso time. O jogo está marcado para o fim do mês. Virá gente da redondeza. Nosso clube é novo, mas a vitória é certa. Vai ser uma honra para o Arraial. Se o senhor deixar, nós damos um jeito no cadáver, adia-se a inauguração e em três semanas fazemos outro cemitério. Talvez até melhor do que este...

— Agora é tarde — respondeu o Fundador.

Realmente, era tarde. As velhas já me tinham lavado e agora me vestiam.

Nunca me vi tão bem trajado. Larguei os trapos; enfiaram-me um casaco impreciso e negro, entre jaquetão e fraque. Fiquei um defunto bem passável. Pelo menos, limpo.

A professora assumiu um ar doloroso. Vestida também de preto, a face chorosa, embora sem lágrimas — era a dona do enterro. Cercavam-na outras mulheres. Conduzia-se como se fora a minha viúva.

Notaram os rapazes nos modos reticentes do Fundador certa indiferença pelos preparativos do enterro. Combinaram não comparecer. Faziam mesmo trabalho surdo contra a cerimônia da inauguração. Serviam-se de dois argumentos: um, que eu não era do lugar; outro que, enchendo-se o povoado de cadáveres, uma epidemia era iminente ali. Se alguém duvidasse, fosse perguntar aos doutores da cidade vizinha.

O Fundador invalidou o último argumento mandando fechar as estradas e enterrar logo os defuntos restantes. À outra razão responderam as mulheres que ninguém sabe quando o nosso dia chegará. Que destino se daria então à nossa carne?

Os rapazes ouviram desconcertados. Jamais cuidaram de tal coisa.

— Sim, é porque vocês são moços, não pensam nisso, insistiam as mulheres. Saibam que não é só de velhice que se morre neste mundo. Vamos pensar um pouco no futuro. Lembrem-se de que a morte anda pegada à nossa pele.

E como os sinos começassem a repicar forte anunciando o meu enterro para o dia seguinte, os rapazes se retiraram desanimados. Desceram até a pracinha. Um sentimento novo amargava-lhes o coração.

— Tudo perdido. Temos que mandar avisar que o jogo foi adiado. Que azar!

Na conversa junto ao chafariz, circulavam uns termos até então desconhecidos no Arraial: "esquife", "féretro", "funeral" e outros, lançados pela professora.

As moças não pareciam tristes. Iam perder o futebol, é verdade; em compensação, o enterro valeria a pena como festa. A primeira cerimônia pública desse gênero que se ia realizar no Arraial. Muitas ficaram em casa, preparando os vestidos.

Vendo-me de preto entre círios e mulheres que rezavam ou fingiam rezar — os rapazes se impressionaram.

Ecoava neles a advertência fúnebre da velha, reforçada agora pelo sino que não parava de tocar. Desistiram da campanha contra o enterro. A cancha ia mesmo virar cemitério...

Eu estava de fato um defunto convincente. As crianças trepavam no estrado para espiar, e recuavam de pavor, repelidas sempre pela ponta de lança de meu dente único.

No dia seguinte, o povoado acordou cedo. Fora uma noite diferente, noite em que cada um se deitara com a convicção de que eu estava presente a seu lado. Os cães ganiam a cada minuto. Ninguém punha o rosto à janela.

Para todos, eu era um defunto imenso e difuso, presidindo à noite do Arraial.

Na verdade, não passei um minuto sequer junto a meu corpo. Quem se incumbira disso fora a professora e uma velha.

Flutuei por cima dos telhados, penetrei de mansinho nos lares. Quedei-me junto de várias criaturas, acompanhei-lhes os movimentos íntimos. Como toda essa gente é simples, a portas fechadas!

De alguns que dormitavam toquei-lhes de leve a nuca. Apenas toquei. O suficiente para apreciar-lhes o estremecimento de pavor. Ninguém me viu. Senti não poder apresentar meu vulto em forma de vapor, como no tempo em que se acreditava em fantasmas. Nem mesmo consegui apagar as lamparinas acesas por minha causa. Talvez porque meus fluidos estivessem enfraquecendo, talvez porque não tardasse a desintegração de meu corpo.

Estou reduzido ao mínimo, pensei. Mas posso perfeitamente dar uma chegadinha até o cemitério, onde vão instalar-me hoje à tarde.

O portão foi colocado, os muros caiados de novo. A cova está aberta. Retiraram as traves do gol. Foi pena. Aquilo tinha mesmo formato de cancha de futebol, mais que de campo-santo. Não sei como vão se arranjar agora os rapazes.

O sino começa a badalar. Os cachorros põem-se a latir. Está chegando a hora. Eu me recolho aonde se acha meu cadáver para assistir ao saimento. Lá está a mesma mulher. (— Mas a senhora não me larga, professora!)

Ah, se eu pudesse articular as palavras. Que olheiras as dela, que maneira suspeita de olhar para um corpo morto.

Já vou sendo levado. O ambiente é festivo. Todo mundo me acompanha, exceto o Fundador. Alegou que precisava cortar uns toros lá em cima, deixou dona Maria doente e grávida na cama, sumiu-se. Não quer saber de nada com a morte; diz que não gosta de cemitério.

Eu também não gosto. Principalmente nas condições em que estou sendo enterrado, com esse péssimo sino que mais parece batucada confusa e sem ritmo. Nunca vi tocar tão mal a finados. A população me acompanha com relativa decência. Pelo menos, faz o possível. Os rapazes compareceram, afinal. Friamente.

Sob a aparência fúnebre, as senhoras escondem certo entusiasmo. Algumas quase sorrindo. Estou perto, e estou vendo. De vez em quando se lembram e simulam consternação. Consternação verdadeira, porém, reina atrás, perto da bandinha de música, onde os rapazes deploram ainda a perda do campo. Como compensação, namoram as moças.

— Aqui não — diz uma. — Olha o morto!

— Deixa, deixa que ele te aperte, moça — insuflo aos ouvidos dela. — Não te preocupes com o que vai lá na frente; aquilo é apenas um corpo abandonado, arranjo de velhas que só pensam na morte.

Parece que a moça me atendeu...

O préstito atravessa o portão de ferro. Meu caixão é colocado perto de seu lugar definitivo. Começo a achar aborrecido o papel a que me obrigaram. Despertar tantas ideias tristes numa aldeia tão despreocupada!... Não reclamo nenhum respeito pelo meu corpo. Será que já está descendo à sepultura? Um momento. Deixem-me voar até lá...

O padre terminava as palavras em latim. Referiu-se depois ao significado da cerimônia: entregava aos futuros mortos do Arraial Novo a sua verdadeira morada; e exortava o povo "a que pensasse sempre na morte!". Quando terminou, todos olhavam para o chão e simulavam tristeza.

Ouviu-se em seguida a voz bonita do vereador distrital. Disse que ali se enterrava um dos últimos tropeiros do nosso amado sertão, "raça que se extingue ante a avançada progressista dos caminhões"; que me conhecera (onde? como? se nunca me viu, se nunca votei!) e tinha importante declaração a fazer: "Eu não era um defunto estranho ao local, nascera ali mesmo!..." Baixa demagogia... Pois se o Arraial não tinha trinta anos! Os rapazes sorriram. E resolveram, baixinho, expulsar do clube o sujeito amarelento que se prestara ao papel de coveiro.

A professora avança e dá instruções. As moças me cercam e eu me surpreendo numa onda de alegria indefinida. Aura de juventude emanando delas! Que fazer de tanta primavera desaproveitada? Meus fluidos roçam-lhes o colo. Somente os fluidos. A invisível carícia arrepia-lhes a pele, enquanto a musiquinha toca uma coisa triste debaixo das árvores.

Que se passou com elas que enrubesceram de repente? Algumas cruzam os braços ou tapam com o xale o busto arrepiado; outras se escondem, perturbadas, no meio do povo.

Está na hora de eu ir para o fundo. Quem é que me aparece à boca do buraco? A mula com a cangalha! Ó mulinha, ainda bem que não esqueceste o antigo dono. Coitada! Meio desmanchada, como um brinquedo abandonado...

Logo atrás, sorrindo com os dentes brancos, a metade do corpo comida pela sombra, quem vejo? Isabela!

— Tu te lembras, pretinha, daquele banho no ribeirão? o único momento bom de minha vida. Ah! agora não posso, mulinha!... Agora não posso, Isabela! Pois vocês não veem que estou muito ocupado, inaugurando?!

Os rojões explodem, rejubilam-se as velhas. Só não conseguem chorar. E com frenesi atiram sobre o meu corpo uma chuva de pétalas. Em seguida, torrões de terra, como se me apedrejassem. Abraçam-se e despedem-se felizes.

Tinham arranjado sede para os seus despojos.

O portão foi fechado. E eu fiquei lá dentro, como ovo de indez. À espera dos mortos que hão de vir...

Fiquei, é modo de dizer; saía sempre. A ideia de corpo sepultado sossegou a princípio os meus fluidos. Durante dias perdi a memória; alguma interrupção, talvez mergulho mais demorado no vazio. O fato é que reapareci depois. E ainda há pouco dei um giro até a pracinha.

Há lá um arbusto onde gosto de ficar. Uma moça que passava perto parou de repente, assustada, olhando para mim, sem me ver. Tratei de voltar logo ao cemitério. E foi bom, pois um vira-lata, o mesmo da chegada, o que mais latiu na igreja e rosnou todo tempo no enterro, o cachorro de sempre, esgravatava com fúria o meu túmulo em direção aos ossos! E eu, pensando em seus dentes, experimentava a sensação de mal-estar análoga à que em vida se chama pavor.

Afinal de contas, é mesmo ao meu corpo que pertenço; dele não devo afastar-me muito, sem risco de me dissolver para sempre.

Francamente, o que não me agrada é ser o usufrutuário único deste local. Se uma só andorinha não faz verão — disseram os rapazes —, uma única sepultura não devia fazer cemitério. Deram para chegar atrasados e abatidos ao eito. Põem-se a sorrir quando encontram as velhas. Elas não compreendem, sentem-se satisfeitas com o seu cemitério.

O Fundador desconfia, mas finge que não sabe. E para ter a certeza, usa um estratagema:

— Para apanhar?

— Que jeito! Não temos onde treinar

— Então? Ficou de pé o desafio?

— Nós jogaremos assim mesmo.

— Por que não falam com a professora? Ela tem a chave do portão.

— Mas só abre quando vai rezar lá dentro.

— Para um morto que não conhecem... — acrescentou o outro.

— É isso mesmo — exclama o Fundador. — Inventaram a morte no Arraial Novo!

As velhas, de fato, não largam o cemitério. Entram ao cair da tarde e se ajoelham. Não rezam por mim, rezam pelo futuro defunto, rezam para a morte. Há pouco, entrou a professora. Debruçada sobre a sepultura não fez senão murmurar:

— José, meu José...

Ora, eu não me chamo José... Esqueci meu nome, é verdade; mas sei que não era José...

Razão tem o Fundador. O espírito da morte apoderou-se do Arraial. Ainda ontem senti isso quando estive pousado nos arbustos da pracinha. Todo mundo silencioso e triste, aguardando a abertura da igreja. Só não vi os rapazes. É o cemitério, pensei; é a minha presença!

De alguns dias para cá, se uma parte da população se entrega aos trabalhos de rotina, a outra se ocupa em interrogar a alma.

As velhas dizem que se alguma dúvida houver, é só passar a noite pelas imediações. Ouvem-se barulhos estranhos, estrupidos de correria. E se não fosse o rumor dos moinhos, todo o arraial poderia escutar. Ao saber disso, tomou-se a população de certo orgulho: já havia fantasmas no cemitério do Arraial Novo!

Um defunto extranumerário, um simples tropeiro tivera a força de transformar em campo-santo uma área terraplenada, logradouro inexpressivo antes.

Que todos respeitassem agora o cemitério com as almas que nele transitam!...

Essas almas eram quase sempre vinte e duas, fora as que permaneciam a certa distância, olhando apenas. Escalavam o muro e, uma vez lá dentro, vestiam depressa os calções.

As lavadeiras que passavam perto mal ouviam o barulho, saíam correndo. Se tivessem coragem de verificar, poderiam reconhecer vultos familiares sob o projetor da lua cheia.

Eu adorava ficar ali. Acompanhava o movimento do jogo. Torcia. Metia-me no meio dos jogadores. Só faltava gritar. Não sei como ninguém dava pela minha presença. A bola saltava às vezes o muro e ia aninhar-se no capinzal de fora. Um dos jogadores cobria-se de uma capa escura e saía a buscá-la. O jogo então recomeçava forte. De repente, fora de propósito, parava.

— Que houve? Quem apitou?

Ninguém apitara. Era eu que soprara no apito do juiz. Muitas e muitas vezes intervinha sem que ninguém soubesse, só para animar, só para mostrar que me achava ali, vendo, participando. Substituído o juiz, as marcações continuavam desencontradas. Ninguém desconfiava. Antes de raiar a madrugada, esvaziava-se o campo. Os "fantasmas" seguiam para o eito, e eu ficava... Ficava...

Era bem triste, à hora quente dos comentários, continuar sozinho ali.

Deliciava-me só de pensar em novas noites de jogo. Às vezes os rapazes demoravam, e eu me tornava impaciente. Primeiro, atiravam a bola. Sabia então que estavam perto, preparando-se para a escalada. A bola corria até parar junto de minha sepultura. Despertado do sono, eu subia depressa no muro e, sem garganta, sem voz, punha-me a chamá-los. Iniciava-se então mais uma partida animada.

Evitei repetir a proeza do apito, não só porque podia afugentar os jogadores, privando-me do espetáculo, como pelo receio de submeter a uma prova infeliz a força cada vez menor de meus fluidos.

As velhas já desconfiavam. Não todas. E, por certo, nenhuma, se a professora não deparasse com a minha cruz de madeira caída ao chão. Culpa dos rapazes que se esqueceram de recolocá-la quando, da última vez, fugiram do sol que raiara depressa.

— Fantasma não faz isso — disse a professora, suspeitosa. — Quem teria sido?

As mulheres foram de novo queixar-se ao Fundador:

— Isso não é comigo. Falem com d. Maria, mas depois que nascer a criança, pois a minha velha já está em dores.

— Mas jogaram uma bola na cruz! É uma profanação! — exclamava a professora.

— Deve ter sido algum fantasma — explicava um dos rapazes.

— Ou então chutaram de fora — disse outro.

— O muro não deixa — insistiu uma das mulheres.

— Só se foi um tiro de parábola e aqui ninguém sabe chutar assim...

— O Zequinha — lembrou o coveiro — chuta suspendendo a bola.

Ora, todo mundo sabe que Zequinha fugiu com a mulher do vereador. Jogava tão bem, que ela fugiu com ele...

Os rapazes só contavam agora com a mediação de dona Maria que não estava bem, depois que lhe nascera a criança.

Daí por diante, nunca mais se bateu bola no cemitério. Reforçada a vigilância, meus fantasmas não apareciam.

Fiquei mais triste. Agora, nem para voar até o arraial tenho força. Para nada, aliás, tenho mais forças.

Já não percebo bem o que se passa atrás dos muros. A paisagem se dissolve ao meu olhar que está se apagando.

Parece que ainda resta para os ouvidos um cano de lavadeira batendo roupa. Tão longe...

Mas está acontecendo qualquer coisa lá na entrada. O portão se abriu todo! O povo chegando!....

Ah, é a senhora?! Pois entre, a casa é sua... Eu, sozinho, já não podia responder por todo este cemitério. Estou sumindo... O espaço endureceu. Meu prazo terminou.

Só vejo figuras opacas imobilizadas no gesto de chutar a bola. E essa coisa fixa, mancha final de luz remota que deve ser o Sol.

Entre, dona Maria. Sirva-se de seu cemitério...

O ASCENSORISTA

a afonso felix de sousa,
renard perez,
samuel rawet

ESTAS NOTAS QUE VOU ESCREVENDO ao acaso não são contra o meu arranha-céu. No fundo, eu gosto dele. E não saberia ser cabineiro de nenhum outro, nem mesmo daquele, todo envidraçado, que surgiu em frente e vai botando o *Lua Nova* na sombra.

Coisa curiosa é gente velha. Como comem! Esse pessoal do 12, pelo menos a maioria, é de velhos. Descem comendo biscoitos, sobem comendo biscoitos. Vivem reclamando contra o papagaio da cartomante que não os deixa dormir durante o dia. Em compensação, como abusam do rádio! Precisam de barulho, têm horror à solidão.

Logo que me empreguei de ascensorista, o que mais me aborrecia era ouvir conversa em língua estrangeira. Outro dia, dois sujeitos olhavam para as minhas muletas sem que eu pudesse saber se falavam bem ou mal delas. Nem em que língua.

Distraidíssimo o laboratorista do 8º andar. Toda a noite de sábado para domingo, escorreu água pelas frestas de sua porta.

E como os ralos estivessem entupidos, o líquido desceu pelas escadas até ao 7º, daí para o 6º, inundando consultórios e escritórios comerciais, e finalmente foi molhar os tapetes da cartomante no 5º. A dona saiu descalça pelo corredor a gritar por um nome desconhecido, e a pedir que chamassem o Corpo de Bombeiros.

Pedem por exemplo o 3º, e depois dizem "não, o oitavo". E ficam no quinto! São uns indecisos. Ou então, não conhecem bem o edifício. Aliás, também eu não posso dizer que o conheça todo. Principalmente o andar das firmas estrangeiras. É o mais difícil.

O 1.001 está sempre de luz acesa durante a noite. É apartamento frequentado por um grupo alegre de cavalheiros que se dizem oficiais do Exército. Há pelo menos um major mais assíduo (uma ou duas vezes o vi fardado), que sobe sempre com garrafas de uísque e discos de vitrola. Tipo sanguíneo e musculoso. Espirra altíssimo. Parece que passa as noites lá; pelo menos comigo, durante o meu plantão, nunca desceu. Dizem que a moradora é protegida da polícia, e até senadores recebe. Por isso, ou porque seja de fato muito bonita, não dá bola para ninguém. Nunca é pontual nos pagamentos. Outro dia, porque eu demorasse em chegar com o elevador, o homem que a acompanhava — não era o major — só faltou agredir-me. Dei as explicações que devia, o homem acalmou-se, e ofereceu-me uma nota de duzentos cruzeiros para que eu descesse diretamente com os dois. Recusei; disse-lhe que havia chamados em outros andares, bastava olhar para o painel todo aceso. Tiveram que descer apertadinhos, recebendo o bafo dos outros, todo mundo olhando para a mulher. Foi a minha vingança. Por muito tempo ficou o perfume dela na cabina. É de fato bonita. E orgulhosa a mais não poder.

Não sei por quê, amanheci hoje com predisposição para a melancolia. Comecei servindo com certa indiferença, sem atentar bem no que fazia. Mais parecendo uma sombra conduzindo sombras. Será que a minha sina é ficar subindo e descendo gente até o fim da vida? E esse prédio? Daqui a cem, duzentos anos, que será dele? Terá aquela mesma velhinha se repetindo à janela? E que espécie de gente, que paixões, que negócios entre suas paredes? Homens e mulheres de sempre, fazendo a mesma coisa, com outras caras, outros nomes?...

Perguntas bestas... O que me dá vertigem é o estado d'alma que as inspira. E que espero não se repita.

Estive fazendo os cálculos: com mais de oito anos de serviço, já passei cerca de vinte mil horas encurralado neste túnel. É duro! Sobretudo no verão, com um ventilador que só funciona quando quer. O passarinho na gaiola tem, pelo menos, a paisagem para contemplar. E nós? O que nos distrai mesmo são os passageiros de alguns segundos. Trazem no rosto os reflexos do mundo lá fora. Por incrível que pareça, esses passageiros aumentam o espaço da cabina. Sobem e descem com a marca de suas paixões, só faltam dizer o que fizeram, o que vão fazer. Quando os homens não falam nem gesticulam (há um minuto de silêncio quando usam o elevador), a alma deles parece que aflui mais depressa à flor da pele.

O senador desceu com a dentadura definitiva. Estava eufórico, sorrindo à toa. Com a provisória, era impossível fazer oposição. "Foi por isso que fiquei calado todo esse tempo." Disse que hoje mesmo vai abrir a boca contra o governo.

Quantas vezes tenho notado o ar de constrangimento e repugnância dessas pessoas que descem de seus automóveis de luxo e são obrigadas a viajar alguns segundos perto do mais sujo maltrapilho ou do pior inimigo!... O elevador é o único transporte gratuito e igualitário da cidade. Acho isso extraordinário.

Não é a primeira vez que a moradora do 1.204 dorme com a torneira aberta. Já tem havido reclamações. Essa velha ricaça anda sempre empetecada. Mora sozinha, e vive comendo bombons. É a maior freguesa do Instituto de Beleza, do décimo andar. Completamente gagá. Um bonitão que chegou do Sul e que parece candidato à sua herança, visita-a duas vezes por semana. Ela vem trazê-lo à porta do elevador, e o bonitão deixa-lhe sempre um beijo entre as rugas do rosto. Tenho presentimento de que qualquer dia vai haver um crime no 1.204.

A cartomante obstina-se em não tirar o papagaio. O diabo da ave anda impossível neste começo de verão. Queixam-se os homens de negócio de que não podem tratar de seus assuntos, porque o papagaio atrapalha. Reclamam também os médicos: mal podem auscultar os doentes. O curioso é que os moradores do edifício puseram-se ao lado da ave, a qual conta com o apoio unânime do décimo primeiro e décimo segundo, afora alguns simpatizantes esparsos.

Duas vezes por semana a senhora L. serve-se do meu elevador para subir ao seu dentista, no sétimo. Sempre bem vestida e intensamente perfumada. Há três meses me evita. Prefere esperar o carro dos pavimentos ímpares, sabendo embora que o meu para em todos os andares. Aborreceu-se comigo uma vez quando, ao entrar na cabina, me pediu dissesse ao marido, caso ele aparecesse, que ela ainda não tinha chegado.

— Mas como? — respondi. — Se a senhora está subindo para o seu dentista! Além do mais, não conheço o seu marido.

Ela fechou a cara. E com razão. Não admitia se desconfiasse que estava subindo para o amante.

Moro só, no terraço. Tolerância do encarregado do prédio, de quem sou uma espécie de ajudante, em consideração à minha perna paralítica. É agradável, mas venta forte aqui em cima. Quantas vezes o meu chapéu foi parar lá embaixo, no asfalto da Avenida. Aos domingos, as crianças do décimo primeiro costumam subir até cá. Olham para a baía, espiam as máquinas, as antenas de rádio, e depois vêm pôr a mão nas minhas muletas, fazendo-me perguntas. Já expliquei a um que caí do trem de ferro, quando estudante de Medicina. A mãe que se aproximara e ouvira a conversa, exclamou: "— Ah! então o senhor já estudou Medicina?" — Eu respondi que comecei, mas não acabei. "— Como é que está aqui neste emprego?" — E olhou-me com certo desprezo e piedade. "— Não é tão mau como a senhora pensa", eu disse. "— Meu marido é médico." "— Ah!..."

Eu sabia. É o dr. Favônio. O maior unha de fome deste edifício. Dali não sai um centavo sequer para os ascensoristas. Ontem os meninos esconderam minhas muletas. Tive que me arrastar com as mãos para assumir o posto.

Parece que vi um disco voador. Apareceu entre Vênus e o Pão de Açúcar. Passei o resto da noite no terraço, esperando que voltasse.

Coisa mais triste é ver criança mofando à janela. Outro dia, saí um pouco para fazer compras e verifiquei, ao voltar, que atrás das vidraças do *Lua Nova* há sempre crianças espiando a vida. Não têm onde brincar, nem com quem. Nos corredores, é proibido; nos jardins, falta quem as acompanhe; e a área é só para automóveis. Apenas têm direito à janela, onde ficam a apreciar os moleques livres que fumam e brincam na rua.

Agora compreendo aquele levante de outro dia. Eram oito ou nove, a que se juntaram uns dois ou três do morro (não posso compreender como conseguiram burlar a vigilância do porteiro). Chutando bola e dando pontapés na porta dos vizinhos, invadiram os corredores, aos gritos; quebraram lâmpadas, esmurraram a porta dos elevadores, desceram, pela escada, aos andares inferiores, fazendo soar todas as campainhas. Recebemos ordens de caçá-los. Os quatro elevadores, inclusive o de serviço, saíram em perseguição. Mas os demônios, mal ouviam o barulho das máquinas, passavam-se para outros andares, até que afinal conseguimos enquadrar alguns. As mães, muitas vestidas apenas de combinação, vieram recolher os outros no *hall*.

Esses homens que entram diariamente no Edifício têm em geral o ar grave e angustiado. Será tão importante assim o que os preocupa? E por mais sério que seja o motivo, não estará em desproporção com a cara fechada com que se apresentam?

Hoje à noite vai haver coisa no 1.001. Subiram rapazes levando garrafas. O major levou um violão.

O coqueirinho que plantei no terraço cresceu que é uma beleza. Meu maior desejo agora é colocar umas bananeiras. Acho que vou tentar. Já não aguento mais com tanto cimento.

Agentes de polícia deram batida no 703. Não havia ninguém, mas carregaram com todo o material de propaganda subversiva, e um mimeógrafo. Andam agora à procura do dentista. Ninguém conhece esse tal dr. C. K. Field, da tabuleta. Deve ser algum personagem fantástico. Ou então é dentista sem clientes. Estão sendo ouvidos seus colegas do sétimo andar. Nenhum se lembra de tê-lo visto.

A moça Jacinta, aluna do Curso de Línguas, não faz muito tempo, descia chorando, a queixar-se de um colega, o Armandinho, que a desrespeitara no escuro do corredor. Eu disse que não podia fazer nada, e que se dirigisse ao diretor, ou a alguém responsável. Hoje desceram abraçadinhos, beijando-se na boca. Aí está um resultado animador para uma falta de respeito...

Como se dá em relação aos aviões, há pessoas que não viajam de elevador. Preferem a escada, como outros o trem de ferro. Não sei por quê, sinto-me ofendido quando me acontece atender um chamado e ouço alguém dizer: "Entre você que eu desço pela escada. Não ando nesse troço."

Horrível é quando nos foge por momentos o gosto de viver, e no espaço vazio cresce inesperado remorso. Quantas vezes tem subido à superfície de meu ser o que eu pensava já houvesse sido expelido da memória! Deixar que o melhor da vida se sacrifique por uma obsessão, é absurdo. Será isso o famoso castigo? Mas em meu íntimo não vejo como possa ter remorso. Agi como qualquer o faria, as circunstâncias me ajudaram. Por que me invade às vezes esta sombra? O jeito é praticar coisas simples: irrigar plantas, limpar algum objeto, apanhar pessoas no saguão, distribuí-las nos pavimentos, e vice-versa. Achar prazer nas coisas bem cotidianas, bem imediatas, é dificultar o espírito nas incursões a lugares onde só reina mal-estar e asfixia. Vou regar meu coqueirinho.

A pendenga entre a família do 1.207 e a que mora logo embaixo resolveu-se com o convite das duas mocinhas do andar superior para que o bancário, pertencente à família de baixo, participasse também das danças semanais. Queixavam-se os pais do bancário de que não podiam dormir com o sapateado no chão e a vitrola aberta até à madrugada. Sabedores, porém, de que o filho, rapaz tímido, coopera também no barulho, já não mais reclamam. Estão empenhados em que o rapaz se case, conforme lhe prescreveu o psicanalista. O filho tímido namora uma delas. Os pais preferem que a escolha recaia na de cabelos castanhos, que é menos escandalosa e não tem aquele remelexo do andar da outra.

Fiquei admirado ao surpreender em conversa cordial aqueles dois homens que deixei hoje no nono. Há menos de cinco dias só faltavam atracar-se. Parece que um interesse comum os reaproximou: não sei se a austríaca que retiraram da Ilha das Flores, ou se uns terrenos (isso me disse o advogado do 408) que estão comprando e querem lotear na Barra da Tijuca.

Eis o pequeno diálogo entre uma moça chamada Julinha e outra cujo nome não peguei: "— Você não fica excitada, Julinha, quando entra num arranha-céu?

— Fico. Parece que vai haver encontros... propostas... crimes, você não acha?

— Eu penso logo em aventuras.

— Eu também. Mas não acontece nada.

— É. Não acontece nada.

— Engraçado, não é?...

— Engraçado..."

Às vezes me acontece conduzir espectros do passado. Esta mulher gorda, amulatada e coberta de joias, pode não ser um espectro para os que a viram descer do décimo; para mim, é.

Deve ter vindo do Instituto de Beleza, pois cheira a loção fina e tem os cabelos de um loiro recente. Se não me engano, chama-se Jovita. Conheci-a há mais de trinta anos, quando eu fazia a reportagem carnavalesca nos Democráticos. Estávamos os dois meio bêbados, e nos conduzimos de maneira tão indecente, que só não nos expulsaram do clube em consideração ao jornal que eu representava. Vim a saber, depois, que largara o marido, suboficial do Batalhão Naval, por um relojoeiro que a cobriu de joias. Depois abandonou o relojoeiro por outros. Será que ela me considera também espectro do passado? Pelo modo com que evitou o meu olhar e pela pressa de sair, não tenho dúvida de que também me reconheceu.

Arrancaram a tabuleta do dr. C. K. Field. Verificou-se que ele não existe.

O dr. Leandro alugou o consultório de um colega. Só para os dias pares. Passa o tempo todo lendo histórias em quadrinhos, sem um cliente sequer. Duvido que haja inquilino mais desanimado no *Lua Nova*. Ultimamente, deu-lhe a mania de decorar letras de samba.

Na roça, os vizinhos que brigam têm quase sempre a separá-los morros e rios, quando não léguas de mato e plantação; aqui, ouvem-se uns aos outros pisando no chão, e arranhando paredes. E se divertem interpretando maldosamente os movimentos miúdos da família adversária. Só os estrangeiros sabem viver ao lado dos outros sem necessidade de virar-lhes a cara nem de sorrir quando os encontram.

É a segunda vez que me acontece conduzir defunto. Foi o Lebrão, que morava no décimo segundo. Aliás, esse andar é pródigo em defuntos. Se não me engano, é o quinto em oito anos, o que se explica pela quantidade de gente velha que nele habita. O corpo desceu pelo elevador de serviço; e como faltasse o cabineiro, fui eu que manobrei. Por sinal que a energia falhou no meio do caminho, e passamos uns momentos desagradáveis. Parecia que íamos ficar sepultados ali, além do defunto, eu e seus parentes. E o Lebrão já não estava cheirando bem. Chegamos ao saguão com dois minutos de atraso. Aí, as duas filhas e a sobrinha do falecido tiveram o ataque de praxe.

O décimo andar, quem por ele passa a primeira vez supõe que está havendo algum crime: ouvem-se gemidos e gritos lancinantes. Parece lugar de torturas e suplícios. Mas não é nada; são os solfejos da Escola de Canto. As alunas entram na cabina cantarolando trechos. Vêm terminar aqui os exercícios, o que muito me chateia.

O diretor da revista sobe sempre com uma moça bonita. Que danado! Não perde tempo. É um camarada alto, simpático, de fala mole, e muito feio. Não sei como as mulheres tanto se agradam dele. Quando sobe com uma, já sei: na semana seguinte sai o retrato dela na capa; depois aparece com outra, e vem-lhe o retrato na capa. E assim por diante... O diretor está fazendo a sua vida amorosa à base de capa de revista. Ontem, subiu e desceu com a cantora de rádio. Disse que foi levá-la ao especialista de garganta, para uma fumigação. Agarrando a mulher pelo braço, sorriu para mim e me perguntou quando é que eu ia entregar as *Memórias de um Ascensorista,* que me havia pedido. Eu disse que muito breve; estava fazendo a cópia de meu caderno de notas. Mas é mentira. Não vou entregar, não. Com a proliferação de revistas, rádios, cinema e televisão, todo mundo hoje é chamado a aparecer, a falar, a dar palpite. Até eu. É a técnica a serviço do exibicionismo. Ninguém fica anônimo. E eu preciso ficar anônimo. No meu tempo de rapaz não havia disso, não.

É a segunda vez que o mesmo homem, visivelmente agitado, me pede que o conduza ao sétimo pavimento aos dentistas. Será o marido da senhora L.?

Acham todos que o *Edifício Esplendor*, inaugurado quase em frente, é mais bonito do que o nosso. Pode ser. Pelo menos à noite, quando suas vidraças se iluminam. Em compensação, eu não queria trabalhar nos elevadores de lá, com aquela velocidade que dá vazio na barriga e faz mal ao coração. Prefiro o meu velho "Atlas", que tem três velocidades e a gente pode graduar à vontade. Ainda outro dia, eu subia à toda, quando uma velha começou a empalidecer; passei logo para a primeira e a velhinha se aliviou. Talvez que no *Edifício Esplendor* ela chegasse desmaiada ao décimo.

Reabriram-se as hostilidades entre a família do 1.207 e a do 1.109. Valendo-se da superioridade topográfica, a família de cima arrastava móveis e deixava cair objetos pesados. Foi o sinal. A família de baixo respondeu com pancadas de cabo de vassoura no teto, e o rádio aberto ao máximo. Depois, a luta prosseguiu no escuro, com as crianças de ambos os lados atirando batatas, cascas de laranja e demais resíduos de cozinha. A coisa ficaria nisso, se uma das batatas, desviando-se do alvo, não fosse atingir a cabeça do Almirante, no momento em que o simpático velhinho tirava a sua sesta na poltrona. O Almirante deu queixa ao Distrito, e a família do

1.109 reforçou-lhe a queixa com novas acusações. Acabaram-se as danças de sábado.

Ou estou muito enganado ou aquele senhor elegante que deixei no sétimo andar é o dr. Muniz, famoso cirurgião. O rosto confere com as fotografias que costumam sair nos jornais, e com a sua cara na televisão. Eu me lembro perfeitamente daquela cicatriz no lado esquerdo da boca. Quando entrou e disse: "— Sétimo, faz favor", era quase a mesma voz de antigamente, um tanto rouca pela idade, ligeiramente modificada pelo tom de importância social. Estava longe de adivinhar quem era o seu cabineiro do momento. Foi um mau colega. Tinha o apelido de Tico. Devia ter achado esquisito o olhar que lhe mandei — pois eu só via nele o Tico —, enquanto o dele para mim, um tanto irritado, era o do próprio Professor Muniz.

Não me agrada lembrar o passado. Talvez tenha razões para isso. Cedo me acostumo às coisas novas. Vi subirem os primeiros arranha-céus da cidade. Trabalhando num deles, não encontro motivos para aborrecê-los. Hoje, domingo, passei toda a manhã no terraço, a contemplar aquela área de terra para onde deslocaram o Morro de Santo Antônio. Pensar que no meu tempo do Boqueirão do Passeio, ali onde passam agora milhares de veículos, eram águas que eu singrava com a minha iole a quatro!

Entram precipitadamente na cabina certas pessoas irradiando tamanha felicidade e alegria, que me vem vontade de perguntar-lhes o que houve. Nada, com certeza. Deve ser coisa gratuita, inexplicável. De vez em quando, eu também fico assim. É pena não ser sempre assim.

O síndico já proibiu empinar papagaio no terraço. É ordem que eu faço cumprir bem constrangido. Ontem, por exemplo, o vento estava ótimo. Vi um, todo vermelho, no azul do céu. Francamente, não tive coragem de cortar a linha. Ah, isso não! O garoto estava feliz. E tenso como a linha que segurava. Parecia um perdigueiro amarrando a caça.

Coisa triste é a Avenida lá embaixo aos domingos. Parece que a cidade passou para as mãos de outros.

Tomara que chegue o dia de amanhã. Abrirem-se as portas, ver gente chegar, os elevadores circulando, e o meu Edifício animar-se todo para a celebração de mais um dia!...

O fato se deu há dias, mas só hoje posso registrá-lo. Foi o seguinte: Velha e pobre lavadeira saiu do 908 com enorme trouxa. Era a roupa suja de uma pequena família, roupa de três semanas. A mulher, como de costume, dirigiu-se para o elevador misto, que por acaso não estava funcionando. Apelou para o de passageiros, e nós nos recusamos a embarcar o fardo. Estaríamos entretanto dispostos a fazê-lo às treze horas, logo que amainasse o movimento. Mesmo que quiséssemos ajudá-la, o regulamento proíbe, e os passageiros protestam. E ainda por cima, aquela manhã, as filas de subir e descer eram imensas em todos os andares, todo mundo parecia impaciente, pois o carro de números pares não funcionava bem, e ia entrar em reparação. Além do mais, a trouxa exalava mau cheiro.

Volta então a lavadeira para o 908, mas encontra fechada a porta. Os moradores naquele momento mesmo acabavam de sair. Sentada, deitada quase sobre a trouxa fatal, pôs-se a preta a esperar. O tempo corria e veio a fome. As pessoas que passavam perto tapavam o nariz. O pessoal do Instituto de Beleza, gente em geral de narina sensível, mandou uma delegação incumbida de investigar a procedência do mau cheiro. Tudo isso, e mais o calor, a fome, a necessidade de pegar condução para o subúrbio longe, aumentava a aflição da pobre lavadeira. Pelas escadas não desceria; sentia-se velha demais e cardíaca para carregar com aquilo pelos oito andares. Seu desespero devia ter culminado alguns minutos antes das treze horas, pois nesse momento mesmo a enorme trouxa caía na calçada da Avenida, abrindo-se toda. Pela posição e estado em que ficou, logo se viu que fora atirada de nosso Edifício. Aliviada, a lavadeira desapareceu depressa pelas escadas, enquanto a multidão, rala a princípio e já tomada do maior espanto, engrossava em torno do monturo flácido, fazendo comentários.

Pensava-se em crime, devido a certas manchas de sangue no linho. Alguns, com a ponta do guarda-chuva, começaram a remover as peças, na esperança de encontrar algum objeto de espanto — arma do crime ou feto de criança. Compareceu, por fim, a polícia. E fez-se o cordão de isolamento. Nesse ínterim, chega de volta a família. Não querendo expor-se à irrisão pública, e para fugir a prováveis sanções penais, nega-se a dizer que era a dona da roupa suja, conformando-se com o prejuízo. Por sua vez, ouvidos pela polícia, não podiam os moradores se responsabilizar pelo acontecido. A trouxa foi reajuntada, lacrada e recolhida ao Distrito para exames posteriores. Procurados pelos investigadores, nós ascensoristas declaramos ignorar o fato, o que fizemos em atenção à pobre lavadeira.

O inquérito prossegue. Dizem que havia no meio uma calça de moça com as iniciais M.S., e que as manchas de sangue foram para o Laboratório de Análises.

Afinal, para que levar tão longe as investigações? A família já teve o seu prejuízo (todos sabem que qualquer peça de linho ou algodão está hoje pela hora da morte), e é inocente no caso. Quanto à lavadeira, talvez lhe caiba alguma culpa: não se atira impunemente roupa suja pela janela em logradouro de tamanho movimento. Reunida porém em trouxa, vira coisa macia, e está longe de comparar-se a esses blocos de pedra que se desprendem com frequência de nossos morros e vão derrubar casebres e esmagar gente desprevenida nas encostas.

O Almirante desceu pelo elevador, não saiu, subiu, desceu outra vez, subiu de novo, e finalmente pousou no seu andar. Perguntei ao velhinho se desejava alguma coisa. Respondeu que não: "estava apenas dando uma voltinha". E me agradeceu a condução.

Descobri um casal de namorados que há muito vinha marcando encontros no fim do corredor do sexto andar, o local mais escuro do prédio. Ambos pareciam tímidos e se vestiam com modéstia. O rapazinho me disse, tremendo, que a mocinha era sua noiva, e que ela vinha fazer aplicação de ondas curtas. — Por que não vão fazer aplicação de ondas curtas no banco do jardim? — perguntei. A moça pôs-se a chorar. Eu disse que não havia de ser nada, e desci com eles. No saguão, despediram-se de mim, entre encabulados e agradecidos. Quando me deitei à noite, pensei neles. Esse papel de policiar o amor me repugna um bocado...

Até então, que eu saiba, nunca houve suicídio neste prédio. Pelo menos, depois que sirvo nele. Era isso motivo de orgulho para os proprietários do *Lua Nova*. O mesmo não se pode dizer do *Edifício Magirus*, onde já trabalhei. Prédio sinistro, aquele. Basta olhar-lhe a fachada. Errado desde a construção. Sem sol, sem água, sem alma. Sempre de má cor: ou sangue coagulado ou amarelo bilioso. Edifício infeliz. Não admira que seus moradores sejam, quase todos, neurastênicos e inimigos entre si. A maioria, estrangeiros exilados da última guerra, gente calada, que vive botando carta no correio. Só sei dizer que as coisas nunca vão bem por lá, e que de suas janelas se atiraram nada menos de três inquilinos. Inclusive um violinista lituano.

O que ontem aconteceu aqui é de cortar o coração. Estão dizendo que foi da janela do psicanalista que ela se atirou. Nunca vi criaturinha tão bonita. Há cerca de um ano que a vinha deixando no nono andar, para tratamento com o psicanalista. Como se uma coisinha assim precisasse de psicanálise!

Com aquele rostinho e aqueles olhos, parecia que tinha tudo. Eu chegava a retardar a marcha do elevador, e a abrir a porta fora de propósito, só para poder apreciar mais tempo aquela flor de sonho. Que desespero a teria levado a matar-se? Como é que pode? Eu apenas vi, quando os fotógrafos bateram *flash*, uma bola de sangue, carne e vestido branco. Pensar que tudo aquilo era a moça que até ontem sorria e se chamava Jurema!... Pobrezinha! Se houvesse outro mundo, tudo faria, depois que morresse, para saber onde ela estava, só para lhe perguntar: — Mas por quê, menina? Por que foi fazer aquilo?!...

Toda vez que eu abria a porta para apanhar gente, aquele homem de cicatriz no rosto pensava que era o térreo: empurrava os outros, chegava mesmo a sair; depois se dava conta do equívoco e voltava. Nunca vi sujeito tão afobado. Parecia estar fugindo de alguém. E estava mesmo. Mal chegara em baixo, dois agentes de polícia o agarraram, enquanto uma mulher loira, muito exaltada, gritava que não o prendessem... que era o Joseph... "um herrói"... "combateu na guerra!"... E saiu correndo atrás.

No auge da alegria, ninguém tem paciência para esperar elevador; todos se precipitam pelas escadas. São as pernas que reagem primeiro e começam a andar. Assim aconteceu ao Ferreira, o encerador. Desceu às carreiras desde o décimo segundo, e veio contar-me cá embaixo, quase sem fôlego, que recebeu a notícia de que lhe morrera um tio em Portugal, deixando-lhe enorme fortuna. Abraçou-me várias vezes, beijou-me na testa, disse que ia comprar uma quinta. Perguntou se eu não queria seguir com ele. Disse-lhe que era impossível: ia ficar por aqui mesmo, no meu *ioiô,* subindo e descendo gente...

Deve ser um suplício para aquele asmático andar de elevador. Não porque tenha fobia desse meio de condução, senão pelo terror que sua asma causa aos outros. Mal entra no carro, vem logo a crise. Todos pensam então que o homem vai morrer, ou que sofre de moléstia contagiosa. E, se apertam nos cantos, fugindo-lhe ao contato. Uma senhora nervosa, que pedira o décimo, ficou no terceiro. Quando o aflito desceu, os poucos passageiros que havia, já estavam de costas para ele...

O porteiro recebe sempre queixas de que jogam porcarias do décimo primeiro. Um senhor deu-se ao trabalho de juntar algumas para mostrar ao comissário de polícia. — "Elas não caem, chovem lá de cima." — Informou que muitas dessas porcarias procediam das janelas de fundo do Instituto de Beleza. E entrou no elevador. Quis abrir o embrulho para os passageiros. Eu tive que impedir. Disse-lhe que devia ter descido pelo elevador de serviço. Ofendeu-se; achou que era desconsideração a um antigo morador. Eu expliquei que não era por ele, mas pelas porcarias. E chegamos em paz ao térreo.

De ficar tão perto dos passageiros, tão colado à alma deles, a gente chega quase a perceber o que se passa no íntimo de cada um. É verdade que, após um dia de trabalho, a maioria só pensa na condução que deve tomar, ou no jantar que vai comer. Nem todos, porém. Aquela senhora, por exemplo, que fora ao escritório do advogado tratar do desquite, desceu hoje com visíveis sinais de que pretende vingar-se do marido. Não quero vangloriar-me de tão triste previsão, mas eu tinha a certeza de que ia suicidar-se aquele homem da radiografia; assim, como é evidente que o corretor que desceu comigo do nono devia ter feito alguma safadeza: estava eufórico, mas a sombra de um remorso passava-lhe pelo rosto. Na certa, lesou alguém.

Enfim, o prédio está vazio. Acho que já desceram todos: o portão de ferro vai ser fechado. Vou levar-me a mim mesmo e ao elevador para o descanso de ambos. Pegar na minha viola.

Boa noite.

Dia movimentado. Desde cedo, começou a transfusão. Trabalhamos sem interrupção, com os três elevadores a injetar gente no Edifício. Não sei o que está havendo.

Estrangularam a ricaça do 1.204! Desde o começo do ano passado, quando começou a frequentá-la o bonitão do Sul, já se pressentia o terrível acontecimento. Foi o estafeta dos Correios quem deu o alarma. O crime devia ter ocorrido há dois dias. Desde domingo que o telefone da velha não atendia, segundo informa o pessoal do Instituto de Beleza. Uma multidão enorme se ajunta em frente ao prédio. Interditaram o apartamento, estão sendo ouvidos os moradores do décimo segundo. Neste andar só entram as autoridades, os repórteres, e os fotógrafos. Contou-me o "tira" que o corpo foi encontrado de bruços sobre a cama, revelando sinais de luta; a cabeça pendida para o chão, como se estivesse olhando uma jarra caída; os móveis fora do lugar, e o telefone desligado; atirado a um canto — ainda é o "tira" quem conta — uma caixa de joias vazia.

Praticamente suspensa a atividade dos escritórios. As suspeitas recaem, naturalmente, no bonitão que desapareceu e está sendo procurado. Nós os ascensoristas fomos interrogados; de elevador o criminoso não subiu, pois ninguém se lembra de tê-lo levado ao décimo segundo, ou a qualquer pavimento. Teria com certeza subido pela escada, durante a noite, servindo-se da chave que a velha lhe haveria confiado. Dizem que as paredes do apartamento dela estão cheias de retratos de atores famosos de cinema. Era de fato uma velha estranhíssima. Todo *o* pessoal do Instituto de Beleza está de mãos no queixo, pelo corredor, a perguntar como foi, como foi. As manicuras choram; sabia-se que — a vítima quase diariamente fazia massagens ali, jamais se referindo porém ao homem do Sul. Um fato, destes vai abalar a reputação do *Lua Nova.* Nunca tivemos disso. O corpo será removido para o Instituto Médico-Legal. A Avenida continua apinhada. Daqui a pouco os jornaleiros estarão apregoando o crime.

Quando cheguei ao 5º Distrito para depor, lá estavam Madame Jane, o síndico e a cartomante. Esta não se fartava de dizer que tinha visto tudo na bola de vidro, e que o assassino, tal como lhe parecia na bola, era um tipo alto e moreno. O Almirante pediu ser ouvido em primeiro lugar, por causa das hemorroidas. Submetida a uma inquirição mais rigorosa, a datilógrafa da firma norte-americana teve um desmaio. Ela passa por ter sido a maior amiga da estrangulada.

No Distrito, eu só pensava na confusão que devia estar reinando no *Lua Nova,* sem cabineiros para manejar os ascensores.

O síndico reeleito quer saber se os inquilinos que alugaram apartamentos para escritórios são os próprios ocupantes. Disse que está cansado de administrar desconhecidos, gente cujo nome não consta dos contratos de locação, ou então gente que assina contrato e nunca aparece, como o dentista-fantasma. Citou também o caso das duas salas alugadas para uma seita do Oriente, e que serviam de depósito para enorme quantidade de meias de náilon, garrafas de uísque e peças de aparelho de televisão. Tudo contrabando. Ao que parece, a mulher do 1.001 não é estranha ao fato. Muitas caras misteriosas que frequentavam o edifício desapareceram como por encanto, depois de uma batida da polícia.

O que falta aos arranha-céus é folhagem. O regulamento proíbe plantas. E é grande a luta dos moradores por colocá-las no patamar das janelas e nas portas que dão para os corredores. Querem a todo transe fazer jardim ou ter a ilusão de jardim onde não é possível. Procuram suavizar a dureza fria do cimento. Procuram e não conseguem. É pena não se poder arborizar os corredores.

O proprietário do apartamento 1.008 é um senhor de certa idade, e de maneiras distintas. Anda sempre de preto. Eu soube pelo encerador que tendo perdido a mulher e a filha única, desmanchou o lar e vendeu a casa. Hoje leva a vida de solitário. Homem calado e estranho. Sempre com o seu *Jornal do Comércio* debaixo do braço. É o único que ainda tira o chapéu quando há senhoras no elevador. Ninguém faz isto mais. Também não há mais chapéu para se tirar...

O chefe de família que mora num dos apartamentos do prédio vizinho, veio reclamar contra uns rapazes que, durante o dia, se reúnem num dos escritórios do nono ou oitavo andar, e ficam a espiar de binóculo as moças, na hora da ginástica. "— Minhas filhas são muito seriazinhas, graças a Deus. Mas sempre se esquecem de baixar as cortinas... O senhor não podia dar um jeito?" — O síndico respondeu que nada podia fazer. O homem se aborreceu. "— É porque o senhor não sabe o que é ser pai, hoje em dia, de três moças bonitas! Ainda mais numa cidade como esta!" — E retirou-se num suspiro. Por que não manda baixar as cortinas?...

Que necessidade tinha aquele homem de me dizer que levava as fezes da amante para exame de laboratório? A mulher, constante freguesa de meu elevador, é uma das mais elegantes da cidade. Será que mostrou o vidrinho só para humilhá-la e expô-la ao ridículo? Ou pensa que tudo dela é adorável?...

Parece que não é, mas é. Como estrangulamento da milionária, o *Lua Nova* ficou ao mesmo tempo famoso e desmerecido. Alguns inquilinos pensam em passar o contrato; e uma das moradoras do décimo segundo está anunciando a venda do apartamento. São decorridos três meses do crime, e o Edifício ainda continua na berlinda. No fundo, isso me dói...

Aquele comerciante — comerciante ou banqueiro, não sei — tinha afinal certa razão para estrilar. Eu devia ter dado logo na manícula, pois o carro estava lotado e o pessoal só esperando a partida. Mas fiquei tão abatido com a leitura daquele gol contra o Flamengo, que me esqueci completamente. Lembro-me que durante o percurso só fiz bobagens: deixei de parar onde devia, e, por força de um hábito antigo, saltei os andares ímpares. De fato, eu estava meio desatinado, não pelo desaforo daquele cara (mandei que ele fosse *se* catar), mas pelo frango que o meu clube engoliu. Imaginem se perdemos o campeonato!...

Essa mania de acompanhar futebol como se eu mesmo estivesse jogando, acho que vem de minha perna paralítica.

Muito triste a partida do papagaio. O oficial de Justiça que deu cumprimento à sentença do Juiz ofereceu-se para ficar com ele, o que não chegava a ser consolo para a cartomante. Ela vinha atrás, toda em prantos. Acompanhou a ave até o saguão, sendo confortada por alguns moradores do prédio. Fora afinal uma vitória do pessoal que trabalha nos escritórios. O papagaio só dizia "ai, ai, ai". E foi desaparecendo pela Avenida, nos ombros do oficial de Justiça...

Os que chegam de cara fechada; os que entram cantando; os que sobem indiferentes: os que trazem a voracidade nos olhos... Assim são eles. Nos que sobem pela manhã, a expressão predominante é de avidez; nos que descem no fim do dia, o ar é de cansaço.

Só os alemães sobem e descem completamente neutros. Com eles é difícil fazer exercício de interpretação de fisionomia.

Andam dizendo que o "homem do Sul" botou barbas e está frequentando o Edifício. Deve ser invenção das costureiras. Só serve para aumentar o descrédito do *Lua Nova*.

Acho que evitei um crime de morte. Aquele polonês que subiu levava a ideia de matar alguém, tenho quase certeza.

Há tempos, vira-o a discutir com a mulher do rumeno, a propósito de atrasos de aluguel. Hoje, tomou o elevador com ar feroz e uma palidez suspeita. Pediu o décimo andar, onde o rumeno tem escritório. Voz soprosa. Como eu estivesse certo do que ele ia fazer (havia espuma em seus lábios, as mãos lhe tremiam), passei por aquele pavimento sem abrir a porta. O homem resmungou, eu fiz que não ouvi. No décimo segundo, chamei o varredor e disse-lhe aos ouvidos que avisasse o rumeno do que estava por acontecer. Os passageiros reclamaram contra a demora; eu menti, dizendo que tinha havido pequeno enguiço na máquina, e que pedira uma chave de parafuso. Os passageiros saíram para esperar outro elevador. Enquanto isso, dei tempo a que o rumeno desaparecesse. O polonês levantou o braço para exprimir sua contrariedade. Vi-lhe nesse momento o cano do revólver. Tenho a sensação de que hoje ganhei o dia...

Foi a empregadinha do laboratório quem me contou: um cliente subiu com a papeleta na mão para esfregar na cara do doutor. Estava escrito nela o resultado positivo de um exame para câncer, quando exames posteriores de outros laboratórios deram negativo.

— Eu não tenho nada! — disse o cliente enfurecido. — O senhor é que inventou câncer em mim. Explique-se.

O laboratorista, o mesmo que costuma esquecer a torneira aberta, não se apertou:

— Ah! formidável... Parabéns! O senhor teve uma sorte única...

Mais alegre do que indignado, o cliente aceitou o abraço do doutor. E desceram ambos ao bar para comemorar o acontecimento com uma cervejinha.

— Abaixo o câncer! — disse o cliente.

— Abaixo o câncer! — respondeu o outro levantando o copo.

E saíram abraçados, cantando um samba.

Detido ao entrar no elevador um sujeito que dizia ser o dentista C. K. Field. A polícia tomou-lhe os papéis. Verificou-se que não se trata do dentista-fantasma. Entre os papéis, encontrou-se um documento sobre a exploração do urânio em Minas Gerais e — o que é estranho — um poema de amor escrito em árabe e dedicado a uma mulher egípcia. Assim me contou o "tira" que é sempre destacado para sindicâncias neste prédio e que já funcionou no caso da milionária. O diretor da revista prepara uma grande reportagem com a fotografia de uma de nossas mulatas que deve figurar de egípcia, e uma fotocópia do poema.

Os namorados têm vindo mais cedo à boca do Edifício esperar a saída das datilógrafas e alunas da Escola de Canto. É o verão que está começando...

O terraço, cá em cima, nas horas de folga, é ponto ideal para se sentir o tempo passar. Venta muito. Não sei por quê, misturo a passagem do tempo com a do vento. Melhor que recordar é esquecer e olhar para a frente. Por que fui lembrar-me agora do que ninguém sabe e jamais saberá? Escondi um fato importante de minha vida, e tão bem escondido ficou, que durante meses e anos adormeceu no fundo da memória. É verdade que não tenho remorsos do que fiz, tenho pesar do que aconteceu. E por que me vem isso à lembrança? Talvez porque ouvi ontem, de novo, a palavra "Tocantins".

Espero não estar delirando, e que haja alguém ou alguma firma neste prédio a ocupar-se realmente com coisas desse rio. Foi nas margens dele que matei um homem. Ou melhor: um homem ali se matou por minhas mãos, morreu por meu intermédio... O pior dos homens!

Ninguém sabe, ninguém saberá. Fugi da Justiça para não ser esmagado na sua engrenagem. Para que revelar o segredo da minha perna paralítica, e a história da virada brusca do destino que deu comigo numa cabina de ascensorista? Eu nem aqui estaria se confessasse o crime. E os homens não compreenderiam. Vou, portanto, rasgar esta página. A campainha está chamando. É hora de recomeçar o serviço, subir com a primeira leva de gente.

— Bom-dia, seu Luís.
— Bom-dia, doutor.
— Friozinho hoje, hein?
— É. Tempo virou.

Hoje, sexta-feira, conduzi um louco varrido agarrado pelos guardas. Disse que já tinha pedido audiência ao Getúlio, que os guardas iam pagar; que se recusava a trabalhar no fundo da mina (supunha estar descendo para uma mina). Alguém lhe disse que Getúlio tinha morrido. E ele a gritar que era mentira das agências telegráficas a serviço do imperialismo.

Aqui, a vida vem ao meu encontro. Não preciso sair para me sentir dentro do mundo. Para um perneta que não pode estar sempre a vagar pela cidade, este Edifício é uma solução. Que é afinal o *Lua Nova,* que é o *Edifício Esplendor,* que são esses novos e altíssimos prédios que nos fecham a vista às colinas da paisagem, senão o local — arena do monstruoso espetáculo da luta pela vida? A mim, ascensorista, só cabe transportar os figurantes às suas células de trabalho. De tanto fazê-los subir e descer, alguma coisa vou descobrindo em cada um: a cupidez, a voracidade, o ridículo, os sofrimentos... — traços que deixam transparecer aos poucos, e que nem por isso me fazem amá-los menos.

A datilógrafa da firma Pound and Sons sonhou esta noite que tinha sido agarrada no corredor pelo "homem do Sul".

O ginecologista, no elevador, queixou-se a um colega do excessivo barulho da cidade: "Há dias, sobretudo pela tarde, em que não consigo escutar o feto."

Todo mundo comenta que funciona duas vezes por semana uma sessão espírita no escritório de uma firma inglesa, lá no quinto andar. Pelo menos, *Mr.* Right, seu inquilino, é homem esquisitíssimo. Mora aqui há três anos e nunca o vi dirigir a palavra a quem quer que seja. Se com alguém conversa, é com os mortos. Mais estranha ainda a sua mulher, que já tem jeito de fantasma. Nada de admirar que só se ocupe com coisas de outro mundo. A médium, segundo me disseram, é uma preta que mora em Caxias aonde vai buscá-la à noite o carro de *Mr.* Right. Há também um professor de Matemática, viúvo recente, que frequenta as sessões para conversar com a esposa; e uma senhora que nas quintas-feiras mantém animada palestra com o filho, morto num desastre de avião. Ontem a médium chegou num carro do Ministério da Fazenda.

O novo locatário do apartamento 1.204, indignado porque não lhe disseram o que ali acontecera, preferiu pagar a multa, e rescindiu o contrato. Vai casar-se brevemente, e não está disposto "a passar a lua de mel no quarto de uma estrangulada!"

O Almirante pediu-me que chamasse o médico logo que ouvisse a campainha soar. Sua pressão subiu a vinte e quatro. Já está olhando para mim e para as coisas com o ar meio alucinado de quem pode deixar de fazê-lo de um momento para o outro.

A convite de um colega que conheci no sindicato, fui hoje ver por dentro o *Edifício Esplendor.* Limpo, reluzente e glacial como uma sala de cirurgia. Quando voltei, achei o meu *Lua Nova* um tanto sujo e usado. Mas com um calor humano que o outro está longe de ter!

A interrupção da eletricidade é o pesadelo do ascensorista. Não pelo fato em si, mas pelo pânico dos passageiros. Quanto a mim, não posso queixar-me: apenas uma vez, ao descer com o corpo do Lebrão, a máquina parou; dois minutos apenas, e parecia uma eternidade. Imagine-se agora o que foi ontem: seis pessoas — comigo sete — fechadas mais de uma hora na escuridão, entre o sétimo e o sexto pavimento, bem nas entranhas do edifício. Nós ascensoristas sabemos que não há o menor perigo, mas qual o passageiro que se convence disso? Grita-se contra a asfixia, grita-se contra a escuridão, grita-se contra a iminência de arrebentar-se lá embaixo, no poço. E nada disso tem razão de ser, exceto a escuridão. No incidente de ontem, o primeiro quarto de hora é que foi penoso. Depois, houve como que uma exaustão geral. Mal o carro parou com as luzes apagadas, uma criança começou a berrar, enquanto os pais gritavam para contê-la. Descia também a mulher bonita do 1.001, que se atracou a mim dizendo que ia morrer. O rapaz que a acompanhava, calmo a principio, mostrou-se depois terrivelmente excitado e inconveniente. Eu risquei um fósforo, e foi pior: através das grades viam-se as paredes brancas e lisas, o que teria despertado em todos a sensação de estarem enterrados numa sepultura. O desespero então aumentou. Um senhor quis saber se era possível dar notícias à família. O rapaz que acompanhava a mulher bonita gritava que eu devia tomar uma providência qualquer, que aquilo era uma vergonha que só acontecia no Brasil.

— Meu marido está sentindo falta de ar! — exclamava a senhora casada.

— Não é falta de ar, minha senhora, é a escuridão — expliquei.

— Então por que não se acende a luz?

— Porque não há eletricidade.

Um velho queixava-se de que suas pernas estavam bambas, mal podia suster-se de pé. Ofereci minhas muletas. E disse que todos deviam esperar sentados, havia espaço suficiente.

— Mas esperar por quanto tempo ainda? — indagava o acompanhante da mulher bonita.

— É horrível! horrível!... — gemia esta aos meus ouvidos.

— E o ventilador? — reclamava uma voz.

— Parado, naturalmente.

— Não se pode chamar o Corpo de Bombeiros? — perguntou o rapaz, acovardado.

— Para quê? — respondi.

— Então que se vai fazer?

— Nada. Esperar que volte a energia.

— E se não voltar? Morreremos todos asfixiados? — insistiu o rapaz.

A hipótese de asfixia fez crescer o pânico. Gritavam todos. No meio da escuridão, era preciso impor minha autoridade àquele grupo de aflitos. Gritei com toda a força:

— Calem-se! Eu aqui sou o comandante! Não há perigo algum!

Seguiu-se prolongado período de calma. A mulher colava-se a mim, dificultando-me os movimentos; seu perfume confundia-se com o suor dos corpos. Ouvia-se uma reza baixinho, que devia ser do casal e do velho. Quando risquei novamente o fósforo vi que todos estavam sentados, menos a mulher; o casal e a criança, abraçados no canto, formavam um bloco de pavor; o velho fechara os olhos. E o suor escorria pela face de todos. Através do túnel, vozes indistintas procuravam comunicar-se conosco: diziam estar providenciando, e pediam calma.

Os passageiros tinham esgotado as energias. Parecendo resignados, estavam apenas vencidos. Eis que subitamente o carro se ilumina e o ventilador começa a funcionar. As duas mulheres choram de alegria, enquanto a criança jazia como morta, no colo da mãe. E então, o meu velho "Atlas" deslizou suavemente até o saguão, onde havia muita gente nos esperando. E a mulher bonita foi muito abraçada pelos seus admiradores civis e militares. E ainda me mandou um adeuzinho de longe. E tudo acabou bem...

Nós, os pernetas, somos um pouco como pássaros depenados: não podemos ir muito além do lugar em que nos arrastamos. Foi por isso que recusei hoje o convite para um passeio a Paquetá. Fazer o que naquela ilha se não posso correr pelas areias e me faltam pernas para bicicleta?!

Crescendo desse jeito, o meu coqueirinho está lavrando a sua própria sentença de morte. O síndico não se importa, mas o fiscal da Prefeitura não tarda em descobri-lo. Desafio que haja coqueiro igual por esses terraços. De noite, quando venta, ele faz um barulho de praia do Nordeste...

Dia nublado. Todos os escritórios de luz acesa. O edifício inteiro funciona. Vejo-o de cima para baixo, pela área interna, no momento em que as datilógrafas estão batendo máquina, os médicos auscultando, os dentistas mexendo na boca dos clientes. Lá no terceiro, o advogado discute; no décimo, os alfaiates cortam o pano e provam a roupa; os espertalhões do "Paraíso Terreal" vendem terrenos. O milionário do 1.002 e o juiz aposentado do 1.104 leem histórias em quadrinhos à janela. Dezenas de pessoas falam ao telefone. Estão entrando as alunas da Escola de Canto. No Instituto de Beleza, as freguesas, imóveis, têm a cabeça metida num globo de metal. Ouço um grito: o dr. Soero acabou de extrair um dente a uma senhora; ela vira o busto para o lado e cospe. Os empregados dos escritórios conferem contas, assinam papéis, mostram plantas. Só as janelas do 1.001 estão de venezianas abaixadas: é o ninho da pecadora. Um rapaz desenha numa prancheta. Uma cliente está se despindo para os raios X; esqueceu-se de fazer correr a cortina.

Há muito tempo não via o prédio funcionar com tamanha plenitude. Quanta gente diversa em suas entranhas! Amo-o sem me preocupar com o que ele me possa dar de volta. Dele faço parte. Nele sou encarregado de um elevador. Já é alguma coisa. É o bastante.

Senti uma onda de perfume que veio de trás. Era a mulher do 1.001. "Olhe, ouvi dizer que o senhor toca viola muito bem. Um dia subo lá para ouvi-lo." Ai, ai, ai!...

Sempre que posso, evito pensar no passado. No entanto, pedaços dele quase sempre me refluem à memória, quando não vêm subir comigo, de elevador. Um desses pedaços desprendeu-se hoje do passado, na pessoa de Valentina, que eu levei ao sexto pavimento. Sim, Valentina. Em carne e osso, tenho quase certeza. Principalmente em ossos. Valentina, magrinha agora, e sem joias. Essa mulher tinha o demônio no corpo. Só queria saber de pessoas famosas. De tal maneira, que se aparecia alguém com mais evidência no cartaz social, eu logo conjeturava que Valentina já o tinha farejado e vinha se aproximando para o bote. Imagino o que seria a mocidade dela, se em seu tempo houvesse rádio e televisão, onde todo mundo hoje gosta de aparecer de corpo inteiro e com a própria voz. Nunca se viu Valentina dançando com homem importante sem flertar, por cima dos ombros do parceiro, com outro que ela desconfiava pudesse ser mais importante ainda. Partia então para o outro. E enjoava depressa. As pessoas de quem ouvia falar lhe pareciam sempre mais interessantes do que aquelas com quem estava falando. Virou a cabeça a uma boa parte do Congresso; levou à falência um banqueiro. Um diplomata entendido em Ticiano dizia que a carnação de Valentina lhe recordava as figuras desse pintor. Conheço Ticiano de ouvir falar; e o corpo de Valentina, só por dedução. O que sei é que esse corpo tem hoje a cobri-lo modesto e severo vestido, espécie de burel da Ordem Terceira.

Valentina vive agora a pedir auxílios para instituições de caridade. Em atenção ao que ela foi para os homens, ninguém se nega a contribuir. Valentina sempre socializou o seu corpo. Ao avistar-me no elevador, não me reconheceu, ou fez que não. Razões há para isso. Nós ambos temos algo a esquecer. Sobretudo ela, na piedosa tarefa a que está dedicando os derradeiros anos de sua vida. Ao deparar comigo quando ia tomar o elevador, preferiu esperar pelo outro. Foi melhor assim...

Findo o serviço, chego ao terraço e sou tomado por uma sensação de montanha.

Eu sei, é a solidão... o medo da solidão. Isso é que leva muita gente rica a trocar suas casas de residência pelo apartamento. Principalmente, os velhos e celibatários. Só faltam dizer que amam e não dispensam o barulho, o calor, a falsa intimidade das grandes aglomerações. Fechados embora nos apartamentos, sentem menos o terror de morrer sozinhos. Sabem que perto, mesmo ao lado, há gente se mexendo, gente de quem se escutam os passos no teto, de cuja respiração uma simples parede os separa. Desconhecida quase, inimiga talvez, mas gente! Gente, e não fantasma...

O síndico veio pedir que eu ficasse no lugar do porteiro, que se acha muito doente, imprestável para o serviço.

— O senhor é o mais antigo na casa, e o mais respeitado — alegou...

Olhei para as minhas pernas, disse-lhe que os colegas eram igualmente respeitados.

— Sim, mas o senhor é mais. E há razão para isso...

Fixou-me profundamente nos olhos. Mudou de tom, e chegando-se aos, meus ouvidos:

— Corre aqui uma lenda a seu respeito...

Senti como a passagem de uma pluma pela espinha. Minha muleta escorregou, tive que me apoiar à parede.

— Que o senhor cometeu um crime de morte, há muito tempo. Todo mundo sabe disso, mas evita comentar.

Eu disse que não; mas a expressão de meu rosto, a minha própria voz alterada me desmentiam. Lembrei-me então que não era delírio quando ouvia, em ocasiões diferentes, a palavra Tocantins. Meio confuso, silenciei. O síndico notara-me a perturbação.

— Não faz mal — disse-me. — Isso até lhe dá mais autoridade. Por causa dessa fama todos o respeitam, o que é de vantagem para a boa ordem do Edifício. Se não é criminoso, deixe-se passar por tal, agora sou eu que lhe peço.

E despediu-se dando-me tapinhas no ombro.

Depois da revelação do síndico, tenho a sensação de que o crime me saiu para sempre da garganta, e que respiro melhor. Na verdade, com o recuo do tempo, já me parecia que o criminoso era outro. Agora me vem esse homem, e não só me aviva a memória, como também me pede que não abra mão do... privilégio! Uma indignidade. Receio que de agora em diante não sejam as mesmas as relações entre mim e o *Lua Nova*. Então sou considerado aqui só porque matei?! Acaso isso é título? Se me respeitam, é porque me respeito a mim mesmo. Nunca pensei que a pecha de homicida viesse um dia a me valer. Se escondia um crime, foi pelo temor de que os juízes não reconhecessem as condições em que fui levado a cometê-lo. E, agora, o proprietário principal, síndico de um edifício, serve-se de mim justamente porque matei um homem e adquiri a auréola de criminoso!...

Como quer que seja, sinto-me mais leve, respiro melhor...

Ou muito me engano, ou aquele palacete, lá embaixo, está nas últimas. Ulcerado e sem cor, nem sei como aguenta chuva. Vi saírem-lhe do portão de ferro as últimas carruagens que sobreviveram à queda do Império. Que resta dos antigos moradores? Apenas uns poucos descendentes que não se conformam com a vida moderna. Refugiaram-se nas dobras da Serra do Mar, aí pelas imediações de Petrópolis, onde vivem numa solidão orgulhosa, procurando consolo no manuseio dos álbuns de família e nos raros e evocativos encontros com os restos da nobreza europeia. Nobre e envelhecida residência. Seu piano de cauda já foi vendido; os cristais, tapetes, lustres e móveis de jacarandá para que mãos se teriam passado?

Esmagada entre arranha-céus poderosos, aquela decrepitude colonial ainda resiste, com os três coqueiros à frente, e um cão feroz que late para gatunos e desconhecidos. Corretores de terrenos e firmas construtoras apenas esperam que cesse a pendenga entre os herdeiros, a fim de entrarem com as propostas — o que só serve para prolongar a agonia do velho sobrado e de seus fiéis coqueiros.

Contei o meu segredo à costureira que costumava visitar-me cá em cima (não lhe escrevo o nome porque se trata de viúva de certo recato que tem filha normalista). A mulher abriu uns olhos enormes, persignou-se, disse que nunca mais queria saber de mim. Por mais que lhe explicasse como foi, declarou que sou e serei sempre assassino perante Deus.

Como é que pode?...

Portas e janelas fechadas ou se fechando. A cidade acabou de esvaziar-se, mas ainda guarda o calor da febre e a marca da violência dos homens. Depois de se terem servido dela, retornaram todos a seus bairros e subúrbios. No asfalto cuspido, pontas de cigarro, pedaços de papel, e poeira — últimos vestígios da passagem deles. Daqui de cima que se sente como a alma das casas só começa a expandir-se depois que a multidão abandona as ruas. O céu já não comprime os telhados com o peso da luz solar; na penumbra, amaciam-se os cubos de cimento. Uma voz de mulher, no apartamento vizinho, ordena que as crianças desliguem o rádio, é hora de dormir. As venezianas estão descendo e uma onda de paz vem rolando dos morros. Numa zona maior de treva e brisa, adormece o mar.

A máquina em reparações, e eu dois dias cá em cima, desocupado, a contemplar a cidade. Se fecho os olhos, começo a subir... descer... subir... Peguei um cacoete.

Manquitola, manquitola
As noites de lua eu passo
Escutando no terraço
A voz de minha viola.

Capengando, capengando, volto do passeio de domingo e me encaminho para o *Lua Nova*. Já o vejo de longe, e me sinto feliz. Quase todo apagado, sem vida, sempre com aquela eterna velhinha a espiar pela janela. Amanhã, quando eu tiver que pegar no serviço, o prédio será outro. E outro serei também.

O primeiro a entrar vai ser o dentista; depois, os alemães silenciosos do 704; depois, com aquela cara de ressaca, a mulherzinha do Instituto de Beleza; depois, os homens de negócio, os doutores, os contabilistas, as datilógrafas, os técnicos, os estudantes, e... os desconhecidos.

Elevadores, telefones, máquinas de escrever, tudo começará a vibrar. E surgirão nos corredores caras conhecidas e desconhecidas, voltarão as vozes e passos de gente.

E o meu *Lua Nova* vai animar-se todo!

Dizer que há mais de nove anos ele me recebeu como ascensorista e agora me aceita como assassino...

Ah, tomara que amanhã chegue depressa!

Dois sujeitos, lá embaixo, a apontar demoradamente para o *Lua Nova*. Conversam, gesticulam, depois param olhando, olhando. Que estarão notando no Edifício? Minha vontade é descer, indagar-lhes o que querem com o *Lua Nova*. Aqui não há nada de novo, tudo vai bem. Sigam o seu caminho e deixem o meu prédio sossegado...

Pra que essa impaciência? Ficam a esmurrar a porta à toa. Estão cansados de saber que quando não paro é porque a lotação está completa.

Emocionante aquela viagem de hoje. Há muito eu não descia noiva para casar. A Zildinha, do décimo primeiro. Um pouco pálida, mas bonita como sempre. Pediu-me que rezasse por ela; eu disse que não sabia rezar, mas que ia dar um jeito. Vinha acompanhada da tia, da madrinha e algumas amigas. Todas com muito cuidado para não lhe amarrotarem o vestido. A cabina ficou perfumada. Se eu soubesse, teria feito nela uma limpeza em regra.

Recusei o lugar de porteiro. O síndico não gostou. Afinal, seria indecente de minha parte aceitar aquele cargo pelas razões que me deu. Ficarei aqui mesmo, com o meu "Atlas".

— Para que andar, cavalheiro?

— Décimo primeiro.

— E o senhor?

— Quinto, faz favor.

— Oitavo.

— Nono.

— Décimo terceiro.

Vamos subir...

O DESFILE DOS CHAPÉUS

a rubem braga

O COMPARECIMENTO DE TODOS OS CHAPÉUS de minha vida — os que tive e usei — não posso precisar se começou no sonho e aí terminou, ou se no sonho teve início e prosseguiu no estado de vigília.

Apresentando-se em fila indiana ou em grupos, esses chapéus se deslocavam com movimentos próprios, o que tornava ainda mais bizarra sua aparição.

Os que vinham em grupo voavam baixo num céu de chumbo — céu que se explica na visão onírica pela leitura dos jornais da véspera, carregados mais que nunca de acontecimentos nefastos. E o sonho daquela noite deixara de ser um armistício de repouso.

Eu sabia que das peças de indumentária o chapéu é a que mais transforma a figura do homem, a que mais de perto priva de sua intimidade — consequência da vizinhança próxima do cérebro, do qual absorve as irradiações. Enquanto novo, é um protetor, se não elemento decorativo; depois de usado, vira documento moral.

A recordação da lenda tibetana de um chapéu que o vento arrancara a alguém e projetara longe, numa campina, onde o deixaram ficar, aí se transformando num ser vivo e demoníaco

— essa recordação de antiga leitura teria também influído como "conteúdo latente" do sonho que se vai referir.

Foi o caso que me senti levado, não sei como, a uma região severa onde entrei com a certeza de que "não era ali".

Cheguei mesmo a repetir alto: "— Não é aqui! não é aqui!"

Não era ali, o quê? Pois não poderia ser ali?...

Eu vagava numa paisagem fora de uso, com massas de sombra e árvores despidas. Qualquer coisa de cemitério abandonado, com movimentos e rumores — assobios fininhos, cochichos, começos indistintos de vaia — em desacordo com a sua tranquila grandeza. Havia mesmo em tudo uma malícia difusa, secreta intenção de fazer mal, zombar da gente...

Ao fundo, colunatas e uma estátua de mármore num espaço desolado como nos primeiros quadros de Chirico.

Ao lado, como sempre, uma piscina — piscina que se coloca frequentemente no teatro dos meus sonhos, tal um túmulo aberto à minha espera. Várias crianças já mortas e esbranquiçadas retirei dela...

Passeava eu então distraído. A campina era florida. Não sei bem se campina, corredor de casarão colonial ou praça pública, pois o cenário mudava sempre, posto que sempre a mesma fosse a atmosfera.

Eu procurava informações debaixo das pedras, atrás das colunas, no alto das árvores. Queria saber onde se conspirava contra mim. E como ventasse de maneira esquisita, pareceu-me que qualquer resolução já havia sido tomada, tanto assim que um de meus antepassados vinha chegando, ouvindo-se bem os seus passos. Ao percebê-lo, reclamei que nada mais eu tinha com ele, que a vida agora era outra coisa; que até faria melhor se voltasse para o túmulo donde não devera nunca ter saído. Só passou a minha aflição quando o vi retirar-se resmungando... Devia estar ressentido com as minhas palavras, mas que fazer?

A piscina me olhava sem parar. A luz baixou até mudar de substância e confundir-se com a do silêncio. Tudo estava preparado para alguma coisa.

Foi quando passou o primeiro chapéu, ligeiro como um ratinho. Estranhei-lhe a ligeireza, quando é sabido que os fantasmas caminham devagar e que as coisas do passado reaparecem lentamente como as cidades exumadas, e as velhas recordações.

O chapéu seguiu na direção não sei bem se das docas de um porto invisível, ou se de alguma igreja em ruínas. Mal desaparecera, lembrei-me de que o seu jeito era familiar, e o reconheci depois de ter passado.

Não foi com certeza o primeiro que ganhei, mas era dos mais antigos. Usei-o até o fim, na fase capital da adolescência, quando a cabeça que cobria abrigava ideias confusas, que me perturbavam. Lembra-me de que não o havia tirado para ninguém. Eu era então ousado e rebelde, e a vida parecia intacta ainda, pronta a me ser oferecida.

Atrás do primeiro, outros chapéus iam aparecendo e desmontando o meu passado.

Com um deles enterrado até as orelhas — aquele de feltro sovado que lá vai rolando atrás do veículo — andei pensando dias e noites numa solução que afinal não tomei, porque o barranco era alto e me faltou coragem. Certa vez, e ainda me ardia a juventude, não resisti à tentação de saber o fundo do mistério. Mas do barranco fatal que ia servir de passagem, recebi a advertência: “agora não, bobo! Nem há espaço para ti; experimenta primeiro a vida... ainda não tens direito à morte”.

Seria de fato um absurdo: se nasci foi mesmo para viver. Atirei apenas o palheta. E voltei para a vida.

Deram-me outro chapéu, e é esse que vem se aproximando com movimento de dança, enfunado como vela que impele os barcos.

Debaixo dele é que te pude apreciar melhor, sombra enorme do mundo. Sob as suas abas meus olhos se dilataram de espanto, minando uma água que era resina do íntimo fervor. A cabeça que ele então abrigava acendia-se como lâmpada que via sem ser vista.

(Foi no tempo em que era fácil conversar com as pedras, ouvir as árvores, privar com os rios, os animais, o vento-tempo em que as imagens do mundo se descobriam pela primeira vez. Inauguração do universo!... Eu ainda nem sabia a linguagem dos homens!)

Esse chapéu presidira ao meu casamento com as coisas.

Mas outros estavam surgindo. Passavam perto, davam uma voltinha. Havia um vento de combinação com eles, que soprava sem direção certa, empurrando-os ou recolhendo-os. Cada qual tentava mostrar um trecho de biografia, um momento do que por mim fora pensado e vivido.

Não conseguia mesmo saber se era com espírito cordial que faziam essa exibição retrospectiva, ou se vinham com ar de sarcasmo ridicularizar um passado que afinal nem valeu a pena. Chapéus bem sujinhos e miseráveis, os desse tempo...

O que se passa no homem, debaixo de seu chapéu!...

Desde o começo, o ambiente era mais de vaia do que de apoteose.

Tu, por exemplo, cartola, que vieste fazer aqui? Caíste da lua? Algum dia te botei?... Ah! botei sim, uma vez... Eras apenas um simples aparelho de produzir autoridade. Eu vivia então contra mim. O que te ofereci foi uma cabeça vazia. Então me sentia importante e, inefável imbecil, sorria para a multidão que aplaudia os grandes da arquibancada, dentre os quais eu era tomado como tal. Nem sei como foi aquilo... Como havia excesso de grandes homens naquela tarde, mandaram-nos para o porão e o telhado, de onde ouvimos o hino cívico.

Nessa tarde, uma chusma de chapéus arruaceiros (chapéus ou crianças?) cercava a aparição da cartola. No meio, sobressaía um palheta impossível. O chapelinho magricela não deixava em paz a velha cartola. Depois, quando esta virou casca de inseto, as formigas a foram transportando para um cemitério de cartolas, que os urubus sobrevoavam no fundo da paisagem.

Surgiram em seguida os chapéus que andei tirando para todo mundo. Pareciam aborrecidos da vida. Reuniam-se em torno de um velho guarda-chuva que era só pele e ossos. Esse grupo vinha em romaria ao seu antigo dono. Eu era então o falecido. E estava explicada, assim, a presença ali da piscina-sepultura, sobre a qual boiavam, como folhas secas, boinas, bonés e toucas da primeira idade.

Depois disso (será que já vivi tanto?) chapéus em profusão, todos os chapéus do passado apareceram em vagas sucessivas. O céu coalhara-se deles. Soltavam-se de cabides invisíveis, vinham planando dos horizontes. Nos que passavam perto e devagar eu me reconhecia.

"Olha aquele com que fiquei esperando a resposta; o que me ajudou a chocar a ideia maluca; o que fiz de travesseiro; o com que neguei o cumprimento a certos sujeitos; o com que matei a sede num córrego; o que fez sombra para um pensamento libertário; e este, ainda molhado de chuva, com que esperei a amada no portão; e este outro, que me deu um ar tão bestinha; o que enterrei com raiva na cabeça, o que me ajudou a fugir, de madrugada; o que durante a perseguição me serviu de barraca e esconderijo; o que amarrotei nas mãos trêmulas, ao fazer o pedido; o com que conspirei no fundo do bar; o que voou pela janela do trem; o que joguei como um coração arrancado aos pés da amazona, no circo. E esse outro que um dia tirei com alegria, para saudar a vida!"

Ah! chapéus... com as cicatrizes do vento, do suor, das chuvas, das lágrimas!... Aquele, furado, que vem oscilando como um bêbado, cheguei a estendê-lo a um rico, numa tarde de chuva. E, envergonhado, ele se recolheu a si mesmo antes de recolher a esmola.

"Chapéus dos maus e bons momentos, refazendo a história de uma vida revogada — a cabeça que um dia cobristes vira-se agora para o lado onde nascem as coisas, onde a vida recomeça. A gente aprende enfim a transformar a dor em alegria, e incorporando-se a tudo e tudo absorvendo, acaba confundindo-se, anonimamente, na substância da criação.

"É tempo, chapéus, de fechar-se o ciclo da estupidez, tempo também de o 'eu', cabina infecta, libertar-se das insignificâncias que tiranizam a criatura. Quem quiser salvar-se, destrua antes o seu inimigo privativo, esqueça-se de si mesmo. Chapéus, a vida começa enfim a valer a pena!"

Mal iniciava eu este discurso, certos movimentos me fizeram suspeitar que outra vez os velhos chapéus começavam a zombar de mim. Pelo menos, brincando estavam. Debaixo de cada um se colocava uma imagem de minha figura segundo as metamorfoses da idade.

Diversos manequins risíveis, em farândula, puxavam a minha forma precária até o presente — eu, alvoroçado, descendo a ladeira a caminho da cidade subindo-a depois, de cara fechada; eu aflito, ridículo, querendo chorar, pondo de novo o chapéu para outras partidas; saudando os amigos; parado na esquina, como um basbaque; na praça; caminhando para o encontro proibido; querendo entrar nas festas; nos enterros; sonhando nos bancos; esperando a moça; eu, envaidecido a dizer e ouvir bobagens; com o chapéu do conflito; com o chapéu que enchi de frutas; com o chapéu com que fui vaiado... chapéus da adolescência e da maioridade, variações de meu ser moral e histórico, desdobramentos esquecidos de minha figura...

Cada um de nós se inscreve nos objetos que usa. Estou também nos meus chapéus. E os meus, antigos, estão compondo numa só imagem as diversas imagens do homem que ora assiste à passagem deles.

Uma cidade nublada. Entro numa rua sem nome.

— Madame, aqui é o 29? Esqueci o meu chapéu... não se assuste, minha senhora... é um simples chapéu... não é nenhuma bomba. Por favor... está sentindo alguma coisa? A senhora parece desgraçada, tão triste... E tão bonita... Meu Deus!... Não quererá fugir no meu chapéu? Seremos felizes ....

....

— Olha o chapéu, cavalheiro, a procissão está passando

....

— Não está ouvindo? É o Hino Nacional. Vem aí o Chefe. Tira o chapéu, seu idiota!

Havia também chapéus no 71 e no 138. De que rua e cidade não sei dizer. E chapéus que foram esquecidos nos cafés, nos bondes, nos bancos de trem de ferro, nos consultórios, nas praias. Chapéus que vinham dos subúrbios e dos campos.

E esses que não tomaram parte no desfile e se deixaram ficar pelas pontes e à beira de viadutos, na mesma posição em que foram abandonados?

Chapéus de suicida, se eu estivesse perto agarraria o desesperado pelo braço: "Homem, não será preciso tanto; escureceu um pouco em ti, mas foi um minuto; é porque a claridade está se abrindo mais adiante; corre para lá, pega o teu chapéu. A vida continua."

Outros eram moídos sob rodas de caminhão, ou fugiam pelo asfalto afora, os donos atrapalhados correndo atrás.

O grosso deles, porém, fazia evoluções. Vi-os escorrendo por um *watershoot,* ondulando num vagão de montanha-russa, correndo pelas estradas: — chapéus da mocidade. Pode ser que me enganasse, mas nesse momento mais pareciam borboletas, só faltavam gritar de alegria. Querer iam dar-me nova lição de vida?

Chapéus da era otimista, podeis chegar! Eu também mudei. Já disse que aprendi com a vida. Estou livre, não me escondo mais, tirei para sempre o chapéu...

Mas eles me evitam. Não precisam mais pousar na cabeça de ninguém. Brincam se atropelando uns aos outros. Livres, também!

Abandonado agora numa planície sem fim.

E os chapéus?, pergunto. Sumiram-se. Sumiram-se também as piscinas e colunatas. Fiquei esperando.

Um mar, um mar escondido na neblina desde o princípio, começa a subir lentamente. E à superfície afloram detritos do passado, velhos sapatos, roupas usadas. Coisas sujas, vergonhosas coisas vêm chegando de mais longe na água de gosma e pútridos reflexos.

A neblina se dissipa. No fundo, coqueiros, índios construindo malocas, garimpeiros explorando rios.

Espaço da memória ancestral, mergulho os olhos em teu vazio.

E eis, no horizonte, todos os chapéus de outrora, em formação completa, despedindo-se de mim... pela última vez "tirando-me, o chapéu"...

Monólogo de Tuquinha Batista

a eneida

"NÃO MUNDINHA PRA ZONA SUL eu não vou já disse que não vou pra lá não Betsy que não quero me perder e cá no meu subúrbio eu sou Tuquinha Tuquinha Batista T. B. meu nome em toda parte eu quase choro agradecida T. B. nos muros T. B. no tronco das árvores no mamoeiro na porta da igreja como largar minha gente ficar longe das letras de meu nome não Mundinha não me tentes mais estou quase noiva isto é não estou mas meu noivo vem vindo já apareceu na bola de cristal a cartomante disse que por enquanto ele aparece só pra ela todo dourado nadando num fundo azul e que é parecido com Clark Gable mas eu queria que ele parecesse com aquele que viajou no pingente uma vez na véspera do Ano-Bom ele me olhava de fora pela vidraça e o trem dava cada solavanco e ele se equilibrava a cara bonita atrás rindo tentando a gente rindo e cantando parecia até um demônio eu de repente fiquei apaixonada e até hoje quando vejo vidraça olha aquele lindo me tentando querendo se apossar da gente nunca mais que apareceu só a lembrança do rosto dele sorrindo sempre vai ver é um pilantra feito aquele 'fala-macio' que levou Raimunda para Copacabana dizendo que lá sabiam apreciar uma morena feito ela que ela ia virar *girl* e arranjava um bom contrato que o subúrbio era triste e tia Milu uma chata não sei como você permitiu que esse atrevido ofendesse nossa tia querida e que aconteceu depois você passou de mão em mão mudou até de nome antes era Raimunda na água benta do vigário Mundinha pra nós e agora Betsy na televisão Betsy com *ipicilone* meu Deus e aquelas pernas e os peitos todos se mostrando se a titia visse apanhavas uma coça e você ainda veio me dizer ontem no telefone que os homens hoje só gostam é disso que semvergonheira.

Mundinha pra lá não vou
já te disse que não vou

tinha até graça não é eu virar Betsy de jeito nenhum aqui sou a T. B. pra todo mundo a Tuquinha dos rapazes e até do barulho dos trens eu gosto passam tantos debaixo da minha janela eu vejo os passageiros num relâmpago tem um maquinista que diz adeus da janelinha nas noites de sábado os rapazes vêm me buscar e vamos seguindo o rumo de uma batucada lá em cima o morro é uma beleza depois vêm me trazer com todo o respeito tem alguns que querem me apertar me abraçar eu quase deixo depois eu entro correndo tiro a roupa pra dormir e eles ficam na esquina cantando abre a janela formosa mulher e eu durmo gostoso que nenhum trem me acorda mais do sonho ah Mundinha enquanto isso você está de Betsy em Copacabana usando piteira fingindo de tarada parecendo até mulher da vida com aquele decote que é só indecências e eu tive de esconder pra titia não morrer de vergonha ela viu nem percebeu graças a Deus que ela está enxergando mal embaixo estava escrito Betsy mas se via que era Mundinha mesmo coitada estavas até bonita Deus me perdoe eu acho que pecado dá uma animação no corpo um feitiço danado até que a Zona Sul embeleza as mulheres é a luz da boca do inferno e as moças daqui ficam só perguntando qual foi o filme que você apareceu ouviram dizer que você agora é estrela de cinema ah eu queria tanto ser estrela estrela de verdade lá no céu eu disse que não sabia Mundinha não me conta nada no telefone está só me tentando pra eu ir pra Copacabana perguntou se eu já vi a revista e que eu deixasse de ser boba minhas pernas ainda eram mais bonitas que as dela e eu devia de aproveitar pois hoje o que vale mesmo é perna bonita eu hein Rosa não Mundinha

já disse que não vou pra Zona Sul
ah não vou

elas lá só fazem botar biquíni se rebolar na areia depois o mar é que leva a culpa de jeito nenhum pra aqueles lados eu não vou nem de caixeirinha nem de costureira ficam insistindo que precisam de datilógrafa eu disse que não sei eles respondem que até é melhor assim eu sei bem o que eles querem trabalhar não é então você trabalha Mundinha me diga francamente na fotografia só te vejo rindo rindo você está rindo por demais e que dentes bonitos mudou também de dentes tudo mudou na minha irmãzinha querida agora é Betsy na *boite* Betsy no Arpoador Betsy de motocicleta na garupa dos *blue-jeans* sorrindo pros fotógrafos Deus me livre só querem saber do corpo por que é que o 'fala-macio' não quis levar a Mariazinha do bordado que sabe tanto e é trabalhadeira outro dia mesmo falou um tempão com uns americanos na língua deles só porque é desmilinguida de corpo ah eu sei o que eles querem eu sei o que está valendo praqueles lados os meus pés eu lá não ponho mais quando menos se espera a desinfeliz tá dentro de um carro que é uma beleza de carro subindo pra Tijuca com música no rádio e uma porção de mãos agarrando a gente o que eles querem é só pegar pegar no começo até que a gente gosta depois dá uma raiva uma aflição tenho até nojo dos homens minha tia sempre me preveniu que lá a gente perde a alma como aquela sem-vergonha da Luisinha que Deus tenha coitada bebeu formicida e se arrebentou na calçada em frente ao posto quatro toda descomposta e agora o que ficou dela

ah pra lá não vou
não vou neem

vou me ficando por aqui mesmo perto dos meus canteiros e do mamoeiro ouvindo o barulho desses trens que um dia me acabarei debaixo de um se Deus me abandonar e esta vida não prestar mais pois você não vê Raimunda que é impossível tinha até graça Tuquinha de vedete os gaviões avançando querendo arrastar T. B. para a barra da Tijuca e o empresário chegando logo com a fita métrica no peito nas coxas pra tomar as medidas vou lá me deixar

pra Zona Sul
Mundinha nem que eu morra

e pelo amor de Deus não mande mais o 'fala-macio' me procurar que ele sempre me deixa quebranto e eu amanheço amolengada aborrecida vai-te satanás que eu sou moça de princípios isto é não sou mais mas vou me arrepender o vigário limpa tudo na alma de uma conspurcada fita métrica são os braços de meu bem quando ele me abraçar oh quando será que ele vem tomara que o rosto seja parecido com o louro da vidraça me espiando me namorando os cabelos soltos na velocidade até Madureira ah eu quero amar muito amar pra valer muito mesmo estou até apaixonada antes da hora sem saber ainda quem seja e eu gosto tanto quando desço pro trabalho de manhã cedinho ouvir o pessoal dizer T. B. alô Tuquinha e depois na retreta os rapazes cavando votos pra mim não que eu faça questão de ser rainha no começo eu queria só pra fazer raiva à Guitinha que quis tomar meu namorado e andou dizendo que eu era irmã de uma prostituta mas agora não me importo afinal de contas depois que a gente fica rainha de alguma coisa acho até que vai dar enjoo chegam os fotógrafos da cidade querem que a gente vá logo mostrando as pernas depois telefonam fazendo propostas indecentes não é à toa que estão dizendo que tudo agora no mundo é perna só perna não sei como isso vai acabar não maninha

pra Zona Sul jamais
jamais meu bem eu vou

lá só querem saber é do corpo mesmo quero só ver o dia que Deus castigar e o teu corpo envelhecer ninguém mais vai ler esse nome nas revistas enquanto T. B. está aqui no tijolo dos muros T. B. a canivete no tronco das árvores ah meu Deus tem horas debaixo do caramanchão quando a lua bate em cima dos trilhos que eu fico cismando casar para quê será que Betsy tem razão o 'fala-macio' disse que ainda espera a minha resposta às vezes eu fico quase aquele sem-vergonha que pena ser tão bonito nunca vi olhos assim tão negros nem sabe se comportar no automóvel deixou a mão boba caída na minha barriga eu dei um tapa larguei ele empalidecido no meio do caminho ah acho que eu quero mesmo é chorar tem horas neste mundo que tudo fica triste triste sofrer é da vida eu também estou convencida hoje Tuquinha não está boa carece de um consolo eu ligo o rádio e cadê a voz de Ângela Maria só minha tia rezando e os trens passando tudo tão triste aquele demônio o pessoal está combinando uma surra nele quando vier caçar vedetes aqui no subúrbio minha irmãzinha eu gostaria tanto se tu me dissesse que Betsy é infeliz Tuquinha ficou tão triste mas já está passando o melhor é não pensar o louro da vidraça foi só um relâmpago e não quero me lembrar mais vou dar um jeito no vestido que o dr. Santos proibiu que a filha usasse e ela me deu de presente e eu fui com ele no baile e fiquei que nem Lolobrígida que lindeza quase ganhei meu noivo aquela noite todo mundo queria ser mais eu não dei bola pra nenhum fiquei soberana acho que foi nesse momento que nasceu a ideia de me fazerem rainha tanto assim que no jogo de domingo me chamaram pra dar o primeiro chute e eu só ouvia as palmas e o pessoal gritando nas arquibancadas Tuquinha Tuquinha T. B. é a maior já ganhou vê lá Betsy se tem disso na Zona Sul eu sei que nunca mais voltarás ó maninha nem pra ver tia Milu se acabando mas eu gosto de você assim mesmo ouviu gosto até ainda mais depois que você foi se embora e está levando essa vida desbragada meu consolo é pensar que seu corpo é um e você é outra seu corpo é de Betsy e você é a irmãzinha querida eu às vezes também fico tentada pensando abraços imaginando coisas mas tomo logo um banho de chuveiro e passa outras vezes eu pego naquele vestido que você mandou pra mim nem parece que foi usado mas não vou botá-lo não quem disse você me desculpe Mundinha ele tem um perfume escuro esquisito que quando eu fui cheirar eu vi você nuinha dentro dele parece coisa que o vestido estava me chamando me chamando pros pecados da Zona Sul

e pra lá eu não vou
já disse que não vou

tou pensando num que vai ficar uma beleza no caso de eu sair eleita e é quase certo estão dizendo até que a Guitinha vai desistir graças a Deus que o nariz dela é grande demais mas eu não quero ser injusta ela dança melhor do que eu e a danada tem uma voz bonita ah isto tem sejamos justa eu fico tão aflita faltam apenas trinta e poucos dias e o desfile vai ser esplendoroso estou na dúvida mas acho que eu vou é de organdi mesmo eu queria musselina azul-celeste que é mais macia e torna a gente mais vaporosa quando o vento bate nas formas mas o dinheiro não vai dar que hei de fazer minhas amigas vêm ajudar as amigas aqui são amigas de verdade na Zona Sul não tem disso não tia Milu pediu pra eu não ir de tomara-que-caia mas esta noite estive pensando muito em botar uma faixa da cintura até às cadeiras por causa das curvas pois essas curvas eu já notei ajudam bastante o galeio do corpo na dança e os homens ficam impacientes na fila esperando a vez não deixam a gente descansar nem um minuto não sei ainda é a cor eu acho que vai ser solferino e lilás ainda vou pensar a costureira disse que se a faixa for bonita demais ninguém vai olhar pro meu busto que é o que eu tenho de mais bonito como já disse aquele sonso do 'fala-macio' que Deus te livre e eu nem quero pensar nele mais pois não sou serelepe feito a Betsy que graças a Deus tenho consciência e sou de boa formação o meu corpo eu não vendo nem pro Ali-Khan há três meses deixei de jantar pra poder comprar o diadema a prestações talvez nem seja preciso no caso de eu sair rainha isso depende do resultado porque aí então eles oferecem a coroa que vai ser uma maravilha os rapazes vão fazer um comício monstro com a bateria na frente e uma porção de faixas com T. B. escrito já tem até uma letra de samba rimando com T. B. e a linda palavra coração no fim eu acho que estou eleita mesmo depois vou me esbaldar até cair tonta no meio das serpentinas que na batida do pandeiro ninguém sofre e eu não fico tão triste e hei de me lembrar por todo o sempre dessa noite que para ela só faltam trinta e poucos dias

Virgem Santíssima trinta e poucos dias e estou até com medo parece o expresso da manhã que vem avançando e então vai ser a vitória e eu tenho que sorrir o tempo todo e jogar beijos sem conta pro povo ai meu Deus até que a vida aqui é bem boa e eu vou sair agorinha mesmo aproveitar o solzinho lá fora e comprar os aviamentos que esta manhã de tão bonita só ela já dá pra a gente ser feliz não Mundinha não Betsy de jeito nenhum

pra Zona Sul
nem morta eles me levam

núncaras o que eu quero é amar amar de verdade mas muito muito mesmo e eu tinha tanto que te contar minha irmãzinha

oh volta Raimunda
volta meu bem."

O HOMEM ALTO

a dante milano

DESDE MUITO ME VINHA PREOCUPANDO o problema da minha estatura. Os anos passavam, e para cima eu não ia. Aos quinze, encalhei para sempre em um metro e quarenta e cinco.

Tinha apenas essa idade e altura, quando meus pais me largaram sozinho no mundo. Morreram quase ao mesmo tempo. E eu fiquei a pensar: como conciliar tão mesquinho tamanho com as exigências da vida moderna? Como enfrentar a luta? Ah! por que não puxei a meu pai, tipo enorme?... Será que não sou filho dele?

Tive então que lutar dobradamente para compensar-me do que me faltava. Enquanto isso, homens altos e serenos passavam pela rua.

E dizer que éramos da mesma raça!...

Desde criança achava que devia ser bom parecer com eles. Perderia a leveza, é claro; mas ia ocupar todo o vão da porta, impor-me aos outros, olhar de cima.

Foi no jogo de *volley,* quando pulava para cortar a bola e recebia aplausos, que comecei a sentir os primeiros efeitos de viver nas alturas.

Até então admirava os gigantes que à tarde deslizavam pela calçada. Depois, quando perdi a esperança de crescer, tomei raiva deles.

Éramos um reduzido grupo de cinco ou seis, a partilhar os mesmos sentimentos. Todos de ridícula estatura. E todos querendo compensar a deficiência anatômica com atitudes que ainda mais a agravavam.

A princípio, silenciávamos sobre a nossa condição corporal; depois a formulávamos abertamente, não falávamos senão dela, e já em termos de defesa contra os grandes, de revolta contra o nosso destino. Era essa a base moral, para não dizer física, de nosso convívio.

Reuníamos-nos no bar do Nestor. Praticamente éramos os donos do bar. Tivemos porém que largá-lo, devido a uma frase infeliz do gerente, referindo-se a nós: "— Os tampinhas, hoje, ainda não apareceram." — Gorgulho, o mais exaltado, sugeriu uma ação punitiva contra o boteco, propondo-se revirar as mesas e cadeiras e atirar garrafas na cara do Nestor. Fagundes e Espadim queriam acompanhar Gorgulho, mas Vítor, mais ponderado, achou que não ficava bem, que nos iríamos cobrir de ridículo. Josias e eu concordamos com Vítor. Adotamos então o bar da Nicete, ex-amante e agora inimiga de Nestor.

Ali passávamos em revista os tipos de nosso tempo de adolescência; tipos que já foram de nosso tamanho e que ultrapassaram de muito o gabarito do grupo. Sabíamos que todos eles, mais pelo físico do que pelo valor real, estavam bem na vida. Se acaso nos viam, evitavam falar conosco. Temiam a nossa língua. Ou talvez nos desprezassem.

Cada um de nós se mostrava mais irritadiço e corrosivo, além de pessimista. Espadim, o intelectual do grupo, parecia o mais infeliz, com os seus quarenta e oito quilos de amargura.

Diante de pessoa alta, não sabíamos disfarçar nosso despeito. Tornávamo-nos agressivos, falsamente enérgicos. Bastava ver a conduta de Josias para com o Jangão, o único sujeito grande mais ou menos tolerado em nossa roda. Sempre de ponta contra ele, Josias gastava os nervos, gastava as palavras, enfezava-se. Não se conformava em que o outro fosse alto; se pudesse, cassava-lhe o direito de ser grande. Exagerada e injusta atitude. Mas explicável. Não tinha raiva da pessoa de Jangão; odiava-lhe apenas a altura, a serenidade. Jangão também não tinha culpa. Nascera alto, morreria assim. Sua sorte estava lançada.

Foi o maior tamanho jamais aparecido no colégio. Juntávamo-nos cinco ou seis para bater nele. Defendia-se meio brincando, meio com raiva. Não se importava quando o machucávamos. Se porém acontecia machucar a um de nós, vinha ele próprio tratar os ferimentos, e só faltava chorar. O professor chamava-o ao quadro-negro, e fazia-o sentar-se dizendo que era vergonha um manguarão daqueles não saber o que fosse um decimal. Como se nós também o soubéssemos!...

Jangão não desconfiava que sua presença no bar da Nicete nos punha em cômica desproporção com a dele. Josias o alvejava com os seus remoques. Gorgulho também. Era este o menos conformado com o seu tamanho, pois queria seguir a carreira das armas. Irritava-o mais do que aos outros o físico desaproveitado de Jangão. Chegou mesmo a provocá-lo para uma briga. Jangão não aceitou, pôs-se a sorrir, espantado. Humilhado pela recusa do outro, Gorgulho caiu no pranto. Depois começou a embriagar-se. Embriagamo-nos todos. Espadim amoleceu e caiu; Jangão ia saindo com ele a tiracolo, no que foi impedido por nós.

Nessa noite, chegamos a conclusões pessimistas:

— Nós, os baixinhos, somos irrequietos e malvados; os grandes possuem a serenidade confiante, passaporte especial para o futuro.

— Você já notou, Espadim — disse Fagundes —, como eles quase não gesticulam? Raramente levantam a voz.

— Porque não é preciso — disse Josias.

Realmente — pensávamos —, mesmo discutindo futebol e política, discussões que nos levavam a excessivo consumo de gestos, o homem alto pouco se altera. Seus braços nunca se agitam além da conta. Os movimentos, de impressionante economia, morrem-lhes nos ombros, possibilitando ao corpo uma atitude imponente, entre estátua e torre.

Éramos também acordes em achar que em roda de discutidores, quem sempre tinha razão era o mais alto. Se víamos algum adolescente em excessivo crescimento de braços e pernas, fazíamos predições: — Aquele já está com o destino traçado; não passará despercebido, nem será pisado pela multidão; onde se reunirem homens, farão dele o chefe por tácita escolha; onde houver mulheres, será o noivo ideal.

E a inveja nos amargava.

Haja vista o caso do Joca. Triunfante carreira vem ele fazendo. E que valor tem esse bobão? Nenhum. É grande e basta. Não sabe o que fazer dos membros, nem onde colocá-los. Cresceu como coqueiro de praia. Seu sexo o assustava, não sabia também o que fazer com ele. Gingava sem ritmo, equilibrava-se mal nas alturas. Com o tempo, foi notando que as moças da mesma idade o olhavam embevecidas, com visível desejo de serem amadas, tanto gostam elas de se abrigar nos braços de homens grandes; notava também que pessoas de idade provecta o ouviam com especial atenção, como se ele já fosse alguém. Só muito tarde Joca veio a compreender o que representa um corpo grande... Hoje fala de cima. Seu prestígio passou do quarteirão para a cidade.

Em pouco tempo, chegamos à conclusão de que havia duas raças inimigas no mundo: a dos altos e a dos baixos.

Arredondar, crescer para os lados, poderia atenuar nossa exiguidade corporal, mas parecia-nos uma ignomínia: iríamos nos assemelhar a bacorinhos. Tal solução nos repugnava. Gorgulho era o único a aceitá-la, e fazia regime para engordar.

Os grandes, naturalmente, não tomavam conhecimento dessa guerra.

Atrás do seu copo de cerveja, o sutil Espadim procurava enganar-se a si mesmo:

— Pois eu já não me importo. Eles também sofrem, os "girafas"! Não sabem onde pôr as pernas... São os primeiros a levar tiro nos conflitos. E têm tendência à melancolia...

— Ah, sim... são melancólicos.

— E como dão na vista! — acrescentou Josias.

— O mais gozado é quando estão dançando com as pequenas. As pobrezinhas ficam lá embaixo!... Grotesco mesmo!

— Qual! Até que elas gostam — exclamou Fagundes.

Riram todos. Espadim:

— De agora em diante vou aprender línguas estrangeiras e violino. Só de raiva.

— E as aulas de jiu-jítsu? Desistiu?

A pergunta era de Vitinho a quem acenávamos que não fizesse isso. Espadim amargurava-se quando se falava em jiu-jítsu.

— E você, que pensa a respeito? — disse Gorgulho, virando-se para mim.

A pergunta me assustou. O pior, estava eu pensando, não consiste tanto em sermos pequenos quanto no exagero moral de nossa condição. Parecia-me natural em todo mundo o desejo de variar, de ser outro. Quem não se aborrece da fixidez de seu físico? Quem não se enfara de seu tipo? No nosso caso, porém, não estávamos enfarados; estávamos mal satisfeitos, revoltados.

Íamos começar o jogo da vida, e já mal servidos de corpo, derrotados de nascença.

Mas eu não queria insistir nessas coisas para não desanimar os companheiros, principalmente Gorgulho. Dias antes se agastara comigo por causa de dois centímetros a mais que eu me atribuíra, e que o faziam mais baixo do que eu.

Éramos assim no bar da Nicete...

Certa vez subia eu uma escada que ligava o porão, onde se dançava, a uma sala onde se comia. Não me lembro bem do local nem do nome da rua, tão nublada aquela noite de setembro em Copacabana. Sabia apenas que era uma *boîte.* Ao parar nos últimos degraus da escada para conversar com alguém que conhecia, dei com uns pés enormes ao nível de meus olhos. De quem seriam? A que massa corporal estariam servindo de base? Não levantei a cabeça. De acordo com as nossas normas estabelecidas no bar da Nicete, evitava olhar para cima quando perto de pessoas altas. Elas que se agachassem. Meus olhos porém não se despregavam daqueles pés. O interlocutor queria saber se eu estava sentindo alguma coisa.

— Que acha desses sapatos? — perguntei-lhe abruptamente, apontando para o que via.

— Um tanto exagerados — respondeu.

— Então, vamos sair daqui!

Saímos. Passamos rente ao gigante. Eu devia estar pálido de emoção. Na sala de cima, a fumaça tornava mais espessa a penumbra. Não pude distinguir as figurinhas de Vítor e Espadim que bebiam na mesa do fundo; mas logo lhes reconheci a voz que me chamava. Sentei-me à mesa deles. Ali se achava uma mexicana rouca e uma prostituta de Montes Claros. A prostituta mostrava à mexicana uma cicatriz de faca; a mexicana exibia-lhe, em troca, uma de bala.

— Veja se aquilo é possível — disse Vítor apontando para o gigante.

Era uma massa humana enorme e bem vestida. O homem olhava para a sala, que parecia vigiar. Sereno como um deus.

De vez em quando, o gerente dizia-lhe coisas baixinho. A mexicana mandou-lhe o endereço num pedacinho de papel; a mulher de Montes Claros, dispneica de tão aflita, só perguntava quem era aquele bonitão.

— Uma tonelada de estupidez! — informou Espadim.

Agravada pelo interesse das duas mulheres, a hostilidade entre nós e o gigante passou a manifestar-se de maneira mais agressiva. Não eram apenas dichotes contra o adversário adotivo. Eu atirava-lhe amendoim; Vítor, pedaços de gelo.

— Por que fazem isso? — veio dizer-nos o gerente.

— Por nada — respondeu Espadim. — Porque ele é grande demais!

Quando o gerente ameaçou chamar o próprio gigante para pôr-nos para fora, Vítor lançou o primeiro cinzeiro. O gigante recebeu impassível, na cabeça, a chuva de cinza e pontas de cigarro. Essa indiferença magnífica ainda mais nos exasperou. Logo em seguida, mandei um prato de sanduíches. E quando Espadim atirou o copo de uísque, o gigante, a um aceno do gerente, caminhou para nós. Viramos logo as mesas, como preparação de campo. E investimos os quatro (apareceu neste momento o Fagundes, não se sabe como) contra o gigante. Com um braço, ele imobilizou a mim e ao Fagundes que procurávamos arranhar-lhe o rosto. Vítor conseguiu acertar-lhe na testa uma saladeira, investiu de novo, e o brutamontes o mandou sem sentidos para o colo de uma dama, longe. Logo a seguir, um de nós passava pelo ar. Era o Espadim, que foi cair, desacordado, entre o saxofone e a máquina registradora. Por fim, sustentando-me numa das mãos e ao Fagundes na outra, o gigante atravessou a sala e nos depositou com a maior delicadeza na porta da rua. Antes tivéssemos também perdido os sentidos: não sofreríamos a gargalhada geral com que comemoraram a nossa expulsão.

Grande falta nos fez Gorgulho na ocasião. A mexicana e a mulher de Montes Claros mandaram dizer ao Fagundes que não queriam mais saber de nós. Que éramos uns nanicos imbecis. Tentei ainda forçar a porta para reclamar a devolução de Vítor e do Espadim. Disseram-me que ainda dormiam. E que uma inglesa cuidava deles.

O episódio da *boîte* deixou-nos abatidos por muito tempo. Acirrou o nosso ódio contra os altos.

Dirigindo-se ao Fagundes, disse Josias:

— Fagundes, não está certo. Afinal de contas, eles não têm culpa de ser grandes. E nós, se nascemos desse jeito, não podemos esbofetear os nossos pais. Esta guerra é absurda. — E virando-se para o Espadim: — Você mesmo já disse uma vez que era preciso ser alto por dentro.

— É invenção sua, nunca disse tal! Você está traindo os nossos compromissos.

— Esse negócio de ser alto por dentro, eu não entendo — disse Gorgulho.

— Somos pequenos, mas não fugimos à luta! — exclamou o Vítor.

— Que luta? Luta contra quem? — perguntou Josias.

— Contra os nossos inimigos.

— Que inimigos?

— Os altos! — disse Espadim, quase soluçando.

Retiraram-se aos poucos. Não os vi quando desapareceram. Nós, os baixinhos, desaparecemos depressa na multidão. Pus-me a refletir. Josias tinha alguma razão. Fagundes não queria compreender. Nem ele nem Gorgulho, nem Vítor; nem o terrível Espadim, de olhos fuzilantes, o mais intransigente.

Nas reuniões do bar da Nicete discutimos diversas medidas e tomamos várias decisões. Era preciso traçar novos planos, fixar comportamentos que atenuassem o nosso drama. Vi com alegria que as ponderações de Josias amainaram a intransigência do grupo. Descemos então a detalhes.

Nada de esticar o pescoço, de falar alto demais, de equilibrar-se na ponta dos pés para ver o que se passa longe. Também não gesticular demasiado. Se o nosso chapéu estiver muito em cima, no cabide, nunca utilizarmos a cadeira para apanhá-lo. Calçar discretamente; o salto exagerado só serve para tornar mais risível a nossa condição. E nunca discutir com sujeitos altos, uma vez que falam sempre de cima.

Providência importante seria deixar o Rio de Janeiro. O Rio é cidade ingrata para pessoas de pouca estatura. Suas montanhas só fazem acentuar a nossa pequenez. Criam em relação a nós uma escala de medida que nos reduz quase ao tamanho de formigas, como homens na praia vistos de avião. Assim concluímos, depois dessas considerações um tanto aberrantes.

Mas largar o Rio seria difícil; mais difícil ainda encetar vida nova noutro lugar.

Não devíamos também sair em grupo; sentados, ninguém notava; andando juntos, daríamos a impressão de uma família de anões de circo. Ao lado de tipos médios, vá lá; mas estes, que formavam o grosso inexpressivo da multidão, não nos interessavam.

Aplicando nossas conclusões a casos isolados, achamos que o Espadim devia ser advertido para que não insistisse em dançar com mulheres grandes, como era de seu hábito.

Nunca me saiu da memória o corpinho dele a esvoaçar por cima das mesas aquela noite na *boîte*...

Já não nos inquietava mais a procura de uma base física maior. Inventamos compensações. E relativa tranquilidade desceu sobre o grupo. Dispersamo-nos por algum tempo. Cada qual procurava seu rumo na vida. Soube, mais tarde, que Gorgulho, sonhando sempre com a carreira das armas, arranjara com certo deputado do Norte uma lei que alterava os regulamentos no tocante às exigências mínimas de estatura. Fagundes empregara-se numa fábrica de biscoitos onde o apelidaram de Fininho; Josias, com quem me encontrei um ano depois, preparava-se para um concurso de radiotelegrafista da Panair. Desejava viver nas alturas... Espadim, com o pseudônimo de Atlas, escrevia num vespertino crônicas agressivas contra todo mundo; aprendia violino e jiu-jítsu. Vitinho embarcara para o Sul, sem dar notícias. Eu me deixei ficar por aí mesmo sem rumo certo. Sonhava...

Sonhava naturalmente que era um gigante. Noites sucessivas acordei com razoável estatura. E durante horas a sensação se prolongava. Vingava-me nos sonhos. Depois, o estado de vigília ia-me reconduzindo às proporções primitivas, e o meu sofrimento aumentava na razão da delícia anterior.

Mas os sonhos voltavam. À força de se repetirem, fui-me sentindo grande, mesmo fora do sonho. Por fim, comecei a convencer-me.

Mudei de maneiras. Soube que de raro em raro alguns dos antigos companheiros ainda apareciam no bar, onde se estranhava a minha ausência.

Na verdade, não podia frequentá-los. Já me sentia maior do que eles, embora não muito seguro de meu crescimento.

Esses fatos extraordinários tornavam-me inapto a qualquer espécie de convívio.

Procurava lugares ermos. Estranha metamorfose estava-se operando dentro de mim. Que ninguém me perturbasse. Dentro, só? Não. Fora também. Conto isso, sabendo embora que ninguém acredita. Alucinação ou o que fosse, eu estava crescendo... Tal como uma árvore ou chama subindo. Um prodígio. Os pés cresciam; os braços e o tronco também. O coração batia-me forte.

Era porém nas pernas que se passava o principal. Ossos e tendões se estiravam por um impulso que vinha de baixo para cima. Minhas fibras pareciam estalar. Os quadros de parede chegavam-me à altura do nariz. Dentro em pouco, eu deixaria o patamar da janela ao nível dos joelhos; e chegaria a avistar um trecho de baía, coisa que dantes só conseguia trepando na cadeira.

O corpo atendera à minha vontade. Será que ninguém percebia?

Veio-me a vontade de estrear publicamente a minha altura. Precisava sair. Vesti-me. Mas a roupa era a mesma que usava antes!

Decepcionado, dirigi-me ao espelho. E o espelho me tranquilizou, devolvendo-me o tipo alto em que acabara de me tornar...

Eis-me finalmente instalado num corpo grande.

Ninguém pode imaginar o que seja a delícia de sair pela primeira vez à rua exibindo a estatura sonhada!... Adeus, figurinha enfezada. Vou começar vida nova.

Meu gabarito, naquele momento, devia ter atingido mais de metro e oitenta. Era esta pelo menos a altura com que me sentia...

Atravessei a multidão. Quedei-me diante das vitrinas. Como não havia ainda articulado qualquer palavra, receei pela minha voz. E se saísse fina? Prendi-a por algum tempo, depois fui pronunciando "houm! houm!", com certo temor. Vi que ela se ajustava ao corpo. Fiquei satisfeito.

Meu primeiro pensamento foi passar em frente à janela das antigas namoradas.

Era a nova versão corporal que estava inaugurando. Caminhava em estado de levitação. De surpresa em surpresa. Devolvi com ligeiro aceno de cabeça a saudação de um homem imponente. Nunca o vira. Pouco importava: era alguém da mesma seita. Entrei numa loja, as caixeirinhas acorreram sorrindo. Disputavam o privilégio de servir-me.

— O senhor deseja uma camisa de pescoço... trinta e quatro, não é assim?

— Não, senhorita. Quarenta e um! (Minha voz aqui falseou um pouco.)

Uma delas sussurrou aos ouvidos da outra, envolvendo-me o olhar: "Como ele se parece com..." Mas não peguei o nome, parecia ser o de algum ator famoso do cinema norte-americano.

"Puxa, como é bom ser alto!"... pensei, embevecido. Agora sim, compreendo o orgulho com que "eles" singram a multidão. Vitoriosos, serenos!... Como cisnes de lago. E eu pertencendo a essa casta de privilegiados!

O vento desmanchava-me a cabeleira, enquanto eu estremecia em longa vertical. Prossegui. Mostrei-me em ruas de mais movimento. Estava deliciado. Abria-se-me uma visão risonha do mundo.

Foi quando dei com Fagundes. Fagundes me aparecera na hora mais imprópria. Sua presença fez-me subitamente descer à estatura odiada. À estatura que Deus me deu. Queixou-se da vida, contou-me que estava mal satisfeito na fábrica de biscoitos.

Era preciso evitar Fagundes. Despedi-me depressa.

Apenas recomeçava a tomar o tamanho ideal, divisei uma figurinha conhecida, rente ao solo, quase ninguém entre os transeuntes. Era o Espadim. Ia com certeza encontrar-se com Fagundes. Óculos de aro grosso, cabeleira despenteada. Assumia propositadamente um ar feroz. Com isso, buscava certa compensação: apagava-se menos no meio dos outros.

Quebrei a esquina antes que me visse.

Da Praça Tiradentes até à minha casa, caminhei com dificuldade, indeciso, e sem altura definida...

Minhas ideias baralhavam-se.

Descobri então que o meu tamanho não era fixo: aumentava ou diminuía segundo as circunstâncias, a maior ou menor intensidade de meu desejo.

Aos olhos de meus companheiros, por exemplo, não conseguia sequer um centímetro a mais.

Passei a dispor de duas atmosferas, conforme me fazia alto ou baixo. Manter-me na primeira, onde preferia ficar, exigia esforço, às vezes me cansava.

No encontro com Olívia, cheguei mesmo a descobrir que nem sempre a muita altura favorece — conclusão de que eu queria dar ciência, a título de consolo, aos antigos companheiros do bar.

O caso foi o seguinte: achava-se Olívia desgostosa deste mundo, junto à muralha do cais, no Flamengo, quando a abordei. Ninguém na praia. Eu usava o meu tamanho habitual, tão distraído me achava. Olívia era grande, com algo de maternal nas maneiras e na voz. Conversamos até o cair da noite. Seguimos por uma rua escura. Depois, abraçamo-nos demoradamente, e prometi voltar. Pareceu-me que naquele encontro eu demonstrara mais ardor do que ela.

"Na próxima vez vou me apresentar com a minha nova estatura", pensei comigo. "E ela vai ficar completamente caída: terei, assim, assegurado por mais tempo a fidelidade de Olívia..."

Recebeu-me num sábado de chuva. Eu lhe surgira outro homem. Mais calmo, mais decidido. E grande, oh! grande, que é como todo amoroso deve apresentar-se à mulher amada.

— Outro dia te achei mais interessante — disse-me ela. — Por que agora esse ar grave, essa cara de homem cruel? Está até me lembrando o Isaías. Ih! nem quero me lembrar... Aquilo só tem tamanho...

Assim se frustrou o meu romance com Olívia — inesperado desfecho para a primeira aventura amorosa de um homem alto.

No bar da Nicete já não se contava mais com a minha presença. Eu era o desertor, o renegado. Recebi um bilhete de Espadim: "Que é que anda fazendo? Será que ficou também importante? Virou por acaso homem alto? Sujo!".

Não podia ensinar-lhe a minha fórmula. Nem a ele nem aos companheiros. Rir-se-iam de mim. Além do mais, receava que, perto dele, se repetisse o fenômeno verificado no Largo da Carioca, quando de meu encontro com Fagundes.

Eu vivia de vender às farmácias pomada para a pele e vermífugos, e de entregar amostras aos médicos. Mofava horas nos consultórios. Aos primeiros sinais de meu novo físico, a coisa mudou. Não esperava o intervalo das consultas; entrava de cara, abria a pasta, e ninguém saberia dizer quem era o vendedor, quem o doutor.

Foi com a nova altura que entrei nos escritórios da firma Richard & Cia. disposto a obter, e certo de que obteria, o lugar de vendedor de seus produtos. O gerente olhou para mim e disse:

— Não precisa apresentar documentos. Venha amanhã cedo. A sua mesa é aquela — e apontou para uma mesa de aço com arquivo ao lado e telefone em cima.

Nesse aparelho conversei com as pessoas mais importantes e as mais belas mulheres da cidade. Pelo tom de minha voz e maneira de conduzir o assunto, percebiam logo os interlocutores o meu peso e autoridade.

Tal poder me conferiam os quarenta e mais centímetros complementares que me acrescentava quando queria.

Fui logo promovido a chefe de vendas. Os anos passavam.

Pensei em deixar o Rio de Janeiro. Fixara-se em mim a ideia de que se fica menor quando se tem perto alguma colina ou montanha. Poderia agora parecer desnecessária tal providência, mas estaria obrigado a fazer uso constante de meus novos poderes. As pessoas que no Rio me conheciam não acreditariam. Perto delas, a metamorfose não se produzia. E eu teria que voltar ao homúnculo de metro e quarenta e cinco. Apenas isso... E já não podia mais suportar o humilhante retrocesso.

Mudei-me para S. Paulo.

Lá cheguei em pleno gozo de minha nova estatura. Pela manhã, exibia-me nos parques e jardins; à tarde, nas artérias principais. Sempre calado, como convém aos altos.

Nunca, até então, conseguira atravessar as ruas de qualquer cidade com tão deliciosa sensação de calma e imponência. Muito mais seguro de mim que no Rio. Era como se caminhasse nas nuvens. Eufórico, predisposto a qualquer ato de grandeza; e onde houvesse injustiça e brutalidade, decidido a correr em auxílio do mais fraco. Era o meu momento d. Quixote. A imagem desse herói galvanizava-me. Não iria mais acovardar-me ao ponto de não intervir, como aquela vez, na praia de Copacabana, quando vi dois atletas massacrando um pobre homem caído e desarmado que me pedira socorro, e eu nada mais pude fazer que xingá-las de longe.

Farejei as ruas apinhadas, a ver se havia alguma injustiça a reparar. Nada. Foi quando descobri, numa praça, uma multidão de crianças fazendo fila à porta de um parque de diversões. Era um sábado, à tarde. Um homenzarrão, de uniforme, retardava a abertura do portão. As crianças gritavam. A visão da roda-gigante girando iluminada exacerbava-lhes a impaciência até ao choro. Dirigi-me ao porteiro e ordenei:

— Deixe que entrem todas!

Não sei o que deu no porteiro; tocou respeitosamente no boné, e franqueou a entrada a toda a turma.

Explico: estava na plenitude dos meus cento e oitenta e tantos centímetros!

Minutos depois, dentro do mesmo parque, minha proeza com uma das máquinas de experimentar força deixou todo mundo estarrecido. Consistia o brinquedo em empurrar pelos trilhos de metal uma pesada peça parecida com ferro de engomar, até que alcançando a extrema altura, fizesse explodir uma espoleta lá em cima. Pois duas vezes impeli a peça até o ponto final, façanha que não fora conseguida por nenhum dos tipos enormes que a haviam tentado. Ao retirar-me, ouvi alguém dizer: — Como pode um homenzinho desses fazer explodir a espoleta?

O comentário me deixou perplexo. Não era a primeira vez que se levantava dúvida sobre a visibilidade de meu físico. Mas a espoleta explodiu. Será que meu corpo não chegava a exteriorizar-se? Se eu tinha a certeza que sim! Que graças a isso a vida me corria fácil!

A prova é que se sucediam convites para festas e comemorações; a prova é que insistiam para que eu dirigisse empresas, para que jantasse com Fulano e Sicrano, para que fizesse parte da diretoria deste e daquele clube!...

Eu não sobrava para nada. Escandalosa a opção da sociedade pelos tipos altos.

Mas não podia estar usando sempre o meu físico de gigante: forçava-me demais a natureza. Meus hábitos de sujeito miúdo eram enraizados, datavam de mais tempo. Tinha porém a certeza de que, na proeza do Parque de Diversões, eu não podia deixar de estar no gozo de minha nova força e estatura. Sim, a espoleta explodiu!...

Tantos eram ultimamente os convites e honrarias, que me vi obrigado a recusá-los. Às vezes me fechava no quarto, estirava-me na poltrona, esquecido de mim, reduzido a quase ninguém. Só quando tinha de sair é que, no corredor, retomava o novo físico, reassumia a minha importância. E no *hall* do Hotel eu era um hóspede imponente.

Na verdade, o esforço me cansava. Já não me sentia tão feliz no novo figurino. A princípio, eu me enchera de orgulho; agora, não me entusiasmava tanto.

Tive impulsos de revogar a nova estatura, conformar-me definitivamente com a antiga. Mas era tarde demais. E viriam as complicações. Talvez a firma Richard me dispensasse do serviço...

O que ocorreu na assembleia-geral do Sindicato dos Vendedores de Drogas (para o qual fui eleito presidente por imposição da poderosa firma Richard & Cia.) serviu para mostrar que não se deve descuidar um minuto sequer.

No dia da primeira reunião a que devia presidir, eu me achava na cama, despojado de minha altura, gozando o bem-estar antigo. Abri as venezianas, meti o pijama, e pedi uísque. O telefone bateu. Avisavam-me que o pessoal estava havia muito tempo à minha espera na sala de sessões. Vesti-me e saí precipitadamente. Lá cheguei com uma hora de atraso. A maioria nunca me vira, votara sem me conhecer. Senti o frio, a decepção geral. Alguém teria duvidado da minha identidade, pois ouvi nitidamente a frase: "Mas foi este homenzinho que elegemos!"

Assumi a presidência entre cochichos e sussurros. Só faltava ouvir a vaia. Foi quando dei com a causa: tinha-me esquecido de adjudicar ao físico o meu suplemento de altura, mais que necessário naquele momento. Tratei de corrigir o lapso, o que não seria fácil operação a realizar em público. E se falhasse?

Não sei por que mutações passou a minha figura, nem que contrações eu fiz para fazer nascer de mim o homem grande; o fato é que, a poder de esforços e extrema concentração, senti que começava a esticar. Vinha-me de baixo o fluxo do crescimento. Mal posso imaginar o espanto da assembleia naquele instante. A verdade é que — outra pessoa então — pude conduzir as discussões com calma e segurança. Impus silêncio à balbúrdia, garanti à minoria a livre manifestação de pensamento. Agigantei-me. Recoloquei em cima do estrado o homem grande reclamado pelas circunstâncias.

Desci entre aplausos. No saguão do hotel um vulto enorme me esperava. Mal vestido, triste.

— Você, Jangão!

Jangão nunca tomara conhecimento da importância de ser grande. Modesto, fazia-se corcunda para não dar na vista. Disse-me que trabalhava na portaria do Hotel Cauê, onde fora admitido pelo seu físico. Não desgostava do serviço. Mas a mulher do gerente começou a fazer-lhe propostas indecorosas; o gerente, enciumado, ofendeu-lhe a mãe e ele teve que arrebentar a cara do gerente. Fora despedido. Não sabia agora o que fazer.

Para Jangão, seu corpo desmesurado era como um castigo. Recordamos os companheiros do bar da Nicete. Contou-me que Vitinho morrera no Sul, deixando viúva muito mais alta; Espadim sossegara, e trabalhava agora de secretário no gabinete de um Ministro. Sempre o via na missa aos domingos.

Algumas senhoras mandavam olhares admirativos para Jangão. Era de fato impressionante o seu tamanho. Ao ver entrar um hóspede cambaleando com a mala pesada, levantou-se automaticamente para ajudá-lo. Contido por mim, sentou-se de novo.

Perto desse homem simples, não me lembrava mais que estatura eu tinha. Parece que a primitiva, a de nossos tempos.

Nesse momento, sentou-se ao lado um hóspede que eu conhecia de vista e era nome de projeção nos meios industriais. Virando-se para Jangão, começou a dissertar sobre os problemas do Brasil. Jangão encolhia-se todo e apontava para mim, como que lhe fazendo sentir que era comigo, não com ele Jangão, que devia ser mantida tão transcendente conversa. O homem afinal levantou-se. Mandei servir uma bebida ao meu amigo, pedindo-lhe que me procurasse no dia seguinte, no escritório da firma, onde lhe arranjaria uma colocação.

— Mas amanhã é feriado nacional, dia da Independência.

— Venha então depois de amanhã.

Assistindo à parada ao lado das autoridades do governo, na arquibancada, usava eu a altura adequada ao momento. A esse nível, mesmo que não se queira, nosso vocabulário fica diferente: mais sóbrio, mais preciso. Era, pois, com certo apuro linguístico que eu me dirigia ao Secretário da Saúde.

Acabavam de tocar o Hino Nacional. Depois desse hino, há sempre um prolongamento cívico de silêncio que dura alguns segundos, e os estadistas fecham a cara. Nesse momento, não convém dirigir-lhes a palavra. Fechei também a cara.

As tropas recomeçaram a desfilar pelo vale do Anhangabaú. A jiboia reluzente se movimentava. As damas assestaram os binóculos. Foi quando vi aparecer, no alto de um cavalo alazão, o Gorgulho! Ele mesmo. Com barba e três estrelas nos ombros... Encarei-o com insistência. Tive ímpeto de gritar-lhe o nome, dizer-lhe: "Veja só, Gorgulho: você a cavalo, de capitão, e eu aqui, nas arquibancadas, de sujeito importante. Foi muito bom ter posto a barba. Muito bom mesmo!"

Gorgulho avançou um pouco mais o cavalo; nossos olhares se cruzaram. Eu sorri, quase ia soltando um grito. Ele parece que me reconheceu, esboçou também um sorriso. Era como se disséssemos: "Então! Melhoramos muito, não é? Mas nem por isso!..."

A um toque de clarim, Gorgulho prosseguiu na marcha. Era o capitão mais capitão da parada.

A aparição de Gorgulho, o encontro de Jangão na véspera, e agora o toque de clarins ao longe, levaram-me o pensamento ao bar da Nicete e ao nosso grupo de "tampinhas".

"Se alguns se perderam no *anãonimato,* como dizíamos, é porque não encontraram a fórmula", pensei.

Com muito de energia, a voz grossa e um pouco de barba, eis Gorgulho capitão. E como a guerra futura, se houver, será totalmente invisível, poderá até comandar exércitos, sem necessidade de mostrar a sua figurinha, nem o risco de ser desacatado por insuficiência corporal.

Enquanto fazia essas considerações, passavam os últimos carros de assalto e, a seguir, as ambulâncias de socorro. Era o fim da parada. Esvaziavam-se as arquibancadas. E me esquecera do principal: falar ao Secretário da Saúde sobre a nova proposta de fornecimentos da firma Richard & Cia.

Talvez fosse melhor não ter falado, pensei. Essa proposta estava condicionada a um acordo com a firma escandinava, e eu ainda não havia procurado a dinamarquesa. *Miss* Elin comunicara-me pelo telefone que a maior parte do estoque já se achava na Alfândega. Poderíamos assinar o contrato, faltava apenas acertar alguns detalhes. Era o fornecimento de maior vulto que a firma ia fazer ao Estado.

Fora um dia atarefado aquela quinta-feira. Longos telefonemas com o Secretário de Saúde e com o chefe da firma no Rio mal me permitiam atender ao Jangão, que empreguei provisoriamente como zelador do prédio. Da matriz do Rio telefonavam-me de novo, encarecendo a importância do contrato, e reiterando a confiança no resultado da minha tarefa. Em caso de êxito, prometiam-me boa gratificação, e eu já sonhava trocar meu carro por um novo.

Dirigi-me sem demora ao Jaraguá, onde se hospedava *Miss* Elin. Claro que devia usar a minha estatura máxima, dada a natureza do negócio. Mas distraí-me, e entrei neutro, praticamente sem estatura definida.

A dinamarquesa recebeu-me com simplicidade e distinção. Há dias vinha procurando avistar-se comigo. Expressava-se em espanhol. Pediu-me desculpas de estar um pouco à vontade, devido ao calor. Um *robe* azul-esmaecido, em cima da combinação. Adorava o Brasil. Sentia uma atração estranha pelo Pão de Açúcar. Voltaria para o Rio, logo que acertasse os negócios. Achava-me muito jovem; eu lembrava um sobrinho seu, na Dinamarca.

Quis entrar logo no assunto, mas *Miss*... (*Miss* o quê? esqueci-lhe o nome quando mais precisava dele)... a dinamarquesa prolongava-se numa introdução amena aos nossos entendimentos. Era mulher grande, suave e lenta de movimentos. Lembrava um pouco a outra, a da aventura frustrada, no Flamengo.

Perguntou se eu aceitava sorvete ou algum refresco. Preferi uísque.

— Não lhe vai fazer mal? Acho-o um pouco pálido.

Expliquei-lhe que vinha trabalhando muito nos últimos dias. "Que eu então cuidasse bem da saúde. Seu país não tem bom clima."

Sobre a mesa e o divã espalhavam-se amostras de vários produtos farmacêuticos e objetos curiosos.

— Estou autorizado a assinar o contrato hoje mesmo — disse-lhe.

Nada respondeu. Entrou o garçom e serviu-nos uísque. Tirei da pasta a procuração e demais papéis. A dinamarquesa, ligando a vitrola, consultou-me sobre se havia inconveniente em tratarmos o negócio ao som da música. Achei que não, seria até melhor, o acordo se faria mais depressa, em perfeita harmonia.

— São canções de minha terra — disse-me. — Quando as escuto, lembro-me de meu sobrinho que morreu.

Eu olhava para um objeto de vidro e borracha, fora de uma caixa coberta de inscrições que pareciam em alemão.

— Ah! é para tirar leite das parturientes. Um sistema novo, mais suave que os outros, disse *Miss* Elin (viera-me então o seu nome).

Apanhou o aparelho, mostrou-me o dispositivo:

— A parturiente não precisa inclinar-se no leito. É só uma ligeira pressão.

— Mas o leite pode entornar-se — eu disse.

— Não, meu filho. É assim. Dá licença...

Descobriu o colo: "Não repare não!" E fez a demonstração.

A ponta rosada do seio insinuara-se pelo gargalo do vidro.

— Veja! Adere bem e não machuca. Só falta sair a gota de leite.

Nesse momento a vitrola tocava uma música de embalar. Através das venezianas piscavam os anúncios luminosos nos edifícios distantes. Tentei ainda lembrar-lhe o nome, identificar em *Miss* Elin a representante de uma fábrica estrangeira.

Ela encarnava no momento a mulher impessoal e absoluta, uma presença sem nome.

Minha vista se turvou. Senti-me dentro de um turbilhão macio. Via a firma Richard & Cia. recuar para um horizonte sem fim de nuvens brancas e geleiras, até desmoronar-se toda.

Quando dei por mim, a mulher, tendo-me encolhidinho em seu colo, batia-me docemente nos ombros.

E, com olhar longe, cantava uma canção de ninar...

O TELEGRAMA DE ATAXERXES

a josé paulo moreira da fonseca

ALTAS HORAS DE UMA NOITE NUBLADA de dezembro. Ataxerxes lembrou-se de uma coisa e começou a caminhar agitado pelo quarto.

Pisava forte, esbarrava nos objetos, rasgava estrepitosamente os jornais; mas sua mulher, exausta pela trabalheira do dia — consertos de estacas, irrigação de plantas —, nunca mais voltava de seu sono de camponesa.

Tinha pressa Ataxerxes em dar-lhe a notícia naquele instante mesmo. Receando aborrecê-la com um apelo direto, esperava despertá-la com os barulhos que promovia. Escancarou a janela, deixou entrar o vento; abriu a torneira, fez jorrar a água. Já os cães latiam, as galinhas cacarejavam assustadas. Nos vales próximos, ouvia-se a resposta de outros bichos.

A casinha de Ataxerxes animava-se toda. Como dorme Esmeralda!

No quarto vizinho, Juanita acordava.

— Que foi, pai? Alguma desgraça?

— Nada; tua mãe que dorme.

— Que queria você que ela fizesse?

— Que acordasse.

— Que ideia. Para quê?

— Uma notícia.

— Boa?

— Maravilhosa.

Juanita se ergueu num salto lesto.

— Diga, pai, diga depressa. A gente fica neste fim do mundo esperando toda vida uma notícia! E você disse que a sua é maravilhosa. Conte, pai, conte logo...

— Espera que tua mãe acorde. Esmeralda! Esmeralda! — gritou. A mulher se mexe ronronando. — Uma notícia sensacional para nós!

— Sorte grande? — pergunta ela numa voz empapada de sono. — Fecha primeiro essa janela, homem de Deus!

— Quase, Esmeralda... Um achado.

— Diamante? — tornou ela de novo, com mal definido toque de sarcasmo, virando-se contra a parede.

— Escuta, Esmeralda, escuta... Nossa vida vai mudar. Olha para mim... — E prosseguiu, enfático: — Acabo de descobrir que o Chefe da Nação foi meu colega! Colega de colégio. Estamos feitos na vida. Era Zito o apelido dele. Meu Deus, como é que só agora pude me lembrar! Deixa eu te abraçar... Iremos para o Rio. Vamos viver agora!

Salvo Esmeralda, nenhum ser vivo dormiu mais aquela noite no pequeno sítio.

E enquanto Ataxerxes traçava planos para o futuro, Juanita, no corredor, dançava de alegria, pensando no mar e na grande cidade que ia ver pela primeira vez.

Sete dias depois, desciam os três as rampas da Mantiqueira e da Serra do Mar, rumo ao litoral.

Ataxerxes pensava no esboço do telegrama que ia endereçar ao presidente; Juanita, à janela, esperava as curvas em que a locomotiva se exibia de corpo inteiro, a puxar o seu comboio; Esmeralda, o nariz esmagado na vidraça, olhava para as colinas pontilhadas de reses e se lastimava, cheia de apreensões:

"ah, justamente agora o milho estava granando, três vacas esperando bezerro!..."

O marido interrompeu-a:

— Nem sei, Alda, como explicar: aquilo me bateu de repente na cabeça, e eu acordei com a imagem de Zito!...

À noite, já o expresso deslizava entre praças e ruas iluminadas. Cruzava outros trens, apitava. Esmeralda assustando-se com o estrépito louco nos viadutos e pontilhões.

Juanita observava tudo com avidez. Desde que entrara no carro até àquela hora, não deixara um instante de acompanhar as mutações da paisagem, o pitoresco das estações e lugarejos. Intimamente, foi-se fazendo amiga do trem que a conduzia. Um sonho tudo aquilo.

Ruas apinhadas, bondes, a campainha dos cinemas de subúrbio, as moças de roupas coloridas; amanhã mesmo será uma delas a andar pelas ruas. Ataxerxes chega à janela, comovido.

A grande metrópole vai aparecendo grandiosa e feia. Nela, o trono de Zito.

A cidade sorri pelas miríades de janelas de seu casario aceso. Faróis, anúncios luminosos. Dali o Chefe da Nação irradiava o seu poder, mandava e desmandava.

Ataxerxes será um dos favoritos de sua corte.

O amigo retardatário do presidente prepara-se para desembarcar. Está pálido.

Esmeralda persigna-se, guarda o rosário. O trem vai perdendo as energias e se deixando morrer na plataforma. Logo depois, pela janela do vagão, saem sacos, cestos e velhas malas da fazenda. Em seguida, pela porta de trás, os Ataxerxes.

À janela da pensão Estrela do Norte, onde se instalaram, Juanita ficou até altas horas a contemplar a metrópole. Como começar? A que apelos atender, em que mistérios se iniciar?

Mas onde estaria mesmo a cidade? Ali é apenas um trecho lívido e deserto de quarteirão, escondendo o crime, escondendo o amor.

Põe-se a imaginar no homem desconhecido que atravessará a sua vida. Ele chega, quer abraçá-la, ela foge. "— Mas por quê, meu bem? Olha para o jardim... Cada árvore tem debaixo um casal se abraçando. A nossa... — Não te conheço, vai-te embora. — O meu abraço te informará de mim... — Não; tu és um estranho... não posso. — Para que vieste então? — Não sei como vim... Nem sei se vim a teu chamado. Vai-te embora. — Por que então estás chorando?..."

Mas logo se interrompe o colóquio, a imagem do namorado-fantasma se dissipa. E longo calafrio passa pelo corpo de Juanita.

Vultos lá embaixo se distinguem à luz dos combustores; chega de longe um barulho difuso, e Juanita imagina que é a hora de o mar espraiar a sua alma pelo céu da cidade... De baixo sobe um cheiro nauseante da cozinha. Cessou a discussão nos fundos de uma casa ao lado. A moça continua debruçada à janela e sente envolver-se numa nuvem de melancolia. Depois se agita. Faz menção de descer e mergulhar nas ruas mais próximas, curiosa de saber onde elas iam acabar.

— Vai-te deitar, Juanita. Isso são horas, menina? — grita-lhe a mãe.

Ela se assusta e obedece.

"Amanhã! amanhã!", disse consigo, metendo-se debaixo dos lençóis.

No dia seguinte, ao grito das buzinas, ao pregão dos vendedores, e ao rascar das portas de aço se abrindo-a cidade fazia pressão nas janelas de Juanita, entrava-lhe pelas frestas com os raios do sol e um cheiro desconhecido. Veste-se num minuto e sai a descobri-la, enquanto a mãe procura a igreja mais próxima.

A moça vai sem direção, como que embriagada. Entre cubos de cimento o sol se despejava.

Juanita caminha... Quando suas pernas a conduzem para os pontos mais quietos, fica aflita por encontrar os de mais movimento. Que cidade é essa que tanto se assemelha à que vai surgindo do fundo de sua memória?

Estaria pisando alguma calçada de rua do Oriente onde os seus antepassados paternos negociaram, ou realmente no Rio de Janeiro com que sempre sonhara?

Juanita caminha... E aparecem as praças. Para extasiada, a vê-las encher-se da multidão que deságua de todos os quadrantes. Para onde se dirige essa gente? E que vai fazer com tamanha pressa?

Era esbelta de linhas e rija de corpo. Se não fosse tão ligeira, não se sabe o que seria dela aquele dia ante a ameaça de tantos veículos.

Perambulou por todos os cantos, até exaurir-se. Entrou tarde. Esmeralda não sabia como começar a repreendê-la. Acenou para o marido, a pedir reforço.

Ataxerxes fazia modificações no telegrama.

— Larga esse papel, Xerxes. Vê se isso é hora de nossa filha chegar!

Mas o contentamento de reencontrar Juanita, que supunha perdida ou morta, encheu-lhe os olhos de lágrimas. Não podendo ralhar, abraçou-a.

— Cuidado com a cidade, minha filha. Quase morri de aflição. Nunca mais repitas isso. Estás suada, cansada.

E Juanita, o rosto febril, as olheiras acusadas, responde:

— Mamãe, é uma maravilha! Já aprendi quase tudo (citava as avenidas e praças principais). Iremos juntas agora. Acho que mexeram muito comigo, mas eu fui passando. O que não encontrei ainda foi o Palácio onde está o amigo de papai.

A essas palavras, Ataxerxes estremece. Sabe que daquela pensão reles ao Palácio a que acaba de referir-se à filha, seria a distância encurtada por um telegrama. Era justamente do que estava tratando. O telegrama capital de sua vida. Já o vinha concebendo desde a noite da revelação, no sítio de Pedra Branca.

Ao sinal do jantar, a família desce para a sala de refeições. Esmeralda caminha de má vontade para aquela experiência difícil.

Os hóspedes eram gente indistinta, pessoas em geral de meia-idade, algumas crianças — e um tipo estranho na mesa do fundo, a ler os crimes, em frente à sopa fria. A comida devia ter o mau gosto do cheiro que trescalava. E como todos pareciam enjoados dela, Esmeralda pensa que é por hostilidade aos recém-chegados. Juanita se escandaliza com a lepra da ferrugem que roía os espelhos. Ataxerxes põe os óculos e começa a percorrer o menu. O papel manuscrito que levara ficou-lhe ao lado do copo. Esmeralda sente-se malvestida. Não sabe que prato escolher, parece que todo mundo os observa. Exaspera-se na indecisão. Acha que a luz devia apagar-se ou pelo menos, ser reduzida. Todos irão vê-la comer.

— Xerxes, eu queria que você me arranjasse uns óculos pretos. Me sentirei mais à vontade atrás deles.

O garçom, ao lado, baixa os olhos ao papel. Não tinha intenção de lê-lo. Mas o vai percorrendo distraidamente, aos pedaços. Deve ser a minuta de algum telegrama. Os termos são afetuosos. Dá com o endereço, e como que acordando do estado de torpor, arregala os olhos. O Chefe da Nação! Aquele freguês estava se dirigindo ao Chefe da Nação!... E em termos da maior intimidade!

Alguns minutos depois, quase toda a sala olhava para a mesa dos Ataxerxes. À porta reponta o rosto, cheio de espanto, da dona da pensão; depois é o do marido que surge, ainda mais espantado.

João Ataxerxes fitava o retrato do Presidente colocado em destaque na parede, ao lado da gravura de uma odalisca a sair do banho. Comentava qualquer cousa a respeito, movimentando as mãos gravemente. Que estaria dizendo? Ficam intrigados os hóspedes. O garçom é quem devia estar ouvindo as palavras correspondentes àquela gesticulação. Era para produzir efeito em todos e ser ouvido pelo garçom que Ataxerxes discreteava sobre a infância do Presidente, em face mesmo de seu retrato.

Agora, é a dona da pensão que vem em pessoa servir a sobremesa. Não passou despercebida aos demais hóspedes a significação daquela gentileza.

Dona Cacilda começa a sorrir para eles, como que pedindo entrada na conversa. Acaba tomando parte nela:

— Ah, então o senhor o conhecia?

— Pois se fomos companheiros de infância, minha senhora!

— Ahn! — exclamou boquiaberta.

Dentro em pouco, outros hóspedes foram se avizinhando da mesa, e, ao café, estavam todos ouvindo Ataxerxes, enquanto a mulher e a filha saíam para o *hall*. Dois casais, além dos donos e a filha, um rapaz vistoso e alguns senhores de fisionomia abatida bebiam-lhe as palavras:

— Desde menino se revelara de uma inteligência peregrina. Falava pouco, usava um casaco de lã que nós invejávamos muito... Oh, há quantos anos isto! Parece que o estou vendo ainda, a correr atrás da bola, no futebol de nosso tempo!... Às vezes, passava horas inteiras num mutismo misterioso, afastado dos colegas, como se pressentisse a responsabilidade do futuro. O Zito!... O Zito!... Vivia perdendo a escova de dentes. Uma vez, escorregou no banheiro e fraturou o braço. Sempre magro. Nesse ponto, o retrato não confere com o tipo da criança. Nossas camas eram quase pegadas. Hoje está calvo, mas possuía bela cabeleira.

Esses detalhes, sobretudo o da escova de dentes e o do banheiro, davam aos ouvintes a sensação de que também eles estavam entrando na intimidade do Presidente.

— Não acha melhor irmos aqui para a sala? — propôs uma senhora, entusiasmada com a conversa.

— Seus olhos — prosseguia Ataxerxes sem atender — eram de um castanho-claro; sei que agora estão completamente azuis; naturalmente com a idade e o exercício do poder tudo isto vai mudando...

E todos contemplavam o retrato a que o homem se reportava a cada momento, como um professor de geografia que recorre ao mapa.

— Aquele ombro de lá, o esquerdo, do lado da odalisca, sempre foi um pouco caído; mas, como veem, é um físico de chefe!

Com desagrado de todos, um chamado de Juanita interrompeu a palestra.

— E que coração! — disse Ataxerxes em voz alta, ao retirar-se. E já na soleira da porta: — Com o tempo lhes contarei outros episódios, prometeu despedindo-se.

Acompanhando a mulher e a filha, saiu a passear pelas ruas iluminadas. Havia muitos anos que não vinha ao Rio. Esmeralda e Juanita, era a primeira vez.

Ataxerxes foi-lhes explicando as transformações da Capital. Estava muito diferente.

— É o cimento armado, Esmeralda: o cimento armado é um demônio!

Sentiu uma ânsia de incorporar-se imediatamente à cidade, ser alguém naquele turbilhão. Falou no telegrama, esperava concluí-lo dentro de poucos dias.

— Que é de Juanita?... Menina! — gritou-lhe o pai. — Você vai logo correndo e se desgarrando da gente. — E para a mulher, baixinho: — Não sei o que dá nela; fica aflita a querer dançar na frente dos outros.

— Sempre foi assim, Xerxes — respondeu Esmeralda. — Você não se lembra, no sítio, aquela mania de imitar o movimento das bananeiras?

Antes que voltasse a Esmeralda a evocação de Pedra Branca, o marido chamou-lhe a atenção para as vitrinas e para a multidão que acorria às diversões:

— Imagine você que é sempre assim, Esmeralda. Todas as noites essa animação. E nós perdendo isso!

— Não sei como não se cansam e não enlouquecem — observou a mulher friamente. — Meu Deus, lá vai Juanita fugindo outra vez! — gritou: — Juanita! Juanita!...

Sonhavam os donos da pensão com um empréstimo na Caixa Econômica. Não era apenas o interesse material de transformarem a Estrela do Norte num luxuoso hotel com elevadores e jardim de inverno; era sobretudo por questão de capricho: Pietro Zamboni, cunhado de d. Cacilda, tivera também uma pensão reles como a Estrela do Norte; de repente prosperara.

Entre os irmãos Zamboni havia velha rivalidade que d. Cacilda, mulher temperamental, transformava em ódio de família. Miguel acusava Pietro de gatuno e aventureiro; afirmava ser seu hotel um antro de contrabandistas e mulheres suspeitas. Por sua vez, Pietro e a mulher telefonavam aos hóspedes de Estrela do Norte, recomendando-lhes que se acautelassem com a comida: muita gente saíra, ali, da mesa de refeições para a do necrotério. Presentemente, Pietro quase não dava sinal de si. Instalado no último apartamento do arranha-céu que possui em Copacabana, com terraço de onde contempla de binóculo o oceano, já não se preocupava em perseguir Miguel, mas este, incitado pela mulher, sonha vingar-se à altura e vê a sua vingança concretizar-se em vários andares de cimento armado subindo, subindo, até que ele possa, do último, cuspir no terraço de Pietro. Para isso, seria necessário fazer um empréstimo.

Ataxerxes caíra-lhe do céu: com o prestígio de íntimo do Presidente, seria fácil o negócio.

— Vou arranjar-lhe um aposento melhor do lado do sol, veio dizer a dona da pensão a Ataxerxes. Não pagará mais por isto.

Ataxerxes, apoiado o cotovelo na mesa da sala de espera, a mão na testa, não queria ser interrompido no momento. Seu telegrama já devia ter seguido e ainda estava em elaboração, o papel todo riscado. Era penosa a procura de alguns adjetivos; os advérbios chegavam com dificuldade, as frases não se articulavam direito. O telegrama precisava ser redigido de forma a produzir efeito fulminante na alma do Presidente.

Pela primeira vez Ataxerxes experimenta a sensação física das palavras. Pena não ser como esses escritores famosos que lidam com elas e sabem manipular todos os sentimentos. Agora, por exemplo, precisava suscitar no Presidente uma impressão de volta à infância; em seguida, de poder pessoal — o que seria fácil; depois, de piedade pelos fracassados da vida; aí então, já na fase final, o coração do Presidente estaria preparado a receber a semente do pedido. Mas as palavras resistiam; às vezes vinham dóceis, como que minando do papel, e Ataxerxes se alegrava. Seu esforço agora era mais de artista do que de candidato a emprego. Lembrou-se, porém, de que d. Cacilda ainda se achava ali perto, imóvel, à espera da resposta e do agradecimento:

— Pois não — disse com atraso —, pode fazer a mudança.

Não conseguiu, mais escrever. A gentileza da dona interceptara-lhe a inspiração. Atrapalhou-se. Enquanto isto, o vento do corredor ia levando as folhas manuscritas para a porta da rua. Ataxerxes corre, inclina-se para apanhá-las; mas o vento veio de novo, as folhas escapuliram. Uma delas pousou no asfalto úmido, a outra ficou adejando entre as mesas de um café em frente. Ataxerxes entra no café, recolhe o telegrama ainda no ar, depois de atropelar os fregueses e virar duas mesas; quando ia apanhar a outra folha, apareceu um caminhão veloz, a roda passou por cima e foi levando-a colada ao pneumático para os lados da Rua Larga.

Ataxerxes disparou aos gritos:

— É o meu telegrama! Para! para!...

Mas era tarde. Quedou-se desesperançado... Parecia-lhe que naquela roda que fugia com o telegrama, fugia também o seu ideal.

Volta desconsolado para o hotelzinho. Narra o sucedido à mulher que procura consolá-lo:

— Para que se amofinar? Você fará de novo a outra parte.

— Isso é o menos, Esmeralda. E se a cidade vem a conhecer certos detalhes privados, o apelido, as antigas manias do Chefe da Nação?! Passava a mão na cabeleira, aflito: — Quando penso que todas essas cousas íntimas estão rolando agora pelas ruas, parece que traí o meu amigo. Fui colega dele na infância; sou alguma cousa, portanto; devo honrar esta amizade. Você já pensou bem, Esmeralda, o que é ter sido colega do mais alto magistrado de um país?!

— Mas o papel desaparece, Xerxes, vai parar no lixo...

— É um engano! Vai parar nas mãos de alguém, é o que você devia dizer. De algum aventureiro... Parece até que o estou vendo; apanha o rascunho, completa-o, faz um pedido, assina depois o nome... Ah, o impostor... Vai ter uma alta colocação! — Olha para a chuva, através da vidraça: — Talvez a que me estava destinada...

Esmeralda encarou-o condoída. E como se advertisse a uma criança:

— Xerxes, estamos velhos demais para recomeçar a vida. Vamos voltar, vamos!

Tudo poderia passar pela cabeça do marido; aquele pensamento, não. Voltar!... Tinha graça...

— Oh, Esmeralda, o telegrama nem seguiu e você já cuida em voltar — gritou-lhe o marido, depois de uma pausa de espanto.

Nesse momento, entrava Juanita, de fisionomia murcha.

— Ah, papai, hoje eu vi o mar de perto!

— Por que então esse ar triste?

— Tive uma decepção. Não é o que eu esperava...

— Como querias que o mar fosse, minha filha?

— Diferente da água sem vida que partia de meus pés. Oh... aquela extensão calada! Nunca supus...

Pai e mãe interrogam a filha com o olhar, sem compreendê-la.

— Queria que ele se mexesse, mamãe; que fosse mais soberbo!

Dona Cacilda apareceu com a empregada. Vinha fazer a mudança para um apartamento mais condigno.

Era a primeira homenagem prestada a um amigo do Presidente.

A vida começava a sorrir para os Ataxerxes. Hóspedes e donos cercavam-nos de atenções. Esmeralda parecia indiferente. Metida sempre na igreja, rezava para que o marido fosse bem-sucedido, para que a filha não se desencaminhasse. "— Juanita parece querer fugir de minhas mãos, pensava; o pai não quer trabalhar, só confia no acaso, já esqueceu Pedra Branca. Esta cidade é cheia de tentações. Que nela não se perca a minha Juanita."

Foi descendo os degraus lentamente. Contemplava o panorama do alto da escadaria. A cidade cinzenta pontilhava-se de luzes. Do Arsenal de Marinha espalhavam-se centenas de marinheiros, como de um colégio ao fim das aulas. As ilhas semelhavam capões de mato no chapadão da baía.

Com o tempo, cresceu a roda de Ataxerxes. De toda parte apareciam-lhe amigos. Caras novas. Figuras vorazes, rápidas, de olhos ardentes. Alguns o levavam aos cassinos onde travava conhecimento com homens prósperos e ativos, pessoas amáveis propondo negócios que não entendia bem, devido ao barulho do *jazz* e ao esplendor das *girls*. Pagavam-lhe a ceia, conduziam-no de carro até a porta da pensão. Eram cavalheiros obsequiosos, corretamente vestidos, todos muito apressados. Alguns tinham ciúmes dos outros.

Meses assim viveu Ataxerxes à sombra do telegrama, esperando resposta. Tê-lo-ia passado?... A dúvida inesperada fez refluir-lhe o sangue ao rosto. Sensação aflitiva de quem esquece o próprio nome ou o ano em que vive.

Cada vez que chegava pela madrugada, lamentava o tempo perdido na província. Olhava-se ao espelho, sentia-se grisalho e ruguento. Dava depois com o vulto da mulher dormindo, achava-a ridícula nessas horas. Fora de Pedra Branca, Esmeralda como que murchava. "É esquisito: lá eu gostava dela, aqui é um estorvo." E pondo-se a fumar na cadeira, donde a apreciava, descobria no corpo imóvel da companheira as linhas rígidas de um cadáver. Sacudia a cabeça para espantar o mau presságio; mas, quando adormecia, a mesma imagem voltava, cercado agora de uma ronda de *girls* seminuas que acendiam círios. Despertava agitado, a consciência doída.

— Alda! Alda! — acordava-a, com o sol já inundando o quarto. — Estive pensando que "magnânimo" fica melhor que "bondoso", não é? "Magnânimo tem mais dignidade, qualquer coisa de romano; vai bem para um chefe. Bondoso sugere fraqueza. Vou botar "magnânimo".

— Não entendo, Xerxes...

— Estou dizendo que em vez de chamar o Presidente de "bondoso", resolvi botar...

— O quê! — exclamou Esmeralda. — O telegrama ainda não seguiu?!

Ataxerxes tem receio de dizer-lhe que não. Permanece indeciso, envergonhado. Não sabe como, foi deixando correr o tempo sem que mandasse o tal telegrama. Ou passou?!... Está na dúvida... Lembra-se de que havia entrado mais de uma vez nos Telégrafos. Ah, mas fora para um telegrama de felicitações pelo aniversário do Zito. E estava meio bêbedo. Pouco antes havia tomado a defesa dele e brigado.

Põe-se a puxar pela memória. Tudo nublado. "Gente, será que ainda não fiz seguir o tal telegrama?" Já o havia relido a vários conhecidos, disso se recorda bem. Orgulhava-se de poder mostrá-lo aos outros. Parecia que só essa demonstração de prestígio lhe bastava. Tê-lo-ia esquecido nalgum café?

Ergueu-se febril, vasculhou os bolsos do casaco. Ah, lá estava ele! O seu telegrama, o seu destino! Mentiu cinicamente à mulher:

— Este é o segundo, Esmeralda; mais completo...

Saiu à rua. Estava quase convencido agora de que não passara nenhum telegrama. Fora até melhor; terá ocasião de fazer ainda algumas modificações. Mas será mesmo necessário?, pensou. Já se sentia criatura da casa do Presidente.

Nos bares, na pensão, na polícia, quando ali fora regularizar os papéis, em toda parte — era tratado e reconhecido como pessoa "chegada ao Catete". Cicios agradáveis o lisonjeavam. Para que telegrama? Se já foi, bem; se não, talvez nem seja preciso. O Chefe da Nação já devia ter conhecimento de sua estada na capital. Qualquer dia o chamaria.

Vai caminhando embriagado pela vida borbulhante das ruas. Subitamente para diante de uma vitrina. Gravatas! Quantas gravatas, meu Deus! E não só gravatas. Muitos objetos de *toilette,* caprichados, bons de pegar. E malas. Viajar! Decide ampliar sua ambição. Ao invés de inspetor de qualquer cousa ou chefe de repartição — ministro no Estrangeiro! Era das malas que vinha este apelo.

Sua alma viaja... O vapor atracando, apitos, lenços acenando, cabecinhas louras no cais, música, uniformes... "— *Monsieur* Ataxerxes! *Mister* Ataxerxes... o novo representante do Brasil, etc., etc."

Enquanto seu espírito desembarca no país estrangeiro, os olhos se voltam para as gravatas e mergulham nelas como num mar de sargaços. Algumas pendem como serpentes do galho de metal; outras parecem armar o bote aos transeuntes; outras se estiram no chão de veludo, como raparigas em repouso, numa alcova; outras circulam como peixes. Todas coloridas, maliciosas, oferecendo-se... Trêmulo de emoção, Ataxerxes compra uma. Segura-a como a um objeto mágico. Em suas mãos a gravata perde o fascínio; quer devolvê-la à zona hipnótica da vitrina. Mas já está paga. Sai.

O dia é belo, esplende ao sol a baía; os aviões rumorejam, passam mulheres perfumadas. Delicioso mundo, para que esta guerra? Como é bom ser amigo do rei...

— Então, seu felizardo, vai ser troço, hein? — diz-lhe um sujeito interrompendo-lhe o arrebatamento, se não exaltando-o ainda mais. — Que tal? Vamos almoçar juntos? Não no Bar Azul, ali só dá fracassados...

Ataxerxes vai sendo levado pelo braço do "amigo". Não sabe bem quem seja. Alguém que deve ter influência no meio e goza da grande aventura da cidade. Almoça com o quase desconhecido. Presta-lhe mais atenção na gravata do que na conversa. O homem devora pratos, é entusiasta de cavalos e mulheres, corre várias vezes ao telefone, conversa em diferentes idiomas; fala em câmbio negro, numa certa Gisèle cujo navio foi torpedeado, e num tal. Armandinho que deve ser procurado no cassino. E termina: "— Tudo depende da naturalização do judeu."

Que judeu, que Gisèle, que Armandinho? Ataxerxes atrapalha-se. Diminuído e ridículo sob o chuveiro de perguntas e informações do desconhecido, pensa em aproveitar-se de uma das idas dele ao telefone e fugir. Como é complexa a alma de um homem de negócios! Aqueles olhos ávidos, aquele nariz de quem fareja petróleo no ar...

Acabada a refeição, indaga-lhe o desconhecido, em voz gutural, se já foi recebido pelo Presidente:

— Não, estamos de relações cortadas — responde Ataxerxes em tom apagado.

Deu-lhe essa resposta como uma vingança. Mas o desconhecido vira-lhe as costas com desprezo, nem se despede. Esperava-o à porta uma mulher tão bela, tão delicada, que Ataxerxes quase tomba de êxtase.

As lanchas largavam a amurada do mercado. As barcas da Cantareira soltavam apitos graves. Só, no cais, Ataxerxes pergunta a si mesmo se a gente da cidade era sempre assim, se as mulheres eram como aquela com quem o eventual companheiro de almoço desaparecera de automóvel.

Fica triste, com raiva dele, com dó delas. Por que lhe propõem negócios esses homens? Não; nada de coisas escusas. Séria incapaz de comprometer a honra de Zito.

A aragem cheirava a peixe e galináceos. Ataxerxes deixou-se ficar horas num bar. De lá se levantou e pôs-se a caminhar. Parou na esquina da Avenida, quase à boca da noite.

Foi quando lhe veio vindo uma sombra à cabeça. O enigma do telegrama!... Mandou ou não mandou? Todo o mundo que passa parece satisfeito, tem certeza do que fez:

Custa-lhe reconhecer um rosto que se aproxima sorrindo:

— Então, pai, não me conhece?

É a primeira vez que vê sua filha integrada na vida das ruas. Pensa com orgulho: “uma das moças que atravessam a Avenida agora é Juanita, minha filha...” Chegara a esquecer-se dela.

Juanita apresenta-lhe as colegas de curso. Uma delas se atreve a uma pergunta:

— É verdade que ela nunca aprendeu dança? — As outras silenciam, à espera da resposta. Ataxerxes informa que nunca.

— Por quê? — indaga sem alcançar a razão da pergunta.

— Oh, parabéns, respondem em coro as moças. O professor está espantado. Todas nós, aliás...

Ataxerxes, perturbado, o chapéu na mão, murmura qualquer cousa. Segura sua Juanita e despede-se.

— Adeus, Juanita!

— Adeus, Pavlova! — exclamam as moças, dispersando-se na calçada.

— Que querem dizer com isso, minha filha? — pergunta o pai. — Você metida com essa bobagem de dança! Vamos para casa.

Acompanhava-os uma prima de Zamboni que viera no grupo. Por ela Juanita descobrira o curso. Dirigiam-se os três para a Estrela do Norte, quando notaram a atenção dos transeuntes voltada para os lados da Praça Mauá. Um incêndio. Juanita arrebata a companheira e parte para aquelas bandas. Queria vê-lo de perto.

Ataxerxes voltou sozinho.

— Como é que a filha se mete num curso de dança sem autorização da gente? — pergunta à mulher. — Você vai ver que ela acaba se corrompendo. Há quanto tempo isto, Esmeralda?

— Sei lá, Xerxes, quem pode ter mão nela? A menina parece que anda com o capeta no corpo. Sei de nada... Nem dela, nem de você. Estou só... cada vez mais só... — E a última frase se desmanchou num soluço.

Ataxerxes, o semblante constrangido, aproxima-se da companheira, põe-lhe o braço nos ombros, acalmando-a.

— É por bem de Juanita, você bem sabe.

— É a primeira vez que você se interessa por ela, desde que chegou...

— Escuta, meu amor — disse beijando-a.

— ... é a primeira carícia que me faz depois de tanto tempo!... — pronunciou a mulher, numa queixa que era também uma reclamação.

Abraçaram-se e desceram tarde para a sala, sem a companhia de Juanita.

A rivalidade entre os irmãos Zamboni, ou melhor, entre as respectivas esposas, recrudesceu. Dona Cacilda, ao receber uma bela fotografia da casa da cunhada, compreendera logo a provocação. Por sua vez, ela e o marido arranjaram meios de levar ao conhecimento de seus inimigos de Copacabana que tinham como hóspede alguém chegadíssimo ao Presidente da República, o que representava um trunfo nas mãos; e que, por via desse hóspede, já negociavam um empréstimo na Caixa Econômica. Iam também construir o seu arranha-céu. Era preciso cultivar os Ataxerxes, mesmo estando eles com atraso de muitos meses na pensão.

Miguel, empurrado pela mulher, diversas vezes subira com a conta até o quarto de Ataxerxes; mal chegava, porém, à porta, respirava com dificuldade, perdia a coragem. Sempre que o italiano indiretamente aludia ao assunto, a insinuar que a vida estava difícil, tudo caro, Ataxerxes tocava no nome de Zito. E Zamboni empalidecia. Não era pequena honra ter como hóspede um dos amigos mais íntimos do primeiro magistrado do país. O próprio hóspede havia muito sentia os efeitos disso.

O Catete se conservava silencioso. Com certeza, lá se estava conjeturando o que seria reservado a Ataxerxes. Daí a demora. Zito não falharia.

Ataxerxes via-o passar às vezes em grande velocidade, precedido de batedores de motocicleta. Vinham-lhe neste momento ímpetos de atirar-se à frente e gritar:

— Sou eu, Zito, o teu amigo Ataxerxes. Quase na miséria, como vês...

Mas a imponência e a rapidez do espetáculo deixavam-no perturbado.

Contentava-se, então, em bater palmas de longe. Às vezes, o único a fazê-lo...

Estas demonstrações de aparato iam pouco a pouco transferindo para um domínio de maior prestígio a imagem outrora familiar de Zito. Ataxerxes sentia-se esmagado ante as exteriorizações de esplendor e majestade que marcavam a passagem de seu antigo colega. Como ele subira alto! Um deus quase invisível. Não mais continuaria a chamá-la pelo apelido. Quem sabe não o teria ofendido com o tom demasiado íntimo do telegrama!... "Telegrama... telegrama... teria seguido mesmo?"

O temor religioso de seus antepassados acordava na alma tímida de Ataxerxes. Zito era quase divino...

Num esforço de memória — e não mais aos outros, para armar ao efeito, como aquela vez na sala da pensão, mas a si mesmo —, procurava evocar o que na infância do Presidente prenunciasse o homem do destino. Só lhe chegavam, porém, fragmentos inexpressivos ou prosaicos: os arrotos de Zito, aquela mania de enfiar o dedo no nariz...

Oh, não! O cidadão Ataxerxes, necessitado e entusiasta, pedia uma coisa ao passado e o antigo colega de Zito, irreverente, fornecia-lhe outra.

Os amigos improvisados foram desaparecendo. "Uma galinha morta, já diziam dele."

Ataxerxes admirava essa raça de homens brilhantes e cruéis. Mesmo na pensão, sua importância caiu. Zamboni, porém, incitava-o a agir, a procurar o Presidente. Não tanto agora pelo empréstimo em perspectiva, mas para saldar a dívida.

Mais três meses de espera, e nenhuma resposta do Palácio. Todas as manhãs, a leitura ansiosa dos atos ministeriais, seguida de uma decepção. Ataxerxes era já a decepção em pessoa. Dezenas, centenas de nomes contemplados com cargos da mais variada natureza. Ele, nada!

Começava a impacientar-se. Dona Cacilda já lhe fechava a cara. Esmeralda acompanhava o sofrimento do marido sem nada dizer. Mas se sentia menos vexada depois que passou a usar óculos pretos. Juanita subia e descia as escadas dançando, alheia àquele drama.

Um dia, Esmeralda falou timidamente ao marido:

— Xerxes, não é melhor desistirmos?.. Quem liga para nós nesta cidade? É só esse calor, essa barulheira... E fila para tudo.

— Zito há de recordar-se de seu antigo colega — respondeu. — A questão é ser visto por ele...

— Está alto demais para enxergar você.

— Não desisto, Esmeralda.

— É uma aventura, Xerxes. Não fique zangado com o que vou dizer, mas você sempre foi assim, meu marido. Vive contando com o acaso. No começo, foi com os diamantes; por causa de um que encontrou por acaso, o nosso quintal ficou lá todo revolvido; depois, você se meteu com o zebu, lembra-se? e foi aquele desastre; depois com o cristal; agora, é com o Presidente. Que é da resposta ao telegrama, Xerxes?!...

O marido não respondeu. Esmeralda continuava a queixa:

— O nosso sítio está hipotecado; nem sabemos como anda aquilo lá. Por que não voltarmos? A terra é sempre mais fiel...

Volvia de novo ao espírito de Ataxerxes a questão do telegrama. Um mistério, aquilo! Ultimamente, durante a noite, convencia-se de que o havia mandado; ao amanhecer, acordava com a dúvida horrível. Em seu espírito tudo passava facilmente do real para o imaginário, do sonho para a realidade. Às vezes não tinha bem certeza de que estava casado e, casado, se era Esmeralda sua mulher. E Juanita? Quantas vezes, ao vê-la, experimentava um choque. Seria mesmo sua filha, ou alguma desconhecida a chamar-lhe pai, pai! Com relação ao telegrama, lembra-se de ter entregado o papel ao guichê e tomado o recibo à taxadora; não estava seguro, porém, se isso se dera em seu pensamento ou na agência da Avenida Rio Branco. Enviar de novo o mesmo telegrama, seria despropósito, se não grosseria; fazer outro diferente, com alusão ao primeiro de existência duvidosa, sem o principal que era a história em resumo da infância de ambos no colégio, ficaria incompleto e daria impressão de coisa de maníaco. Além do mais, só tinha confiança no texto primitivo, o único eficaz. Tão eficaz que, ao reler-lhe a cópia, se sentia na pele do Presidente. Figurava então a cena: o Presidente, depois de abraçá-lo comovido, começava a recordar a infância em comum; em seguida, mandava chamar o ajudante de ordens com uma lista enorme e dizia ao amigo: "— Agora escolha, Ataxerxes... Mas que prazer em revê-lo! Há quanto tempo, hein?..." — E ao despedir-se: "— Olhe, estou cá em cima, mas não esqueço as antigas amizades. São as que valem... Apareça de vez em quando para um cafezinho..." — Ele então saía e o pessoal do Palácio ficava olhando, estarrecido...

Essas conjeturas embriagavam Ataxerxes. Decidiu dirigir-se pessoalmente ao Palácio. Não o fizera antes porque contava ser chamado. Muitas vezes, de bonde, passava em frente e olhava, olhava... Lá estava a sede majestosa do governo; era dali que Zito comandava o país.

Entrou dando bom dia aos soldados da guarda. Anunciou-se ao porteiro e se sentou, sério, a esperar. Observou a princípio os móveis, os quadros, os símbolos e sinais do poder. Seu pulso batia além do normal. Depois, passou a observar as pessoas que entravam e saíam. Eram os homens públicos. Essa expressão "homem público" metia-lhe medo. Vinham ouvir o Presidente, receber-lhe as ordens. Conversa grave nas portas, movimento de papéis, de contínuos — tudo com luxo e respeito, mas um tanto triste. Qualquer causa de câmara-ardente.

Ataxerxes fumava, fumava... Tinha a impressão de que Zito estava dirigindo o país direitinho.

Começava a anoitecer. Sob os lustres de cristal acesos, circulavam as altas patentes militares. Quanto poder!... Ataxerxes sentiu-se possuído de certo temor. E se entendessem de tomá-lo por um espião? Entre ele e o Presidente havia apenas uma ou duas salas apenas. Se gritasse pelo amigo, estava certo de que Zito acudiria do outro lado. Um dos contínuos parecia querer fulminá-lo com o olhar. Ataxerxes baixou a cabeça e achou prudente recolher o toco de cigarro que havia deixado cair distraidamente no chão lustroso. Desagradavam-lhe as pontas de baioneta na porta... Sentiu um frio na barriga.

Um ajudante-de-ordens veio dizer-lhe que voltasse no outro dia.

— Trata-se — respondeu gaguejando — de um telegrama que enviei há tempo ao sr. Presidente.

— Seu nome? — perguntou o ajudante de ordens.

— Queira ter a bondade de dizer a S. Ex.ª que se trata de João Ataxerxes, seu antigo colega de infância... O Xerxes... V. S.ª poderá dizer-lhe que é o Xerxes.

— Então o senhor fará a gentileza de deixar o endereço e aguardar a resposta em casa.

Ataxerxes voltou para casa tarde e faminto. Pôs-se a comer. Não quis conversa com a mulher. Mas Esmeralda precisava contar-lhe o que ouvira de Isabela, a prima de Zamboni, a respeito de Juanita:

— A nossa filha parece louca, Xerxes. Sabe o que ela fez ontem? Uma cena horrorosa na praia. Começou a dançar sozinha diante do mar, em tempo de ser engolida pelas ondas. Tirou o sapato, a blusa, soltou os cabelos. Juntou gente; Isabela disse que todo o bairro assistiu. Um escândalo. A polícia teve que intervir. Ela parecia maluca. Os estudantes não queriam deixar que fosse presa. Soltava-se das mãos dos guardas e continuava a dançar. Ah, Xerxes, que será de nossa Juanita!...

Ataxerxes suspendeu o garfo, espantado. As impressões da longa espera no palácio dissiparam-se-lhe da memória para darem lugar à imagem da filha diante das ondas. "Bem que ela me disse, pensou, que um dia seria capaz de dançar o mar."

Mandaram chamar Isabela. A companheira de Juanita ainda acrescentou alguns detalhes com sua voz quente:

— Uma vez ela quis dançar também num incêndio!... aquele da Praça Mauá, o senhor se lembra, sr. Ataxerxes? Ah, hoje no curso ela estava uma maravilha!

— Chame essa menina!

— Não, deixa-a quieta dormindo — respondeu Esmeralda.

Pai e mãe cada vez mais desconheciam a filha. Em Ataxerxes, essa perplexidade se misturava à admiração. Ameaçaram tirá-la do curso. Ela respondeu que continuaria lá de qualquer maneira; seria desgraçada se não dançasse. Quando viu que a mãe fitava complacente, alegrou-se:

— É tão bom, mamãe, a gente esquece tudo, realiza tudo que sonha. A dança é...

Não podendo exprimir o pensamento com palavras, começou a formulá-lo com os movimentos do corpo. Esmeralda correu e fechou a porta para que os hóspedes não vissem.

Que iriam pensar de sua filha?

Iam correndo os meses sem a resposta prometida do Catete. Consequência do racionamento de guerra na comida da pensão, andavam pálidos os hóspedes, ora a tossir, ora desarranjados dos intestinos.

Esmeralda fora a maior vítima. A humilhação e os vexames de credora* agravaram-lhe o estado de saúde. Costurava para a filha de Zamboni, ajudava d. Cacilda. Ataxerxes, conquanto sem o entusiasmo dos primeiros tempos, não desanimava. Acabara de ser promovido, mediante recomendação sua, um funcionário público, o de cabeleira e coriza que mora no fundo do corredor. Se o Presidente tomara em consideração um pedido seu para outrem, o que não faria para ele, Ataxerxes?

— Ah, Esmeralda, te garanto que fui nomeado com outro nome. Tenho quase certeza de que aquele sujeito se serviu de meu telegrama.

— Que sujeito? — perguntou a mulher.

— O tal que o apanhou. Não te lembras daquela vez que o papel foi levado pela roda do caminhão?

— Isso não é possível, Xerxes; há quanto tempo! — respondeu a mulher cobrindo-se toda à sensação de um arrepio de febre.

A notícia de que o funcionário fora promovido a pedido de Ataxerxes levantou subitamente o prestígio deste na pensão. Zamboni não só impedia que sua mulher falasse em pagamento, como adiantava clandestinamente certas quantias ao hóspede. Apenas se queixava de que ele não sabia tirar partido de uma situação privilegiada. Dos lados de Copacabana não cessava a ofensiva da mulher de Pietro, o que tornava Miguel ainda mais impaciente.

Certa vez, Zamboni e Ataxerxes entreolharam-se com emoção ao verem chegar um telegrama. Ataxerxes segurou-o como se fosse abrir uma fruta saborosa. Era um despacho de Pedra Branca.

---

*"Vexames de credora", na verdade, corresponde a "vexames de devedora". Conservou-se o texto, sem alteração, tendo em vista as normas da ecdótica e considerando as conotações muito mais ricas de "credora". (Nota de M. Cavalcanti Proença.)

Anunciava que as vacas estavam morrendo de peste e a lavoura prejudicada pela inundação. Vinha assinado pelo encarregado do sítio. Ataxerxes escondeu a notícia à sua companheira.

— É do Palácio? — perguntou Zamboni, vivamente.

— Não — respondeu Ataxerxes, lacônico e dilacerado.

Suas visitas sucessivas ao Palácio tornaram-no ali figura conhecida entre os funcionários subalternos. Era o *esfria.* Esperava horas. De vez em quando, aproximava-se de algum contínuo para dizer o quanto era íntimo do Presidente; falava sobre a guerra, mostrava o retrato de Juanita; e voltava a sentar-se com dignidade. Levantava-se de novo para repetir que ele e o Chefe da Nação tinham sido colegas de infância; que até o tratava por Zito.

— Não acredita? levem-me à presença de S. Ex.ª para provar que não minto — respondeu, ferido na sua dignidade.

O porteiro e os contínuos estavam habituados a essas histórias de pedintes. Um deles sorri com sarcasmo, Ataxerxes se ofende, vai saindo um general. Há o calor, vem a vontade de fumar, há um amigo ali pertinho, atrás da parede, e há uma opressão indefinida no ambiente de rostos duros. Ataxerxes perde a cabeça e xinga. Os homens retiram-no dali, fazendo uso de uma técnica ao mesmo tempo discreta e implacável. Nem foi preciso que os soldados se mexessem.

Posto na rua, exclama:

— Vocês vão ver depois! É porque *ele* não ouviu a minha voz!... Um dia hão de saber quem sou eu! Afinal, isso aqui é ou não é uma democracia?... Canalhas! saibam que o Presidente é meu amigo...

Vagou pela calçada: "— Canalhas! Canalhas!" E foi beber numa taverna, onde se acalmou.

Esperava-o na pensão um indivíduo vagamente conhecido que lhe viera pedir pistolão para o Loide Brasileiro. Atordoado, Ataxerxes desculpa-se alegando já haver feito vários pedidos.

Oportunamente o atenderia. Sentiu que seu prestígio, anulado na sala do Palácio, reaparecia maior, quando longe. Espantou-se de haver tratado o pobre candidato ao Loide com o mesmo ar importante com que fora atendido pelo ajudante de ordens.

Daí por diante, a pessoa do Presidente passou a ser algo de inacessível. A todo momento ouvia-lhe o nome gritado nos rádios; por toda a parte, o retrato dele. Vira-lhe uma vez a imagem luminosa pairando no céu, numa noite de fogos de artifício. Olhava para o alto e se perguntava:

— Será ele mesmo, o meu amigo, o meu antigo colega?...

Zito! Um astro que brilha longe...

Só por telepatia poderia comunicar-se com ele, dizer-lhe: "— Há mais de um ano estou aqui perto, acompanhando a tua glória, Presidente. Querendo, precisando falar-te... Mas esses miseráveis não deixam avistar-me contigo, que é que posso fazer?..."

Juanita trabalhava numa loja elegante e seguia o seu curso de dança à noite. A beleza de seu tipo, a vivacidade de seu espírito facilitavam-lhe tudo. Mas ficou compreendendo o preço que pediam por essas facilidades. Crescia-lhe o nojo da maior parte dos homens, contra os quais se protegia. Entretanto, em certos momentos, tinha vontade de abraçar a todos.

O estado de sua mãe agravara-se. A esta poupou Ataxerxes o desgosto de comunicar que Pedra Branca, tendo ido à praça, fora arrematada em leilão por um desconhecido. A mulher parecia ter pressentimento do acontecido, tão depressa se acabava. Para Ataxerxes, importava-lhe menos perder as suas terras do que abrir caminho até o Presidente.

Inesperado fora o choque de Juanita ao saber do fato. Atrapalhou-se toda na loja.

— Onde está hoje sua cabeça, Juanita?

— Leia aí os preços — dizia-lhe uma caixeirinha.

— O que a freguesa está pedindo não é isto, menina — advertiu-lhe outra.

Impossível à moça prestar atenção ao trabalho. Mais impossível ainda saberem as outras que o cheiro, a ondulação do milharal e das bananeiras, o rumorejo do moinho, as colinas, as reses — tudo que recordava Pedra Branca lhe estava invadindo naquele momento o coração, como se o sítio perdido viesse despedir-se dela. Alegou indisposição de saúde, e retirou-se mais cedo.

Intimamente, ia o seu corpo reproduzindo os movimentos da paisagem da infância. Andava pelas ruas como se estivesse percorrendo os vales da meninice. Aproximava-se de casa, quando lhe saiu ao encontro o seu pai.

— Vai ver tua mãe depressa, Juanita.

Disse e caiu no pranto. Juanita entrou, pálida. Parou ante o corpo de sua mãe que esfriava lentamente nas extremidades. Ataxerxes se aproxima também do leito. Ajoelha-se. Esmeralda reconhece-o, passa-lhe a mão pela cabeça e murmura: — Pobre Xerxes, *ele* nem sabe que você existe... que nós existimos... E foi perdendo o fôlego.

Juanita nunca vira ninguém morrer e pensava que sua mãe fosse eterna: Tomou-se de um acesso nervoso:

— Não! com ela, não! Deixa mamãe!... deixa!

E alongava os braços no gesto de quem empurra alguma sombra invisível.

Entravam neste momento Zamboni, a filha e o hóspede que fora promovido. Esmeralda apenas os reconheceu. Insistia que estava tomando um ventinho fresco de montanha: "— Subam também... Cá em cima é agradável..." Olhava para eles longamente. Começou depois a indagar-lhes onde era a fila de morrer: "— É aquela, é?... Como está comprida, meu Deus!... Ah! lá vem o carro. Juanita, olha o milho para os patos... Chô... Choo..."

Quase toda a pensão lhe acompanhou o enterro no dia seguinte. O funcionário promovido perguntou se o Chefe da Nação se fizera representar.

Foi-se assim a fazenda, e foi-se a mulher de Ataxerxes.

Juanita teve que adiar a sua festa de estreia. O professor achava prematura qualquer exibição pública. A moça parecia-lhe ainda demasiado instintiva. Mas a vontade de dançar se exasperara nela depois da morte da mãe. Esmeralda e o sítio não lhe saíam do pensamento. O russo procurava conter a discípula rebelde. Mal disfarçava o seu zelo por ela. Chegava a querer policiar-lhe a vida, aconselhava-a a que não se deixasse, levar por nenhum dos apaixonados, como acontecera a tantas outras, mais amantes do que dançarinas. Era a maravilha que viria dar cartaz ao seu curso. Juanita, por sua vez, temia que a amizade desinteressada dos homens se queimasse logo no desejo de possuí-la. Fez-se quase irmã e mãe de um jovem que se quis matar por ela. Às vezes, seus olhos pisados e certo langor na voz e nos movimentos denunciavam-lhe os desejos profundos. Ela desviava essa corrente, fazia-a explodir na dança. Ia assim adiando o encontro com o parceiro inevitável.

Uma inglesa rica do Leblon, mãe de uma colega, oferecera-se a protegê-la; queria-lhe a companhia para alegrar sua viuvez. Beijava-a de uma maneira esquisita, dizia que ela se parecia com as figuras de Burne-Jones, Juanita não sabia quem era Burne-Jones.

Ataxerxes falou a Zamboni:

— Miguel, você tem sido meu amigo, me emprestado dinheiro, não devo pesar-lhe mais. Vou mudar-me para algum aposento barato. Há de chegar o dia em que hei de falar ao Presidente, tenho certeza; nossa vida vai melhorar; subiremos juntos.

Explicou-lhe que a dificuldade era atravessar a trincheira de guardas, contínuos e secretários que segregam o Presidente.

— Estou certo de que ele também quer me falar, mas não consegue. O meu pobre amigo! Prisioneiro dos outros!... Também é natural que assim seja, Miguel... Quem pode dirigir este país senão ele? Olhe o telegrama que lhe mandei — disse, mostrando-lhe um papel.

Ataxerxes ia declamando para o amigo as passagens que lhe pareciam mais expressivas.

— Belo! Belíssimo! — exclamava Zamboni. — Que telegrama, santo Dio!

E vinha a tal dúvida... Ataxerxes entristecia, caía no mutismo. Zamboni, pensando que fosse saudade de Esmeralda, dor de viúvo, retirava-se.

Misto de bondade e velhacaria, Miguel Zamboni, que se comovia facilmente, sentiu que essas demonstrações de confiança ligavam definitivamente o seu destino ao de Ataxerxes. Permitiu, entretanto, devido à pressão de d. Cacilda, que o hóspede se mudasse para um quartinho miserável em Catumbi. Não se conformava, porém, em que um amigo íntimo do Presidente ficasse abandonado numa pocilga. Ia vê-lo frequentes vezes, acompanhado de Isabela, admiradora de Juanita. Levava-lhe queijo, cigarros e macarrão às escondidas da mulher; acabou abrindo-lhe pequeno crédito no armazém mais próximo.

Ao cair da tarde, Ataxerxes passava meio bêbedo. Com o tempo, os moradores da rua vieram a saber que aquele bêbedo era pessoa da estima do Presidente. Se andava desleixado, quase maltrapilho, era porque fizera voto de humildade. Tratava-se de um excêntrico.

Seu aposento se enchia de candidatos a empregos. Verdadeiras audiências. Até doentes vinham solicitar-lhe internamento nos hospitais; outros, pedir explicações sobre os impostos.

Dava cartas de recomendação ao prefeito, ao chefe de polícia, a diversos diretores de serviços públicos. Alguns desses pedidos surtiam efeito.

O governo continuava a atender a seus pedidos! Mistério!...

— Está vendo! — exclamava Zamboni — está vendo!

Acompanhado de Zamboni, ia rondar as imediações do Catete. Colocava-se em pontos discretos, receoso de que o tomassem por malfeitor. E lá ficava namorando o Palácio.

Pela porta lateral entravam os automóveis reluzentes. Os estadistas desciam com grandes ares. Ataxerxes, assistia a tudo. "Ah, se ele chega o rosto à vidraça um tiquinho!..."

Lá dentro, tudo respirava a mesma calma e dignidade. O que atrapalhava eram as caras antipáticas dos guardas. Ataxerxes, amargurado, voltava para Catumbi.

Fazia-lhe bem o simples fato de namorar o Palácio.

Por três ocasiões passara ante seus olhos a figura do Presidente; mas cada vez mais longe, e em maior velocidade. Sempre como um deus inatingível, uma estrela longínqua...

Certa vez, na inauguração de um edifício público em festa, sentiu no meio da multidão que o olhar do amigo pousava no seu rosto, como que o reconhecendo. Não se conteve e gritou:

— Ziiito!... — E foi logo abotoado por dois brutamontes que o empurraram para dentro de um carro forte, ao som do Hino Nacional.

Não lhe ficou mágoa disto; persuadiu-se de que o Presidente estava mesmo proibido de falar aos amigos do peito, condenado a dirigir a República. O único sujeito capaz de salvar a nação.

Arranjaria um meio de encontrar-se com ele às escondidas, fora da vigilância do Estado. Tentou vários telefonemas. Inútil. Chegou a admitir a inexistência de Zito...

Já não pretendia mais nenhum lugar, contentava-se apenas em receber um abraço dele.

— Acho que na residência dá mais jeito, Zamboni. Se ele me vir, é capaz de receber-me até de pijama.

Esperaram a noite e tocaram para lá. Encostaram-se ao muro. Xerxes trepou nos ombros do italiano.

— Cuidado. Suba por aqui!

— Não! Me levanta um pouco mais... Aquelas árvores me atrapalham. Agora! Estou vendo tudo! Ali deve ser o escritório... Que beleza este parque... Entrou uma menina; deve ser Clotilde, a filha.

— E o homem?

— Espera! espera! Não faça barulho... Psiu! Ai que ele vem entrando!... Meu Deus, estou pertinho dele! Como emagreceu! Sentou-se. Acho que está triste... acendeu um charuto!...

— Você está distinguindo bem? — sussurra Zamboni. — Eu também estou com vontade de espiar.

— Você não, Zamboni, que pode atrapalhar. Até os seus olhos azuis estou vendo!... Mas como ficou calvo!... De tanto se preocupar com a Pátria, não é, Zamboni?

— Ah, sim... com certeza!

— Acho que vou dar um assobio.

— Não faça isso, você está louco?

— Coitado, agora está descansando... trabalha tanto!... Estou quase ouvindo a respiração dele.

— Cuidado! não fale alto. É melhor descer...

— Não; é só transmissão de pensamento... Zito! Zito!... — chamou de novo num cicio. — Tão simples que ele é... Meu amigo!... — Olhou para as alamedas: — Que silêncio no parque! Zito! Zito! Adivinha só quem está aqui!...

Houve um tiro seco. Ataxerxes rolou. Zamboni correu. A noite prosseguiu calma.

Auxiliada pela viúva inglesa e alguns rapazes de suas relações, conseguira Juanita, no dia seguinte, descobrir o cadáver do pai. A polícia tomou-lhe o depoimento e do Zamboni. Fora logo afastada a hipótese de que se tratava de um malfeitor.

— O Presidente veio a saber? — perguntou Zamboni à autoridade, na presença de Juanita.

— Não — respondeu o agente. — Para que incomodar S. Ex.ª? A guarda avistou um desconhecido a saltar o muro e cumpriu o seu dever. Lastimo o ocorrido, senhorita — terminou, fazendo uma vênia à filha de Ataxerxes.

Devolveram à moça os objetos e papéis do morto, e ela partiu nos braços de Zamboni.

Fechada em casa, Juanita abriu o pequeno embrulho. Na carteira de identidade, o retrato de Ataxerxes apresentava aqueles mesmos olhos grandes e mansos, a cabeleira atirada para trás, o rosto glabro e mole, dois leques de rugas se abrindo da extremidade das pálpebras. A cara simpática dos velhos atores. Correu a fechar a porta a chave. Começou a examinar os papéis: cautelas de casas de penhor, recibos de tintureiro, listas de jogo de bicho, uma fotografia do Presidente, uma carta de Pedra Branca, um retratinho de Esmeralda. Bilhetes corridos de loteria espalharam-se pelo chão. Havia também um charuto inacabado.

Abriu duas folhas manchadas de gordura e suor: o telegrama. Leu-o, releu-o demoradamente. Suas narinas palpitavam. A inglesa e a filha vieram chamá-la para o almoço. Não se tocou no fato. Mas a viúva beijava-lhe a testa de vez em quando, reverenciando-lhe a dor.

Juanita aparentava uma doçura triste e grave. Voltou ao quarto onde passou horas, os olhos negros cravados no azul do mar.

Não se separava do telegrama, onde quer que andasse. Relia-o sempre. No emaranhado de palavras riscadas, linhas assimétricas, rabiscos ora fortes, ora esmaecentes, desenhava-se o rosto de Ataxerxes sorrindo tristemente para ela

Naquele papel sujo, ia decifrando o mistério da vida de seu pai — o drama de Ataxerxes; simultaneamente, aparecia-lhe a imagem de Esmeralda morrendo.

Saiu a vagar pelas ruas. Via tudo diferente. Em cada rosto, não mais uma promessa de alegria, só a confissão de uma esperança perdida. Como se enganara! Vontade de acudir aos outros, de fazer-lhes algum bem.

Emudecera durante meses. Achavam-na cada vez mais estranha. A inglesa e sua filha receavam por ela. Aquele mar perigoso em frente, aquele terraço tão alto...

— Por que não choras, Juanita? — sugeriu a viúva. — É preciso desabafar, *darling*.

Chorar, ela não chorava. Assim permaneceu longo tempo, como se caminhasse para alguma catástrofe irremediável.

Afinal, seguiu ou não seguiu o telegrama? inquiria. E que lhe adiantava saber? O homem não se cansa de dirigir mensagens a um deus que não responde. Há distâncias infinitas; há o silêncio, o egoísmo; há paredes, leis e carabinas embaladas de permeio.

Quem nunca teve no bolso ou no pensamento um telegrama com o pedido impossível?...

À mesa de cabeceira de seu quarto, Juanita colocara os retratos de Zamboni e da viúva inglesa, ao lado do de Esmeralda e Ataxerxes.

Ataxerxes sempre com aquela cara doce, meio aparvalhada de quem ainda espera resposta...

Acontecimento em Vila Feliz

a rachel de queiroz

Ao invés de se abrigarem logo contra o vento de leste, que podia resfriá-las, as velhas se deixaram ficar pelas esquinas, à espera de Heleninha.

— Parece que agora é ela!

— Ela, sim!

Heleninha vinha vindo, toda orgulhosa de seu ventre que já se arredondava.

As velhas avançaram, alvoroçadas.

— Bom-dia, minha filha. N. S.ª do Parto lhe dê uma boa hora.

Até que enfim a mais bela flor da Vila ia ter a sua criança.

Grande vinha sendo nos últimos anos a safra de recém-nascidos em Vila Feliz. Só faltava a contribuição de Helena.

Eis que o primeiro filho dela se anuncia agora, depois de longa espera em que a maledicência do povo chegara a insinuar desentendimentos possíveis do casal, se não dúvidas sobre a integridade física de um dos cônjuges.

As amigas de Helena, cada qual arrastando pela mão três ou quatro crianças, sempre que a avistavam, interpelavam logo:

— Então! O seu quando virá?

E era como uma punhalada... Como se alguém lhe dissesse: "Aqui estão as crianças que concebemos; olha como são robustas;

tu não tens nenhuma, nem nunca terás; nós somos fecundas; tu, estéril; que adianta parecer tão forte o teu marido, que adianta seres a mais bela da cidade?"

E Helena voltava para casa, ia chorar no fundo do pomar.

As velhas se aproximam, tomam-lhe as mãos.

— Chega mais perto, filhinha, quero beijar teu rosto — dizia uma.

— Deixa-me tocar teus ombros...

— Que frescura de corpo. Há de ser um príncipe o teu filho.

E Helena corava toda, pedia desculpas e, mais perturbada que agradecida, se desembaraçava delas.

Mas Vila Feliz tinha mágoa de Helena. Habituara-se a vê-la passar com aquele jeito de quem se reservava para alguém. E a moça, sem que se decidisse por qualquer rapaz, alimentava em cada um a esperança de possuí-la. E mais fascinante se tornava na maneira de esquivar-se aos pretendentes. Sua pureza tinha algo de diabólico.

Por que fora ligar seu destino a um estranho, quando, na cidade mesma, seus apaixonados se contavam às dezenas? Dois se atiraram da ponte; um bebeu por ela sete anos; e ainda bebe; outro pensou em matá-la. E cada qual se prendia a Helena por um encanto diferente.

Quando, certa noite, a ouviram cantar no fundo do vale, perto da Fonte Seca, todos se perguntavam como é que Vila Feliz pudera dar aquilo? E se encantavam por ela, e por ela se desgraçavam. José Diogo, por exemplo, virou um trapo.

Era natural que Vila Feliz receasse a união de Helena com algum estranho. Entretanto, apenas surgira ali o agrônomo Mário Silvano, todo mundo pressentia: "É bem possível que os dois se casem... é quase certo!"

Mário e Helena ainda nem se haviam avistado, e as velhas, meio bruxas, meio sibilas, já proclamavam com segurança:

"— Quem não está vendo que o príncipe dela chegou?"

O "príncipe" tinha sido designado pelo governo para dirigir o Aprendizado Agrícola, a cinco léguas da Vila. O casamento, meses depois, tivera assim o caráter de uma fatalidade. E que maneira de casar! Sem festa, quase sem testemunhas — um desacato às tradições da terra.

Mário passou a ser o usurpador que viera de fora. E Helena... oh! não lhe perdoavam ter feito o que fez.

Dois anos haviam passado, e como não nascia filho deles, dizia-se que a própria natureza se recusara a sancionar aquela união.

As mulheres da Vila passavam então debaixo da janela de Helena exibindo acintosamente as últimas amostras de crianças. "Bem-feito! pareciam dizer: os moços de Vila Feliz estão vingados. Que adianta pertenceres a esse homem que te arrancou de nós e finge desprezar-nos, se não és capaz de ter um bebê para alegrar tua casa! Que adianta seres a mais bela? Por que não te casaste, como nós, com qualquer homem da Vila? Bem-feito, aventureira! Criança não terás..."

Mas eis que Helena se apresenta grávida, e não se comenta outra coisa no lugarejo. José Diogo, depois disso, parecia mais alto e mais magro, ruminando o seu desespero. Não o havia abandonado o sonho de Helena vir a pertencer-lhe um dia. Odiava o agrônomo. E tanto mais quanto não encontrava nele o que pudesse justificar o seu rancor. Horas e horas permanecia triste no meio da praça, junto ao busto de um benfeitor da localidade de quem se sussurrava ser ele descendente espúrio. O corpo comprido, arrematado pela cabeleira frondosa, dava-lhe o ar de um coqueiro, e, como tal, plantava-se diante da vidraça da casa de Helena.

"— Paciência, meu filho", dizia-lhe sempre a cartomante a quem consultava aos sábados. "Eu vi um túmulo se fechar e, em seguida, correndo para o teu lado, uma mulher de blusa aberta. É ela! A bola de cristal não mente. A mulher de Mário há de ser tua um dia..."

Comentava-se baixinho e com certo respeito a paixão infeliz de José Diogo, paixão que exalava cheiro de morte. Os amigos procuravam distraí-lo e evitavam que ele parasse muito tempo na ponte.

— José Diogo, você acredita em disco voador?

E José Diogo se afundava num mutismo sinistro. O nascimento de um filho de Helena com um tipo estranho ao lugar era-lhe mais importante do que qualquer fato extraordinário do Universo. O filho ia consolidar a união do casal. A desgraça de José Diogo ia ser agora completa, as cartomantes mentem.

Ouviu-se nesse momento a voz de Marta chamando o marido:

— Que é que tens com esse rio que ficas aí o dia inteiro olhando para a correnteza? Tu tens que te arranjar é comigo mesma, Raimundo!... Já ando cismada com esse namoro com as águas....

Disse e sorriu com hipocrisia para Olívia. Mas esta lhe entera as unhas no braço redondo:

— Olha quem vem aí, Marta!

As duas professorinhas apressam o passo, tomadas de pânico.

— É um crime deixarem um homem desses vagando pela rua.

Vão quase correndo pela ladeira.

— Parece que sinto as mãos dele me estrangulando, Olívia!

Era Chico Treva que vinha vindo. Alto, vermelho, sujo. Já tinha cumprido pena pela terceira ou quarta vez, e como vivia no mato e só aparecia no meio dos temporais, fulgurando entre relâmpagos, era tido como um feiticeiro ou duende da Vila. A polícia ia buscá-lo quase sempre na floresta. No interrogatório aceitava tudo o que lhe atribuíam. Se entrava na igreja, as beatas se afastavam.

Chico Treva permanecia isolado, sinistramente majestoso, na clareira que o seu vulto abria entre os fiéis, protegido pelo seu próprio mau cheiro, os olhos azuis fixando as imagens.

Não havia desastre, inundação ou morte em Vila Feliz sem que sua figura não acudisse logo ao pensamento de todos. Quando o caminhão apanhou a sobrinha do negociante, fora visto no meio da poeira, a recolher as vísceras da moça. Por causa dele, as famílias fechavam bem as portas, as crianças na cama se cobriam até a cabeça.

Chico Treva é o gênio do mal da redondeza. Que Paquita o receba às vezes e o ponha a trabalhar na horta, ninguém compreende. Também, na Vila, quem queria relações com essa espanhola? Que ela faça boa parceria com o monstro. Desde que por ela se matou o fazendeiro, vive isolada na chácara, à beira-rio, guardada por cães ferozes. Como fora essa mulher, sobra da revolução de Espanha, dar em Vila Feliz, ninguém explica. Que dançara nua na praia para enfeitiçar o amante, todos sabiam, pois havia luar, e dois camponeses, de longe, contemplaram, estarrecidos, o prodígio. As recém-casadas da Vila rezavam para que os santos lhes resguardassem os maridos da tentação de Paquita.

As duas professorinhas respiraram desafogadas depois que Chico Treva, com o saco às costas, desapareceu no fim da ladeira.

— Ele tem mesmo cara de quem está fora da lei, não tem, Marta? Convém prevenir Heleninha. Um susto pode ser fatal.

— Ah! tanto melhor — disse Marta dando de ombros.

Trocaram olhares maliciosos. Ambas tinham despeito de Heleninha. Olívia, porém, quis dissimular.

— Que malvadeza, Marta. Deixa a pobrezinha ter a sua criança...

— No fundo, você também não deseja outra coisa, Olívia: que ela não tenha nunca um filho. Ao menos, assim, levaríamos essa vantagem. Todo mundo vive a elogiá-la. Parece que só existe Helena nesta Vila. Não lhe bastou ter agarrado o único homem interessante que apareceu por aqui?

— Mas ela é tão boa, Marta. Não tem culpa, coitada.

— O que é pior ainda. Odeio aquela carinha de anjo. Pode ficar certa: nossos maridos ainda pensam nela, só casaram conosco porque não havia outro jeito... E agora vem você querendo que ela ainda ganhe um bebê...

O desabafo de Marta fizera grande bem a Olívia. Acabara de ouvir da companheira o que há muito sentia e não tinha coragem de dizer.

Que se podia falar contra Heleninha senão que a sua perfeição incomoda e a sua bondade desconcerta? Dela só se ouvia dizer bem. Marta, maligna, expande agora o seu despeito, atira a primeira pedra no ídolo! E é Olívia quem se desabafa, através da companheira mais forte, em cujos ombros se reclina, reconhecida.

— Que é de teu marido, Marta?

— Aquele sonso vive na ponte. Olha lá ele!

Para ali acorriam também José Diogo e outros melancólicos do lugar. Pouco a pouco a ponte foi se tornando depósito dos desgraçados da Vila. Perto de José Diogo ninguém tocava em Helena. Só com Raimundo, marido de Marta, é que ele se abria; ou se fechava no mesmo silêncio.

Estão os dois juntos:

— Tomaste já tua beladona? — perguntou o farmacêutico.

— Joguei tudo no rio. Triste coisa ter que recorrer a alcaloides para iludir o destino. Mulher é serpente mesmo, uma desgraça... Preciso ir embora daqui, morrer... Pílulas, pílulas... Oh! por acaso toda a tua farmácia, Raimundo, conseguiu modificar a tua filosofia?

— Marta é diferente...

— É o outro lado da mesma mulher, da mesma desgraça.

Mudos, ficaram olhando para a correnteza. As águas vivazes rolavam com ligeireza graciosa. Vinham de muito longe, atropelando-se umas nas outras, e fugiam em correria pelo vale afora, brincando sempre. O sol matinal excitava-as, perseguindo-as com mil flechas luminosas de que escapavam aos gritinhos e gluglus, dos quais só ficava a espuma. Parecia a imagem da felicidade despreocupada. José Diogo cuspiu em cima...

Marta e Olívia vêm agora subindo, abraçadinhas. De repente, olham para o céu:

— Uai! Eles nunca passam por aqui... aquele está fora da rota.

— Mas, como vai macio!... Deve ser bom, Marta, lá em cima...

— Quatro mil metros, no mínimo!...

— Que beleza! Quisera eu estar lá! Longe daqui... lá no céu!...

— Deus me livre.

— Com certeza estão nos vendo. Vendo Vila Feliz!...

— Vendo o quê, Olívia? Quem se lembra de nós cá embaixo?... Nem ao menos avistam a Vila... Isso aqui é uma coisinha à toa.

Era de fato uma coisinha à toa, Vila Feliz...

— Bom-dia, Heleninha. Então! Para quando?...

Ela sorri e agradece. Atrás das venezianas tem gente espiando e cochichando.

Um espetáculo para a Vila a passagem de Helena com o seu ventre se avolumando; dir-se-ia que criança em embrião já pertence à Vila.

— Meu Deus, que principezinho vai sair dali! — exclama uma preta contemplando-a.

As mulheres humildes levam-lhe frutas verdes para os caprichos do paladar, as velhas presenteam-na com amuletos propiciatórios e rendas para o enxoval.

Helena devia estar radiante com a realização próxima de seu sonho. E — esquisito! — não estava. Isso é que ninguém compreendia.

Umas senhoras que lhe foram levar sapatinhos de lã para o bebê estranharam o atraso do enxoval. Outras que a foram visitar levando camisas de cambraia bordadas a mão, notaram que ela mudava de assunto toda vez que se referiam ao esperado. Mais ainda: que não se manifestara tão agradecida quanto era de esperar, ela, tão delicada sempre.

— Gente, essa moça não tem experiência!... A criança nasce a qualquer hora e o inocente vai ficar nuzinho nesse frio da Vila.

— Helena está de fato muito modificada — disse alguém.

— Nós, mulheres, mudamos de caráter com a gravidez — explicou uma entendida.

— Nada disso — contestava um senhor. — É o marido. Aquilo é um cavalo. Não quer filho, é contra a família, contra religião.

Regozijavam-se todos com os ataques ao agrônomo. Mário Silvano não era estimado na Vila e parecia não tomar conhecimento dela. Partia cedo no seu Ford para o Aprendizado e só voltava à noite. De Vila Feliz só se serviu para arrebatar-lhe Helena. "— Helena já nem parece mais nossa", dizia Marta.

José Diogo levantou-se, afastando-se da roda. Era a sua maneira de protestar.

— Vejam como ele está se acabando — observou alguém. — Pobre homem. Largou as aulas, já nem manda correspondência para os jornais.

A José Diogo só lhe dava prazer o que ouvia contra Mário; não admitia porém que falassem mal de Helena; também não gostava que a elogiassem. Unicamente ele podia referir-se a Helena. Só de ouvir-lhe o nome, sentia um estremecimento, parava de respirar; e à noite, sussurrava-o baixinho, até dormir, como quem se sepulta sob a inscrição da palavra mágica. Era o seu único consolo, pois contemplá-la não podia: os olhos se lhe turvavam, fugia-lhe o chão e vinham-lhe náuseas em seguida, náuseas vergonhosas. Às vezes, despertava com uma raiva surda. Vontade de que ela morresse, e ele também... e tudo acabasse.

Estava pior do que nunca naquele dia. Retirou-se da casa de Marta, foi para a ponte a prosseguir o seu diálogo com as águas. Lá encontra de novo Raimundo que lhe dá conselhos:

— Você não faz mais nada, Zé; está pior do que eu; por que não escreve sobre os anões que seguiram para o Rio?

Na Vila ninguém sabia explicar o que estava havendo com a mulher do agrônomo. Nem parecia a mesma. Fria às vezes, de repente dava-lhe uma aflição, ficava a olhar com aqueles olhos de sonho para além das pessoas, para além das distâncias. Ainda há pouco chegou uma mocinha à casa de Marta e disse que acabou de surpreendê-la chorando atrás! da vidraça, a morder o lenço com impaciência, o olhar cismarento posto longe.

— Que teria havido com ela? Egoísta aquele marido, metido sempre no Aprendizado! Com certeza ignora o que se passa com a companheira. Vai ver que nem sabe o que seja uma mulher, quanto mais uma mulher grávida.

— Nós, quando estamos assim — disse uma mulher se lisonjeando —, carregamos a centelha divina. — E concluiu: — Precisamos ajudá-la, coitada.

Decidiram então tomar conta de Helena.

Quiseram levá-la ao médico, ela se recusou; fizeram-lhe quase todo o enxoval, e ela parecia indiferente; escolheram-lhe o nome para a criança, e ela não fez a menor objeção.

Helena se deixava levar.

— E esse pamonha de marido que nem se mexe? — indagava o sobrinho de Olívia.

Pensou-se em levar-lhe um padre e ela se recusou a conversar com o vigário.

— Gente, Helena é mesmo outra! O que é que teria havido?

— Ah, mas é evidente: Helena está assim porque tem medo.

— É isso, Olívia! Como é que ninguém tinha percebido! Pavor. A pobrezinha! Com certeza lhe foram dizer que em Vila Feliz a maioria das mulheres têm a bacia estreita, e morrem ao largar o primeiro fruto. É isso: medo! Coitadinha...

Uma luz de esperança abre passagem no desespero de José Diogo. Essa luz ainda irradiava da bola da cartomante. Fechado no quarto, o infeliz deseja: como nunca a morte de Mário. Pois não é tão perigosa a curva da Grota? A solução bem que podia vir dali. Duas vezes por dia o homem passa por ela em disparada. Onde, então, o seu poder fatídico?

José Diogo se concentra. E, sem o querer, formula o seu desejo: "Tantos caminhões têm rolado por aquele precipício, tantos corpos se arrebentado nas pedras lá embaixo... Ah, uma derrapagem providencial!" "Curva tão perigosa — foi sussurrando de si para si —, quanta gente que não devia morrer já tens levado! Porque não matas a Mário, marido de Helena, um que passa todo dia em disparada a poucos centímetros da perambeira, como que zombando de teu poder... Não que eu lhe queira mal, Deus me perdoe, eu sou cristão, mas quero bem a ela, mais inacessível agora com a semente de seu homem na barriga... Prometo rezar para que a alma dele vá para o céu, contanto que Helena venha para mim... Curva da Grota — finalizou tremendo —, apenas trinta centímetros de derrapagem... É o único desastre que peço."

Terminada a oração, José Diogo leva as mãos ao rosto e, com o pensamento ainda na Grota onde devia produzir-se a viuvez de Helena, completa, de olhos fechados, uma indicação necessária: "O agrônomo Mário Silvano passa todos os dias às dezenove e quinze, mais ou menos, conduzindo um Ford meio estragado com as iniciais M.A., quase sempre está de botas e calça de montaria; tem uma cicatriz na testa."

Os meses foram passando, mais de cem vezes o agrônomo voltou correndo para a companheira sem que o tenebroso apelo fosse atendido.

Sozinha no quarto, Helena mirava-se ao espelho, reparava nas novas linhas de seu corpo, sorria; de repente, cortava aquele enlevo de maternidade próxima com uma gargalhada a que se seguia o pranto perdido.

— Leninha — disse-lhe Mário antes de partir para o serviço — que há contigo? Quando penso no que foste já quase não te reconheço mais. Pois não está para chegar a criança que querias? No entanto, estás sempre triste. Há cinco meses te sinto outra, afastada de mim, estranha, com os olhos de quem acabou de chorar. Queres que fique contigo, queres? Faltarei ao Aprendizado.

— Não, Mário, quero que vás sempre ao teu trabalho. É bom ter a certeza de que estás fazendo alguma coisa de sério, de verdadeiro.

— E a criança que vai nascer não é também alguma coisa de sério, de verdadeiro?

Helena desvia a cabeça. Mário acaricia-lhe os cabelos:

— Por que estás chorando? Medo? Fica tranquila, eu te levarei para fora, onde haja mais conforto. Irá contigo a tua tia e um de teus passarinhos. Olha como aquele está dobrando. É o que vai cantar na hora de o garoto nascer. Garoto ou garota?...

— Não caçoes de mim; deixa-me ficar só. — E impeliu-o docemente.

— Caçoar de ti?... Helena, estou te desconhecendo... Durante quatro anos não falavas noutra coisa senão nessa criança; agora que ela vem vindo, parece que não queres mais saber dela. Até nos teus hábitos para comigo estás mudada. Não é assim que se espera o primeiro filho.

A mulher contraiu a fisionomia, teve um estremecimento. Fez menção de que ia dizer alguma coisa, mas conteve-se. Levou as mãos ao ventre de um modo tão desajeitado e brutal, que parecia querer atirá-lo fora.. O marido a repreendeu com o olhar:

— Não assim, Leninha. Não assim! Tu te esqueces de que vai fazer mal a ele, lá dentro...

— Mário, acho que sou louca. — E depois de uma pausa: — Não sei por quê, estou com pouca fé nessa criança. Parece que não vai nascer... que virá fora do tempo. Ou então (quase soluçando)... que vai nascer uma coisa diferente...

Olhou, assustada, para o marido.

— Por que falas assim — gritou-lhe este. — Há de nascer, sim!, e direitinho, por que não?

— Para, Mário!

A mulher desatou num pranto perdido. Enxugou as lágrimas, ergueu-se de súbito.

— Vai, Mário... Vai para o teu trabalho...

O agrônomo tomou o carro e pisou. Quanto mais tentava decifrar o mistério de Helena, mais acelerava a velocidade. Não sabia ler bem no coração das mulheres. Na curva da Grota, esteve a pique de precipitar-se. Mas a derrapagem não correspondeu aos desejos de Zé Diogo.

Era assim, direto, amava sua mulher sem procurar compreender-lhe a alma. Passou-lhe pela mente uma hipótese absurda, mas logo a repeliu. Encostou o carro à porta do Aprendizado, e foi logo cercado pela meninada que vinha saudar o diretor.

Helena deixou-se ficar fechada em casa. Estava vencido o prazo para a criança. Pessoas com ar de mistério passavam-lhe debaixo da janela, espiando cautelosamente, na expectativa de ouvir choro de criança nova. Apenas a criada saíra do 46.

Que fora fazer a preta na chácara de Paquita? indagava a população intrigada. Então Heleninha mantinha relações com a espanhola?... Com certeza viera dessa influência má a mudança de seu caráter.

A tarde foi caindo e esfriando. Os rádios expandiram a Ave-Maria no espaço limpo. Toda a Vila, sensível à poesia fácil, ficou suspensa às notas do canto vesperal.

Na rua passava Chico Treva entre duas praças.

Helena estava adormecida quando Marta lhe bateu à porta. Entrou com espalhafato:

— Olha, filhinha, não dói, não... Fica tranquila. Bota este amuleto debaixo da combinação, bem em cima da pele, que dentro de poucos dias estarás livre, empurrando o carrinho do teu bebê.

E saiu apressada. A inveja de Marta desaparecia ante o sofrimento visível da mulher do agrônomo. Houve mesmo certa ternura geral das conhecidas, misturada de piedade, não tanto por ela, a favorita da Vila, quanto pela mulher que ia agora igualar-se às outras no drama do parto, pelo corpo frágil que iria dilacerar-se e sangrar.

Desse dia em diante, Vila Feliz compreendeu a razão por que Helena se modificara tanto.

Mário comunicou à companheira que devia voltar mais tarde, pois haviam chegado as sementes e novas máquinas. Se houvesse qualquer sinal, mandassem chamá-lo logo. Estava certo, entretanto, de que ainda era cedo, teriam tempo de viajar. Notou-a mais encorajada, beijou-a longamente na nuca, com o cuidado de não lhe encostar-no ventre. Este lhe parecia sempre de uma flacidez anormal.

Mal partira, entrava Paquita sem ser percebida. Fecharam-se as duas no quarto. Bem que a cozinheira suspeitara alguma coisa. Não sabia porém que dona Paquita era parteira. Foi ferver água por conta própria. A bela espanhola, com ar misterioso, tomava diversas providências. Perguntou-lhe a cozinheira se o dr. Mário estava avisado.

— Já mandamos portador.

— E a patroa está sofrendo muito?

— Não. Tudo *muy bien* — informou Paquita.

— Quando vosmecê quiser água, é só falar — disse a preta. Aqui está a bacia.

Saiu e foi rezar.

A "parteira" se fechou novamente no quarto de Helena. Estava se passando qualquer coisa de extraordinário lá dentro: nem Helena gemia, nem a criança chorava.

— Que houve? — perguntou a preta, ao avistar Paquita.

— Nasceu morta.

Chorou então a preta. Nem deixaram que ela visse o anjinho. Do fundo da cozinha, ficou rogando pragas à parteira, a culpada.

Quando entrou o caixãozinho branco, já toda a Vila estava informada do acontecido. No adro, na ponte, nas esquinas, lamentava-se a sorte de Heleninha. Geral a indignação contra o marido:

— Pois então se abandona a companheira num momento destes!

José Diogo, mal recebera a notícia, encheu-se de esperanças. Se o marido não veio, é porque houve algum acidente. Ligou a profecia da cartomante à hipótese de que o agrônomo viesse, chispado, na estrada escorregadia para receber o filho. Com certeza na curva da Grota, o carro... ah! estava certo disso! Fora eficaz a oração!...

Com a imaginação a ferver, largou a ponte. Desandou a caminhar. Subiu ladeiras, desceu ruas, cruzou a praça, galgou até o alto da Caixa-d'Água, enveredou pela campina. "Ela agora está livre! Mas foi demais! Não precisava ter perdido o filho. Bastava só que o marido se arrebentasse..."

A casa de Heleninha enchia-se aos poucos. As amigas ficaram edificadas com a resistência moral de que dera prova.

— Não acham que ela devia estar mais triste? — perguntou um. Num transe desses!

— Não — respondeu outra. — Precisamos aprender com ela a ser fortes.

Heleninha, de fato, não se mostrava abatida. Dir-se-ia pronta a conceber novo filho. Apenas preocupada, mexendo-se muito na cama com uma ligeireza que não parecia de parturiente.

Algumas moças se ajoelham, rezam ante o caixãozinho cheio de flores. Rezava-se mesmo em todos os cantos.

— E o marido? Esse marido não vem!

Informam que já haviam seguido mais dois portadores a galope. Receava-se tivesse havido algum desastre.

— Coitada de Heleninha! Logo no primeiro filho!... Sem mãe, com aquela tia paralítica...

— Ela se recusa a mostrar a criança.

— É natural. Que adianta mostrar coisa morta?... Olha quem está ali.

Paquita, a trançar no meio das outras, como alguém da família, era uma ofensa à sociedade de Vila Feliz. Viam-na com maus olhos. Mas era tal a piedade pelo sofrimento de Helena que as amigas chegaram a tolerar-lhe a presença. Tratada de perto, não parecia tão antipática assim; era até gentil. Por outro lado, a ausência demorada do marido restituía provisoriamente Helena à família da cidade. E mesmo Paquita era aceita.

Homens graves da localidade, vestidos de preto, foram chegando. Helena, na cama, recebia pêsames das senhoras. "Valha-te Deus, minha filha!", diziam.

Admiravam a palidez de Helena, a sua beleza que não descaía. Mas sentiam estar faltando qualquer cousa ali no quarto: aquele ar de natividade, o cheiro de desinfetante, de sangue coagulado, de alfazema...

O perfume das flores se ia acumulando na sala. Marta e Olívia, sem que a tivessem visto, diziam que a criança era um amor...

Para dezessete horas o enterro.

Todos olhavam em vão para a estrada do Aprendizado. Nada do marido.

O cemitério é longe e o dia vai escurecer depressa. Era preciso sair. À porta já se tinham enfileirado as crianças da Associação de. S. Tarcísio, meninas de véu branco e grinalda, virgens vestidas como Santa Teresinha. Havia um sussurro de respeito, e um geral acabrunhamento. As amigas de Heleninha, moldas de remorso, lastimavam-lhe a sorte.

Marta e Olívia, em prantos, surgiram à porta, carregando o minúsculo caixão que mais parecia uma joia reluzindo aos últimos raios do crepúsculo. Alguns parentes remotos de Heleninha vinham atrás, e, em seguida, todo o grosso do acompanhamento. Dobravam os sinos. O coro das virgens entoava o canto.

Pobre Helena!...

Toda a Vila lhe segue o filhinho morto. Só o pai não vem, só o pai ainda não sabe de nada. Leve halo de simpatia pela primeira vez cercou a figura ausente de Mário Silvano.

A espanhola voltou para casa, a preta seguiu com a fita de filha de Maria ao pescoço. Helena ficou só, na casa fechada.

Livre, enfim! “Ah, meu Deus”, exclamou. “Terminou o pesadelo!” O dobre dos sinos levou-a à janela. As vozes mais altas do canto ainda lhe chegavam aos ouvidos. A grande fila branca e negra subia e quase dobrava a serra. Toda Vila Feliz estava presente.

Helena leva o rosto à vidraça e vê desaparecer o fantasma do filho. Comove-se e chora. Um choro ambíguo que termina em risada nervosa.

Quando lhe chegará o marido? Só pensa em abraçá-lo. Sabe que vai soluçar muito nos ombros dele. O séquito já deve estar chegando no cemitério. Quantas flores! Como é boa a gente da Vila!...

Já os sinos cessaram de tocar e se ouve de novo o barulho do rio. Olhou para a colina. Será possível que já estejam voltando? Fixou bem a vista. Na sombra da tarde ainda se podia distinguir a multidão. Não mais agora em marcha hierática de acompanhamento.

Ao invés de prosseguir, a procissão voltava. Mas voltava desmantelada, em desordem. “Será possível?”

Manchas brancas e negras rapidamente se desfazendo. Seria perturbação da vista?

Gente gritando e acenando. Vila Feliz inteira voltava correndo. Helena compreendeu. Vinha vindo depressa o castigo. Deu um grito, sentiu-se afundar.

Os estilhaços de vidraça na sala da frente fizeram-na acordar. Pedras inúmeras choviam-lhe sobre a casa. E logo a seguir, os gritos e assovios. E a vaia geral ganhou a praça. Tudo perto, quase em sua pele. E, ao mesmo tempo, longe e irreal...

No adro da igreja algumas famílias apreciavam o espetáculo. No meio delas, o parteiro da Vila, o que não conseguira tocar o corpo de Helena, parecia presidir à assuada.

Alguns populares pulavam de alegria, festejando o soçobro moral da mulher do agrônomo.

As pedras vinham terríveis, os assovios mais cortantes do que as pedras.

— Meu Deus! Eu sou culpada do que fiz, mas não fiz mal a ninguém — exclamou Helena.

Desabasse a casa, mas se alguém forçar a porta, ela sairá pelos fundos e se afogará no rio.

Arrastou-se até à janela; espiou pela fresta. Quedou-se assistindo à sua própria desgraça. Um senhor de fraque gesticulava enfurecido; mulheres descabeladas uivavam impropérios; mais longe, à porta do café, um grupo soltava gargalhadas. Frases esparsas: "Mamãe, vem dar de mamar ao nenen." "Cadê o filhinho que estava aqui?" "Gato comeu." "Viva d. Paquita, a grande parteira" — cortavam-lhe a alma. O médico, de bengalão e charuto na boca, soltava baforadas e gozava o espetáculo. As Meneses, o Coronel Firmino, o Juiz de Paz, o dentista, as costureiras da Rua Baixa, todo mundo que até há pouco tinha tanta consideração por Helena, estava ali! Marta e Olívia eram as mais salientes. Helena, ao reconhecê-las, deixou-se tombar na cadeira, sem forças.

Renovam-se insultos e dichotes sarcásticos. Passa um sujeito carregando um vaso de avenca. O vaso de avenca que a parteira pusera no caixão para fazer lastro.

"— Olha o ariano que nasceu, que engraçadinho!"

"— Dá chupeta pra nenen não chorar!" — E uma rajada de gargalhadas enche a praça.

Quando a noite se ia fechando, os últimos moleques chutavam o caixão e ainda havia gente em frente à casa. As virgens já se tinham recolhido, às risadas.

José Diogo protestou, querendo tomar a defesa de Helena.

— É o apaixonado dela — gritaram. — É o pai da avenca! Cai fora, Romeu! — E José Diogo avança contra o grupo.

Helena pensa no marido. Receia que ele chegue antes que se consume a sua infamação pública. "Se aparece agora, vai lutar sozinho contra a Vila", pensou. "E será morto."

Vindo do escuro da cozinha, um vulto aparece que a deixa aterrada. Recusa-se a acreditar no que os seus olhos viam.

A noite de horrores começava com aquela visão de pesadelo. Parecia a imagem de Chico Treva. O vulto tenta falar-lhe alguma coisa. Helena ouve-lhe as palavras pausadas:

— Dona Paquita me mandou aqui, Sinhazinha, para levar vosmecê.

A mulher cobre o rosto, grita. O vulto se conserva imperturbável.

Chico Treva, agigantado e grave, repete:

— Dona Paquita me mandou pra salvar vosmecê. A barca já está encostada no fundo do quintal.

O ar respeitoso do homem, o tom suave de suas palavras atenua o terror da mulher. Helena tem agora a certeza de que um barco está no fundo do pomar para lhe dar fuga, e que esse barco lhe fora mandado por pessoa amiga. Hesita ainda, fixando o rosto sombrio de Chico Treva. Aceita enfim o seu destino. Será conduzida por aquele monstro.

Lá fora a população rugia ainda às portas de sua casa. Helena corre ao quarto, bota uma capa e segue o homem.

A luz da lanterna de azeite fora apagada. A canoa começou a deslizar. O taciturno piloto não dizia palavra, enquanto a mulher, encolhida no fundo da embarcação, soluçava em surdina. Rio sem margens, devido à escuridão da noite. As águas pareciam se estender por toda a terra. E a noite asilando Helena era assim como um interminável rio em que a paisagem se confundia.

Nalguns quintais latiam os cães à passagem do barco invisível. Um tiro se ouviu ao longe. Era com certeza o dono da mina de níquel, velho usurário, dando a ver aos que se aproximavam que estava sempre alerta.

Ou porque as últimas luzes da Vila Feliz desaparecessem, ou porque o disco da lua já cintilasse, Helena respirou com mais desafogo. Distraiu-se a contemplar as montanhas, os primeiros reflexos da lua na água. Esqueceu por instantes as tormentas do dia. Como era bela a noite, e grandiosa. As árvores reapareciam mais nítidas, a claridade restituía as margens.

Tudo que acontecera à mulher foragida parecia agora ter sido com outra Helena. Tinha a sensação de estar descendo um rio encantado, numa noite de sonho... devia ser um príncipe a figura que remava na proa... Mas era Chico Treva, o monstro da Vila!

— Meu Deus!

Caiu em si, fitou o homem, meio assustada, meio reconhecida, os olhos úmidos de lágrimas. Queria dizer-lhe alguma palavra, dar-lhe acaso a impressão de que o absolvia de todo o mal que pensava dele. Mas faltou coragem, e o silêncio era espesso demais. Olhou ansiosa para a estrada que bordejava o rio. Mário não devia tardar em seu automóvel. O farol o denunciaria. Já por duas vezes parecia ter ouvido gritos de alguém que chama de longe, como quem pede socorro. Agora, esses gritos chegavam de mais próximo. De que margem, ela não podia precisar. As vozes crescem: "Helena... Helena... Leninha!"

Chico Treva fuma impassível, atento ao deslizar do barco. As bananeiras movimentam as folhas lerdas. Helena se enche de pavor. Será que ainda há gente escondida nas margens para vaiá-la de novo, atirar-lhe pedras?

— A chácara de dona Paquita vem por aí adiante — informa o barqueiro.

— Eu queria encontrar o meu marido — respondeu Helena, tremendo na voz. — O farol de seu carro não tarda a aparecer.

Os gritos recomeçaram mais claros:

— Helena! Helena!

As frases vinham carregadas de um sentido inesperado:

— Fica comigo... Eu te salvo... te darei tudo!

Voz rouca de alguém que vinha cansado. Outra vez o grito suplicante:

— Helena! Helena!...

A mulher tiritava de medo. O eco de seu nome esvaía-se pela capoeira, até desaparecer nos grotões. Tinha pressa em prestar contas ao marido. Julgava-se livre de tudo, e agora esse grito! Nova aflição começou.

José Diogo vinha correndo pela escuridão como louco. Em vão lhe gritara Raimundo, da ponte, que não fosse atrás da mulher, que mulher era serpente, e como serpente Helena fugira pelas águas. Em vão...

Sua figura vinha suja de lama e rasgada de espinhos. Gritava mais alto toda vez que a sombra amada desaparecia nas curvas.

Helena a princípio desconheceu a voz que a paixão alterara. Acabou divisando a sombra alta de José Diogo, a romper como alucinado a vegetação da margem.

José Diogo está agora bem perto, quase ao alcance da canoa. Pode falar à fugitiva em tom de diálogo. Helena olha para o barqueiro como a lhe pedir proteção.

— Fica comigo, Helena, fica... Te farei feliz... Respeitarei a memória de teu marido... Responde, Heleninha, responde!

Uma corredeira precipitou a marcha do barco. José Diogo foi ficando para trás.

Chico Treva continuava a mesma sombra impassível, o remo suspenso na mão. "Respeitarei a memória de teu marido!..."

Helena tem sobressalto. Mário teria então desaparecido? Tê-lo-iam matado?

A voz, de José Diogo, longínqua, parecia estar se sumindo, com o seu corpo atolado na lama. Mas a força da cólera imprime-lhe ainda alento forte.

Houve qualquer mutação na alma do perseguidor. Helena sente na nuca uma corrente desfavorável, aragem de maldição, num tom diferente. Eram pragas que lhe chegavam agora aos ouvidos.

— Vai, peste!... Cadela!... Mãe de fancaria! Vai-te, impostora! Hei de contar pelos jornais o que fizeste; fugindo com um criminoso, vais viver com um monstro. Some-te, amaldiçoada!

Rugiu outros insultos e foi se distanciando, enquanto o barco avançava. Quando desapareceu, já o silêncio reocupara o vale.

Helena ofegava em silêncio, o coração transido.

Um farol irradiou no alto da serra. Desapareceu, tornou a surgir. Chico Treva, a pedido da mulher, encosta o barco à praia. Helena salta, rasga o vestido na cerca de arame, posta-se no meio da estrada, à espera.

Era um caminhão que vinha chispado. Decepcionada, deixa-se tombar na relva. Soluça baixinho. Olha para Chico Treva sentado no barco e ainda seu único amparo ali.

Outro feixe de luz no alto da Serra irrompe da escuridão.

Helena se reanima. Momentos depois, os freios rangem perto, enquanto os faróis iluminam um vulto inesperado para o agrônomo.

Mário Silvano desce, e sua mulher com ele se abraça aos prantos.

Chico Treva viu o homem empurrar a mulher e atirá-la ao chão; viu-a erguer-se e gesticular diante do marido imóvel; viu-a depois aninhando a cabeça nos ombros dele. Nada mais tinha que fazer ali.

Desamarrou a barca e seguiu rio abaixo, em direção à chácara de Paquita.

Ninguém dormira aquela noite em Vila Feliz. Ficara a população até tarde a comentar os desmandos de Helena. As virgens do enterro nem chegaram a mudar de roupa, como se estivessem de prontidão para outro acontecimento inaudito.

Enlouquecera a pobre Heleninha!, dizia-se. Havia muito vinha com sinais de loucura. O demônio fora escolher a mais pura alma do lugar para desencaminhá-la. Simular o parto, organizar a mentira, promover o enterro, renegar o marido, e, coroando tudo, fugir com Chico Treva! Pobrezinha!...

O vigário permitiu que se conservasse aberta a igreja durante a noite. Rezavam as velhas na penumbra. Devia andar solto o tinhoso. Era preciso esconjurá-lo antes que escolhesse outras vítimas. Intimamente, receava-se por Marta e Olívia. Satisfeitas a princípio com a danação de Helena, as duas professorinhas enchiam-se agora de remorsos.

Quanto a Paquita, acreditava-se que irradiava malefícios. Falava-se em organizar uma caravana, com tochas e o vigário à frente, para expulsá-la do município. De José Diogo adiantavam que se havia suicidado.

No dia seguinte, Chico Treva foi detido na floresta. Interrogado, declarou que havia deixado Helena à beira da estrada. A pedido de algumas senhoras, a autoridade perguntou com insistência se havia feito mal a ela. E ele se fechava num mutismo alarmante. Por via de dúvidas, recolheram-no à prisão.

Foi intimado a depor o colchoeiro da Rua Baixa, que fornecera paina para o ventre.

Quase não funcionou o comércio da cidade. As pessoas mais sisudas afluíram à casa do juiz municipal. Por toda parte, grupos parados a fazer comentários. A respeito do agrônomo, corria também que havia sido trucidado por Chico Treva, mas como esse já se achava agarrado, predominou a versão de que Mário estaria vivo, tendo dado um desfalque no Aprendizado e fugido com a mulher. A população se aborrecia à medida que os acontecimentos iam perdendo as cores sinistras dos primeiros boatos.

A polícia interditou a casa do casal. Grupos de curiosos passavam-lhe em frente, espiando com assombro.

A casa assumira um ar de mistério. Mal continha o povo o desejo de ver e examinar a roupa, os objetos, tudo que pertencera ao casal. Algumas senhoras reconheceram as peças do enxoval que elas próprias haviam presenteado à infeliz Helena. Procurava-se especialmente o ventre de paina. Murmurava-se que já se achava na casa do juiz para ser fotografado e examinado pelos peritos. Outros diziam que fora reclamado pelo vigário, uma vez que já lhe havia sido administrado o sacramento da extrema-unção.

Raimundo e José Diogo largaram a ponte e foram vistos bêbedos, a tropeçar pelas estradas. Gente das imediações chegava a cavalo para se informar do acontecido.

— Com Helena?!... Mas logo com Helena?!...

Preparava-se o vigário para benzer a casa. As crianças evitavam passar debaixo de suas janelas.

Na escuridão das esquinas ou a portas fechadas, os moradores deixavam-se ficar até tarde, em comentários. Os boatos se contradiziam. Por tácito acordo aceitou-se mais tarde, como versão oficial dos fatos, a que veio, dias depois, na segunda página de um matutino carioca, com estes títulos em negrito:

"UM ACONTECIMENTO EM VILA FELIZ

Uma senhora da melhor sociedade simula um parto e foge de casa com um monstro. O marido, engenheiro agrônomo, abandona o serviço de que era diretor, depois de praticar um desfalque. Trata-se, ao que parece, de antigo líder comunista. Indignação popular.

Outros detalhes."

Seguiam-se os pormenores: "A heroína, tipo de grande beleza, há muito vinha apresentando sinais de desequilíbrio mental. O marido, que a espancava frequentemente, revelara-se sempre um homem esquisito e intratável; eram conhecidas as suas atividades subversivas. Tendo-se suicidado, como tudo leva a crer, ficava a sociedade livre de tão perigoso indivíduo." Vinham mais adiante referências ao "tipo asqueroso de Chico Treva" e uma "tal de Paquita, aventureira espanhola"; e, finalmente, informava-se reinar absoluta ordem na Vila, estando aberto rigoroso inquérito. Nomeio, uma linda fotografia de Helena com um buquê de flores na mão, e outra, da casa do casal.

E foi o primeiro fato importante a entrar para a história de Vila Feliz. Apenas José Diogo não queria saber do que ele próprio forjicara. Colou-se de novo, cada vez mais taciturno, ao balaústre da ponte.

E a cidadezinha, por alguns dias, conseguiu certa projeção no noticiário federal. Do que muito se orgulhava.

Tão cedo, talvez nunca mais, haveria outro fato de sensação para a conversa das tardes cinzentas. A população terá que se contentar com as novelas de rádio, resignar-se aos dias monótonos que iam vir.

A não ser que José Diogo se atire da ponte, como se espera. O que não tardará a fazer. Pois cada vez mais se enamora daquelas águas...

O PIANO

a maria rosa oliver

— ROSÁLIA! — GRITAVA JOÃO DE OLIVEIRA. — Toquei para fora o homem!... Insolente! Veio dizer que não valia nem quinhentos cruzeiros.

— O conserto? — respondeu lá de cima a voz da mulher.

— Não. O piano! E ainda saiu rindo...

— Tinha graça!... Você não vê que isso é jogo! O que ele queria é ficar com o piano dado, para depois vendê-lo por qualquer preço. É assim que essa gente enriquece...

Rosália e Sara desceram assustadas. E a família acercou-se com respeito do velho móvel como a querer consolá-lo do ressentimento deixado pela avaliação mesquinha.

— Havemos de vendê-lo ainda por bom preço, você vai ver, anunciou Oliveira, fitando-a com emoção confusa. Não se fabrica mais desse tipo.

— Bota anúncio, que esta casa vai ficar assim de pretendentes — disse Rosália, juntando os dedos da mão. — Pena é ter a gente que se separar dele.

— Ah, é um amor de piano! Parece até que só de olhar para ele a gente ouve música — resumiu Oliveira, acariciando-lhe a caixa de carvalho.

— Então vamos botar anúncio, João.

Custear o enxoval de Sara com a venda; transformar a saleta em quarto para futuro casal — teriam que dispor dele de qualquer maneira.

Três dias depois o velho piano amanhecera engalanado de flores para o sacrifício, e a casa preparada para a recepção dos pretendentes.

O primeiro candidato a aparecer foi uma senhora acompanhada da filha. Esta, mal avistara o móvel, avançou logo para ele, abriu-o, tentou uma frase no teclado.

— Ih, mamãe, mas está todo estragado...

A senhora levantou-se, olhou para as teclas descascadas. Escandalizou-se. Pegou a filha e retirou-se resmungando:

— Andar tanto para ver uma porcaria dessas!...

Não houve tempo de a família Oliveira magoar-se, porque à mesma porta por onde saíram a mulher com a filha chegaram outros pretendentes: uma senhora de idade, cheirando a defunto rico; uma mocinha de óculos escuros com a sua pasta de música; e um judeu ruivo, de roupa sovada. O diálogo entre a velha dama e a mocinha mais parecia um princípio de discussão:

— Eu não faço questão, alegava a moça. Vim porque mamãe me pediu. Há de haver outros à venda. O que queria dizer é que já estava batendo na campainha da porta quando a senhora desceu do ônibus. Entramos juntas, mas eu cheguei primeiro.

A discussão pela conquista do piano lisonjeava os Oliveiras. Entretanto, acharam prudente pôr termo ao mal-entendido, oferecendo café e sorrindo a todos.

A moça dirigiu-se em seguida ao piano, que o judeu avaliava de longe com o olhar frio. Entrou, nesse momento, uma senhora conduzindo uma colegial. Sentaram-se desconfiadas.

De repente, toda a sala ficou suspensa às notas que a mocinha tirava do teclado. Sons desafinados, metálicos, horrorosos. Era a prova. A recém-chegada fez uma careta, apertou a mão da menina; mostrando-se mais tolerante, a dama perfumada mandava um olhar indulgente para a velha caixa de música. Os Oliveiras procuravam ler com ansiedade na fisionomia dos outros. O judeu conservava-se impassível. Às vezes, todos se entendiam pelos olhos.

Era como o julgamento do piano. A moça continuava a tocar, como se o estivesse pondo em confissão. Falhavam as notas, algumas teclas não existiam, outras se apresentavam descorticadas. Nem as cordas vocais de cantora decrépita ou de velho cardíaco soariam com aquele timbre. Quando Doli investiu aos latidos, percebia-se que era o pronunciamento da cachorrinha. E o mal-estar culminou. Havia como que um riso difuso pela sala. Entretanto, ninguém estava rindo. A moça parecia agora tocar por maldade, acentuando cacofonias, martelando teclas mortas. Situação aflitiva.

— Esse piano tem uma coisa — tentava explicar João de Oliveira. — É muito sensível, muda muito com a temperatura...

A moça largou-o de repente, parou, de pé, para repintar os lábios, e tomou a pasta:

— Nem sei como o senhor teve coragem de pôr anúncio para essa carcaça — disse lançando olhar de desdém para Rosália, como se fosse Rosália a carcaça.

E saiu.

João de Oliveira suportava tudo calado. Era como se fossem para si as ofensas ao velho móvel. Sentia-se, todavia, na obrigação de declarar que se tratava de uma relíquia de família.

— Não se constrói hoje igual — acentuava. — Igual não se faz mais...

Houve um silêncio perfurado logo pela pergunta do judeu, pergunta que fora feita no momento em que mais claudicava a reputação do pobre piano:

— Quanto pede por ele?

À vista do acontecido, João de Oliveira receou dizer o que pensava. Baixou o preço que trazia em mente.

— Quinze mil cruzeiros — respondeu com timidez.

E olhou para todos, a ver o efeito. Ninguém riu, ninguém disse nada. Mas tinha-se a sensação de hilaridade geral.

Foram-se preparando os pretendentes para sair. Era a resposta muda. Oliveira esfriou. Teria dito alguma monstruosidade? Só a velha fora delicada: disse que ia pensar. Mas por que aquele ar tão piedoso que deixava transparecer o seu verdadeiro juízo sobre o piano? perguntava a si mesmo, Oliveira.

Na porta da rua os que desistiram cruzaram com um senhor que queria entrar.

— Veio pelo piano? — perguntaram. — Ih! O senhor vai ter uma...

Mas a voz animada de Oliveira interrompeu logo:

— Entre! Ele está aqui perto. Já tem vindo muita gente.

Era um homem de meia-idade, cabeleira grisalha e abundante. Abriu a tampa da máquina, examinou-a demoradamente. Devia ser professor. Não pediu preço, disse que ia pensar, e despediu-se:

— Depois conversaremos...

A casa ficou vazia. Os moradores se entreolharam decepcionados.

— Ninguém está compreendendo o valor dele — comentou João de Oliveira com tristeza. — A vendê-lo por qualquer preço, prefiro deixar como está.

— E o enxoval de Sarita? — objetou Rosália.

— Farei um empréstimo.

— Como? Se teu ordenado não dá pra nada?

— Adiaremos o casamento.

— Mas eles estão apaixonados, João! Querem se casar de qualquer jeito...

Ouvia-se nesse momento a voz de Sarita gritar do quarto que se casaria apenas com duas combinações novas, e mais algumas roupinhas indispensáveis.

— A questão — prosseguia Rosália — é que esta casa é uma caixa de fósforos. Onde iremos alojar o casal? Teremos que sacrificar o piano de qualquer maneira para dar espaço. Nossa Senhora! Todo mundo hoje quer espaço, precisa de espaço!...

— Não, não! — gritou a filha lá de dentro. — Deixe quieto o nosso piano. Tão bonito que ele é.

— Tão silencioso — atalhou a mãe. — Tu mesma o abandonaste. Vives na vitrola.

A velha abriu a porta do quarto para falar mais de perto à filha. Estranhava que ela se pronunciasse dessa maneira. Lançou-lhe o dilema:

— Um marido ou um piano? Escolhe.

— Ah, um marido — respondeu Sarita com voluptuosa convicção. — Lógico...

E abraçando-se ao travesseiro:

— O meu maridinho, uai!

— Então!...

— Estás também contra ele, Rosália? — rugiu a voz de João de Oliveira.

— Ele quem, João?

— O nosso piano.

— Oh, João, tu me julgas capaz?!...

No dia seguinte, mal chegara do trabalho, João de Oliveira foi indagando:

— Muita gente hoje, Rosália?

— Sim, alguns pedidos de informação pelo telefone e um senhor que veio pessoalmente e ficou olhando muito para ele. E também o judeu de ontem.

— Disseram alguma coisa?

— Nada.

— Prometeram?

— Também não. Mas olharam muito, muito mesmo...

— Ah! Olharam? Com interesse, com admiração?

— Isso não sei dizer.

— Olharam sim, mamãe — interveio Sarita. — O velho principalmente. Só faltava, comer o piano com os olhos.

João de Oliveira comoveu-se. Já não fazia questão do preço. Queria apenas que seu piano fosse tratado com certa atenção. Ao menos isso. Podia não valer muito dinheiro, mas merecia consideração especial. Lamentava não estar presente, mas pelo que a filha dissera da atitude respeitosa do velho, sentia-se consolado da má impressão da véspera. Devia ser alguém sensível à alma dos velhos móveis...

— Deixou endereço, Sarita? Não? Ah... mas voltará na certa.

E se levantou para rondar a peça antiga. Namorou-a longo tempo.

— Meu piano! — disse baixinho, correndo-lhe a mão pelo verniz da madeira, como se acariciasse o pelo de um animal.

Nenhum candidato no dia seguinte. Apenas uma voz de sotaque, estrangeiro queria saber se era novo. Rosália respondeu que não, mas era como se o fosse, tão conservado estava.

— Amanhã é sábado — pensou Oliveira —; com certeza há de vir muita gente.

No dia seguinte, desceu de uma limusine um senhor com uma menina. Defrontando com a casinha modesta dos Oliveiras, perdeu a vontade de entrar, e informando-se na porta, mesmo da marca e da idade do objeto, tratou de voltar sem querer vê-lo.

— Muito obrigado. Não é preciso — respondia às insistências do dono. — Eu pensava que fosse coisa moderna. Passar bem...

João de Oliveira tomava as dores pelo seu piano. Desde que recebeu aquela herança de família, guardava-a com cuidado, sem pensar que seria forçado, num momento extremo como esse, a abrir mão dele. Ninguém, entretanto, queria reconhecer-lhe o valor. Ninguém!

Mas... e aquele indivíduo que apareceu na quarta-feira, e lhe fez tantos elogios arrebatados, disse que era uma maravilha e se recusou a adquiri-lo declarando que teria remorsos de comprá-lo por tão baixo preço, e que ele João, e mais dona Rosália cometiam um crime abrindo mão de tão preciosa coisa? Oliveira não entendeu o que pretendia esse homem.

— Estaria zombando ou falando sério? — perguntou à mulher.

— Parece um gaiato — observou a companheira.

— Talvez não, Rosália...

Mais depressa que seu marido, perdera Rosália as esperanças. Sua preocupação agora, quando o via entrar, era atenuar-lhe o aborrecimento.

— Quantos, hoje?

— Ninguém. Dois telefonemas. Não deram os nomes mas ficaram de vir — disse-lhe a mulher com voz calma.

— E o judeu?

— Acaba voltando na certa.

Durante dias ficara esquecido o piano.

Como quem gosta de ver pessoa amiga perder o trem só pelo prazer de gozar-lhe mais tempo a companhia, assim estava

João de Oliveira em relação ao seu velho móvel. Sentava-se perto dele, gozava-lhe os últimos momentos, apreciava-lhe a dignidade do aspecto, confidenciava-lhe coisas. Três gerações tocaram ali. A quanta gente fez sonhar, fez dançar! Tudo passava. O piano ficava. O único objeto que falava da presença dos antepassados. Meio eterno. Ele e o oratório.

— Vem, Sarita. Aquele trecho de Chopin, vê se te recordas.

— Ah, papai, é impossível; para se tocar nele é uma desgraça. Não dá mais nada.

— Não fales assim — sussurrou Rosália. — Não vês como anda teu pai...

Toda vez que o olhar de Sarita pousava sobre o piano, transformava-o em cama de casal em que ela se revia abraçada ao seu tenente de artilharia.

Durante dias e dias não apareceu nenhum pretendente. Apenas, de vez em quando, o telefonema espaçado do judeu, como a controlar as últimas pulsações de um moribundo.

O anúncio fora retirado. Rosália fazia sentir ao marido que o casamento era para breve.

— Como há de ser, João?

— Como há de ser o quê, Rosália?

— O piano!...

— Não vou vendê-lo mais — gritou João decidido. — Esses canalhas querem é explorar. Prefiro dá-lo de graça, mas a alguém que o preserve, que saiba o que ele representa.

Andava agitado pela sala. Uma expressão nova desenhou-se-lhe no rosto.

— Escuta, Rosália; liga para os nossos parentes na Tijuca.

Rosália compreendeu, satisfeita, o que o marido queria. João de Oliveira acorreu ao telefone.

— Pronto! Chame o Messias. Já saiu? Ah!, é a prima?... Olhe, venho oferecer-lhe o nosso piano de presente... Sim, de presente... Não estou doido, não... pois é... Justamente!... É isso mesmo... Não sairá da família... hein? Ah! sim. Muito pequeno mesmo. Então mandam buscar depois, não é?.. Absolutamente... Oh!...

Voltou-se depois para a mulher:

— Veja só! Pensou que fosse primeiro de abril. Não acreditou.

Rosália exultou com a ideia. João encaminhou-se depois para o velho móvel, como a consultá-lo sobre o que viera de fazer. "— Minha consciência está tranquila", pensou. "Tu não serás rejeitado, ficarás na família, no mesmo sangue. As filhas de minhas filhas te respeitarão, ainda tocarás para elas. Sei que não ficarás constrangido na casa do Messias, continuação da nossa..."

— Quando virão buscá-lo? — interrompeu Rosália, disposta já a arrumar o quarto nupcial de Sarita.

No dia seguinte, Messias, pelo telefone, pede confirmação aos parentes de Ipanema. Um piano de presente era muito, era demais. Estava perturbado e agradecido. Nem tinha acreditado.

— Mas é a verdade, Messias. Você sabe, não é? a nossa casinha é uma casca de noz. O piano não pode continuar aqui, e João não quer que ele vá para mãos estranhas. Ficando com vocês é como se estivesse conosco. Pode buscá-lo quando quiser sim?

Passaram-se alguns dias. Os carregadores não vieram. O casal Oliveira estranhou o silêncio do pessoal da Tijuca.

— Houve alguma coisa. Telefona, Rosália.

Atendeu a prima. Estava embaraçada. Cobravam uma fortuna pelo carreto.

— Vocês compreendem... Com essa falta de gasolina, não é?... Esperem mais alguns que o Messias está providenciando. Estamos contentíssimos. Só pensamos nele, Rosália...

A última frase soou falso aos ouvidos da mulher. Ao cabo de uma, semana, João de Oliveira interpelou o primo pelo telefone:

— Quer ou não quer, Messias?

Do outro lado da linha chegara a réplica em palavras gaguejadas:

— Ó parente, não imaginas como estamos desolados aqui. Ganhamos o presente e não podemos recebê-lo. Pedem um dinheirão pelo transporte. E por cima de tudo, nós aqui também não temos espaço. É um desespero essa falta de espaço! Somente agora pensamos nisso. Miquita está inconsolável.

— Quer dizer que não fica com ele, não é?

— Isto é, fico... ou melhor, não fico, mas...

João de Oliveira desligou secamente. Já estava compreendendo...

— Está vendo, Rosália! Nem dado querem saber do nosso piano, nem dado!

— Que se há de fazer, João! Todas as coisas acabam assim...

Ficaram tristes os dois. Sarita abriu-se num pranto sufocado.

A mãe amparou-a:

— Que é, filhinha? Não faz mal, havemos de vendê-lo por qualquer preço...

— Eu quero que ele saia quanto antes, mamãe. Faltam poucos dias e meu quarto nem está arranjado ainda! Não vejo nada para o casamento. Só esse piano enjoado para atrapalhar a minha vida, esse piano que ninguém quer...

— Fala baixo, minha filha, teu pai está ouvindo.

— É para que ouça mesmo — exclamou a moça no último soluço, enxugando os olhos.

João de Oliveira passou a noite quase em claro a meditar sobre a vida. Reflexões confusas, melancólicas em geral. Saiu cedo. Deixou-se ficar num botequim próximo: a conversar com um e outro indivíduo. "Que andaria fazendo seu marido por lá?", indagava Rosália a si mesma. João nunca tivera esse hábito.

A casa distava três quarteirões da praia. Dali não era visível o mar, de que se sentia apenas o cheiro e o barulho. E para além da avenida litorânea ainda havia largo trecho de areia até se alcançarem as águas.

João de Oliveira entrou acompanhado de um preto e de dois portugueses robustos em camisa de trabalho. Mostrou-lhes logo o piano. Os carregadores acharam que era grande demais. Experimentaram-lhe o peso. Seriam precisos mais três homens. Rosália e a filha tomaram-se de espanto. A mulher perguntou:

— Encontrou comprador?

— Não, mulher; não há comprador para esse piano.

— Presente?

— Não, mulher; não há mais quem queira recebê-lo de presente.

— Então, que é que vai fazer, João? Que é que está fazendo? — interrogou Rosália, pressentindo-lhe o gesto.

O rosto de João de Oliveira endureceu, enquanto seus olhos umedeciam.

— Atirá-lo ao mar?!...

— Sim, mulher. Vou atirá-lo ao mar...

— Ah! isso não, papai. Isso não! Que loucura! — exclamou Sarita.

Os homens esperavam.

— Que coragem, João! Que crueldade! Não haverá outra saída? — interveio a mulher. — Pense bem. Fica esquisito um piano lançado ao mar...

— Que é que você quer, Rosália! Não se afundam tantos navios?

A objeção do homem fez calar a mulher. E ele se animou.

— Pessoal! — ordenou aos homens. — Carreguem com ele. Vamos!...

Um dos portugueses adiantou-se para dizer humildemente que não podia fazer aquilo. O patrão que o desculpasse. Doía-lhe na consciência jogar tamanha coisa ao mar. Seria um crime.

— O patrão por que não faz um anúncio? O piano está ainda perfeito!

— Sim, eu é que sei! — respondeu ironicamente Oliveira. — Podem retirar-se.

Retiraram-se os homens. Um deles, o preto maltrapilho, concebeu uma coisa enorme: tomar o piano para si. Estava ali, à disposição de quem quisesse. Saiu olhando para o móvel, hipnotizado pela ideia de poder possuí-lo, só para ser dono de alguma coisa — e logo de um objeto de luxo — ele que não era dono de coisa alguma, senão de sua vida. Era sonho que podia ser realidade imediata. Mas para onde levá-lo também? E para quê? Nem tinha casa, nem sabia tocar...

Rosália encostou-se, chorosa, aos ombros do marido. João de Oliveira tinha uma expressão de crueldade no olhar.

— Ah, João!, que decisão horrível você tomou!

— Mas se ninguém o quer, e se ele não pode continuar aqui...

— Sim, João. Mas a gente sente... Ele sempre nos acompanhou. E fica esquisito, não fica? depois de tantos anos, jogá-lo ao mar!... Olhe como está sem saber nada do que vai acontecer. Há quase vinte anos ali, naquele canto, sem fazer mal a ninguém...

— Agora é você que está sentimental, Rosália!

A mulher olhou para o marido:

— Está bem, João: faça o que você quiser.

Na praia do Pinto e na Latolândia agrupam-se casebres miseráveis donde partem negrinhos para incursões nos bairros ricos, em bandos maltrapilhos, mas alegres. Assim, é fácil encontrá-los ora a pedir tostão para sorvete, ora admirando cartazes de cinemas, ora se espojando nas areias do Leblon.

Aquele dia o Atlântico amanhecera enfurecido pela ressaca. O piano estava tranquilo como sempre. E imponente na severidade de suas linhas.

Faziam-se os aprestos para o saimento.

João de Oliveira pediu à mulher e a filha que o despissem das peças que podiam ser aproveitadas. Foram retirados os castiçais de bronze. Arrancaram-se depois os pedais e ornatos de metal. Em seguida, a tampa de carvalho.

— Eu acho que não se devia tocar nele — opinou Rosália.

— Ih, já está tão transfigurado! — disse Sara.

Os moleques que João de Oliveira recrutara sem nada dizer à família ficaram na porta impacientes, à espera do aviso. Oliveira mandou que entrassem primeiro os mais fortes.

Eram quatro e vinte da tarde quando começou o saimento. Uma multidão de gente abria alas na calçada. O piano vinha vindo com certa dificuldade. Alguns curiosos avançavam para vê-lo de mais perto. Rosália e a filha ficaram contemplando da varanda de cima, abraçadas. Tristes. Não tiveram ânimo de acompanhá-lo. A cozinheira enxugava os olhos com o avental.

Ao chegar a procissão à esquina da rua transversal, indagaram os moleques:

— Para onde?

Todos queriam segurar o esquife ao mesmo tempo. E o piano quase tombava.

— Para onde? — perguntava-se de novo.

— Para o mar! — gritava João de Oliveira num assomo de comandante.

E apontava o Atlântico.

— Para o mar! para o mar! — repetia a meninada, em coro.

Daí por diante os moleques perderam o respeito. Compreendendo que iam dar sumiço a uma coisa respeitável, tomaram-se de súbita excitação e faziam algazarra. A todo momento tocavam a cachorrinha Doli, que saltava em cima e latia furiosa.

Das sacadas apinhadas de gente os moradores se espantavam:

— Que será aquilo, Mãe do Céu? Um piano!...

Ele já vinha voltado para o lado da praia donde soprava o sudoeste.

— Saiu do noventa e um! — gritou um pretinho informando as famílias.

— Oh!, é da casa de Sara.

— É da casa de João de Oliveira.

Um conhecido saiu à rua para interpelá-lo:

— Que foi isso? Será possível, João?

— Não é nada, não é nada! Eu sei o que estou fazendo. Não me atrapalhem.

— Mas por que não o vendes?

— Vou vendê-lo, sim... ao mar... olha lá... ao mar...

E afobado, com ar de carrasco, retomava a tarefa, dando ordens.

— Mais para a esquerda, pessoal... cuidado, senão ele tomba... fiquem só os mais fortes.

Vinha aos baques, exalando gemidos. De vez em quando um moleque metia o braço no labirinto da máquina e corria a mão pelas cordas, provocando-lhe os últimos estertores.

Uma senhora, da sacada, gritou para João de Oliveira:

— O senhor não o vende, por acaso?

— Não senhora, não vendo. Dou de graça. Quer?... — A senhora enrubesceu, sentiu-se ofendida e entrou logo. João de Oliveira, como um louco, oferecia de um modo geral: — Não haverá por aí quem queira um piano?

Aceitou-o mais adiante, no quarenta e três, uma família de exilados poloneses. Aceitou, cheia de espanto.

— Então podem ficar de uma vez com ele — gritou João de Oliveira.

Os poloneses desceram, acercaram-se do velho móvel, hesitantes:

— Nós ficaremos com ele... isso não há dúvida, mas... nossa casa é muito pequena, queríamos um prazo.

— Ou agora ou nunca! Ele já está na rua. Não querem, não é? Pessoal, toca o bonde!...

Os moleques se assanharam de novo.

E o piano cada vez mais se aproximava do mar. Balançava como barata morta levada por formigas.

João de Oliveira mal percebia que das portas e janelas de todas as residências partiam exclamações confusas.

— Mas isto é uma loucura! — bradava alguém de outra sacada.

— Loucura, não é? — volveu João de Oliveira sarcástico, olhando para cima. — Então fica com ele, fica...

Mais adiante, ao passar por outras janelas, repetia-se a cena. Todo o mundo achava que era loucura, todo mundo queria o piano; bastava, porém, que o dono o oferecesse de graça, assim à queima-roupa, para que todos se descartassem, embaraçados.

Quem está preparado para receber de supetão um piano?

João de Oliveira já não dava mais explicações a ninguém. Prosseguia resoluto, acompanhado por um sussurro de vozes e lamentações.

A procissão parou por ordem de alguém. Motociclistas da polícia cercaram o velho móvel. João de Oliveira dava agora explicações demoradas. Exigiram-lhe os documentos. Foi a casa buscá-los. Achou que eram naturais as exigências da polícia, devido ao estado de guerra; com relação, porém, ao que estava fazendo, ponderou que era em virtude de decisão tomada em família, uma coisa íntima, de que não tinha que dar satisfação a ninguém. Estava fazendo uso de um direito: jogar fora o que entendesse. E pondo a mão sobre o seu piano como quem acaricia a testa de um amigo morto, comoveu-se, começou a discorrer sobre a vida dele:

— É uma peça antiga, das mais antigas que existem. Tinha sido de seus avós, gente que prestara serviço ao Império.

Ficou a contemplá-la.

— Bom piano, podem acreditar. Músicos famosos tocaram nele. Diziam que para Chopin não havia igual. Mas que vale isso? Ninguém o aprecia mais. Os tempos estão mudados. Sara, minha filha, vai casar-se, morar comigo. A casa é pequena... Que se pode fazer? Ninguém o quer. Não há outra solução.

E acenava para o mar.

Estava acabrunhado. Os carregadores improvisados impacientavam-se com essas interrupções. Queriam vê-lo quanto antes afundar-se nas águas.

Carrocinhas de pão, entrega dores de volumes, estafetas, senhoras e crianças completavam a massa dos acompanhantes.

Os policiais examinaram-no por dentro, nada encontraram de grave e, restituindo os papéis ao dono, recomendaram-lhe que andasse depressa com aquilo, o trânsito não podia ser perturbado.

Formou-se um grupo e um fotógrafo bateu a chapa. João de Oliveira saiu ao lado numa pose triste. Acabou impacientando-se também com essas paradas que prolongavam os momentos finais do seu piano.

Anoiteceu rapidamente. Um guarda observou que depois das dezoito horas não era permitido. Só no dia seguinte. E o mar ficou esperando...

Dispersaram-se os pretinhos. Seriam gratificados depois.

Estranhou-se que no bairro, aquela noite, aparecessem tantos moleques com teclas nas mãos, ossos de algum extinto piano.

Ficara o móvel na rua, tal como o deixaram, adernado entre o meio-fio e o asfalto. Posição ridícula. Cercaram-no logo os transeuntes, rapazes e moças do *footing,* a fazer comentários. João de Oliveira voltou para casa, aborrecido. Algumas amigas de Sara vieram perguntar o que tinha havido.

Pela madrugada, João de Oliveira é a mulher acordaram ao barulho forte da chuva. Vento e chuva juntando-se ao rugido da ressaca. Acenderam a luz. Entreolharam-se.

— Eu estava pensando nele, Rosália...

— Eu também, João... O pobrezinho! Desabrigado, apanhando chuva... Com esse frio!

— E as águas a entrarem pela máquina, a estragarem tudo, a camurça, as cordas... que coisa horrível, hein, Rosália?

— Afinal, foi uma ingratidão o que fizemos, João.

— Não quero nem pensar, Rosália...

O vento fustigava as frondes que os relâmpagos descobriam. João de Oliveira adormeceu de novo num sono agitado. Despertou logo em seguida. E começou a contar à mulher que ouvira o próprio piano repetir tudo o que se havia tocado nele... Mas com muito mais alma!...

— Uma porção de mãos, Rosália... Mãos diferentes, de diversas mulheres. As de minha avó, as de minha mãe; as tuas; as de minhas tias, as de Sara. Mais de vinte mãos, mais de cem dedos brancos ferindo o teclado. Nunca ouvi músicas tão bonitas. Uma coisa sublime, Rosália. Certos acordes as mãos mortas tiravam melhor que as vivas. Muitas moças de outras gerações estavam atrás, a ouvir. Perto, nossos parentes se namoravam, pediam-se em casamento. Não sei por que, todos olhavam para mim com certo desprezo. De repente, os dedos se retiraram; ouviu-se a *Marcha fúnebre*; o piano se fechou a si mesmo... tomou a enxurrada... deslizou para o oceano... eu gritei... mas já era tarde, não me atendeu mais. Parece que partiu ressentido, Rosália!... E me deixou na rua, só, com vontade de soluçar.

João de Oliveira arquejava. O misterioso concerto deixara-o extasiado. E com remorsos.

Esperou que a madrugada rompesse. Cessada a chuva, saiu a recrutar de novo os moleques. Desejava agora que tudo se consumasse depressa.

O vento agitava a bandeira vermelha do posto e o oceano rumorejava como se fizesse a digestão do temporal da noite. Os meninos compareceram em número menor. Havia homens grandes, no meio. João de Oliveira, com voz rouca, reassumiu o comando. Na areia, o piano rolou com mais dificuldade. Finalmente o lambeu a língua comprida das ondas.

Algumas famílias, de longe, na calçada, assistiam ao espetáculo. Era preciso empurrá-lo mais, até que a força da arrebentação se incumbisse de arrastá-lo para o fundo. Dois vagalhões enormes se despejaram sem resultado sobre ele; o terceiro fê-lo estremecer; o quarto levou-o para sempre.

João de Oliveira, acabrunhado, permaneceu boquiaberto, em tempo de ser levado também. Sentiu um silêncio enorme no mar. Ninguém percebeu que chorava, tanto as lágrimas no seu rosto borrifado se confundiam com as gotas do mar.

Viu Sara de longe reclinar-se nos ombros do tenente. Doli estava ao lado, de focinho suspenso; dormia sempre debaixo daquele piano. Foi bom que Rosália não viesse.

Muita gente se juntava depois na praia, a pedir informações. Que teria havido? Constou a princípio que uma família inteira de poloneses se havia afogado; depois, que fora uma criança. Alguns afirmavam que não: era uma senhora que se suicidara, desiludida do amor. Só mais tarde se soube que se tratava de um piano.

A vizinhança de João de Oliveira postara-se à janela:

— Lá vem o homem! — anunciou alguém.

Oliveira passou olhando para o chão, cercado de um respeito geral. Entrou em casa.

— Ele se foi, Rosália. Dessa vez, definitivamente!

— Vai primeiro mudar a tua roupa, João.

— O nosso piano nunca mais voltará, Rosália!...

— Claro que não; foi para isso mesmo que o atiraste ao mar.

— Sabe lá se ainda vai dar em alguma praia? — lembrou a voz de Sara.

— Não se pensa mais nele. Acabou. Está acabado. Sara, chegou a vez de arrumarmos teu quarto.

Houve uma pausa. João de Oliveira prosseguiu ainda na lamentação:

— Eu vi as ondas engolirem-no...

— Chega, meu marido. Chega!...

— ... ele ainda voltou à tona duas vezes!

— Já acabou! Não se pensa mais, João.

— ... Eu não queria dizer, para não passar por doido... todo o mundo agora deu para pensar que sou doido... talvez eu seja o homem mais equilibrado do meu quarteirão... mas, nessa hora, eu percebi claramente que ele executava a *Marcha fúnebre*.

— Isso foi no teu sonho desta noite — lembrou Rosália.

— Não, foi ali no mar, agora há pouco, à luz do dia... Tu não ouviste também, Sara? Depois... depois... uma espumarada horrível cobriu-o todo.

Fez com a cabeça um aceno de quem defronta o irremediável. E ficou conjeturando:

"— Deve estar longe a estas horas. Sempre debaixo das águas... Passando por coisas estranhas. Destroços de navios... submarinos... peixes. Um móvel que nunca saiu desta sala... Daqui a anos vai dar nalguma ilha. E quando Sara, Rosália e eu estivermos mortos, ele andará ainda recordando as músicas antigas. Em que mar, em que costa?..."

Sarita passeava o olhar pela saleta vazia e se detinha no pedaço de chão há quase trinta anos ocupado pelo piano. Toda vez que o fazia, as linhas do velho móvel se estiravam e convertiam-se em macia cama de casal. Começava a perturbar-se com esses devaneios, quando alguém bateu à porta. Entrou um sujeito com uma intimação. Havia suspeitas que dentro do piano afundado se escondesse alguma estação de rádio clandestina, a que seu pai quisesse dar sumiço. Que ele comparecesse ao distrito policial para prestar esclarecimentos. Era medida aconselhada pelo estado de guerra, que se podia fazer?

Oliveira consumiu o resto do dia no interrogatório. Voltou tarde.

— Que vida, Rosália! disse, caindo desanimado na poltrona. Que vida! Não se tem o direito nem de atirar fora o que é nosso.

Permaneceu calado, sentindo a opressão de tudo. Fez-se um silêncio. Meditou algum tempo e falou:

— Você já reparou, Rosália, como a gente custa a se desembaraçar das coisas antigas? Como elas agarram?

— Não só as coisas antigas — ponderou Rosália. — Também as velhas ideias.

Doli farejava o antigo local do piano. Uivou surdamente e dormiu. Tocou de novo a campainha. Entrou um cavalheiro que tirava papéis da pasta. Disse vir da parte da Capitania do Porto.

— O senhor é João de Oliveira?

— Sim, sou João de Oliveira.

— Que é que o senhor atirou ao mar esta manhã?

Oliveira, estupefato:

— Mas isto aqui não é mais porto, meu senhor. É oceano...

— Por acaso o senhor pretende me ensinar a diferença?

O homem renovou a pergunta e acrescentou-lhe uma advertência para ajudar a resposta:

— Hoje não se pode estar assim dispondo do mar para qualquer coisa. O senhor tinha licença?

Oliveira humildemente perguntou se tinha sido mal aquilo que fizera.

— Pois o senhor não sabe que estamos em guerra? Que as nossas costas precisam ser protegidas? Que os nazistas não dormem?

— Mas foi um simples piano, meu senhor!...

— Pouco importa. E teria sido mesmo um piano? O senhor está bem certo disto?

— Eu acho que estou — balbuciou inseguro de si mesmo, a olhar para a filha e para a mulher. — Não foi um piano, Rosália? Não foi, Sara?

— Onde é que estás com a cabeça, João? — exclamou Rosália. Então não sabes que foi o piano?

A dúvida do marido surpreendeu a todos. Oliveira ficou cismando. Depois disse:

— Eu pensava poder jogar no mar o que entendesse.

— Não senhor! Era só o que faltava...

Ergueu-se como alucinado:

— E se eu quiser jogar-me no mar a mim mesmo, posso?

— Isso depende — respondeu o homem da Capitania.

— Depende de quem? Só de mim, ora essa! Eu sou livre. Disponho de minha vida....

— Muito menos do que parece. Bem. Não estou aqui para discutir tolices. Compareça amanhã à Capitania do Porto. Treze horas em ponto.

Retirou-se. Sarita vê entrar o tenente e corre a abraçá-lo.

— Olha onde vai ser o nosso quarto, querido. Ficou bom agora, não é, Luís? Bom mesmo.

— É Ficou bom. E onde vão botar o novo?

— O novo?!

— Sim; pois não vão comprar outro?

Sara e a mãe entreolharam-se com espanto.

— Eu sou louco por piano — confessa-lhe o noivo. — Vocês não imaginam como a música me descansa. Tiro de canhão, toque de corneta, vozes de comando... isso acaba arrebentando os ouvidos... já não aguento mais!

Sara teve um acesso de tosse. João de Oliveira, mal cumprimentara o futuro genro, foi caminhando até a porta. Sentia-se sufocado. Precisava respirar a noite.

Quem mais surgiria do seio dela a pedir-lhe satisfações, a fazer novas exigências? Como poderia supor que um piano, escondido de todo mundo, vivendo vida anônima, fosse coisa pública, protegida pela vigilância dos outros, pelas leis da cidade!...

Para que fora bulir nele? Estava longe agora, viajando milhas... Longe... A caminho dos mares do Sul... E livre. Mais que ele, que Sara, que Rosália. Quem se sentia abandonado agora era ele, João de Oliveira. Ele e sua família. O piano, não. Partira para a aventura. Mudara de ambiente. De caráter, com certeza... Antes, era de casa, só para a família. Agora, já não é mais seu piano. Uma coisa solta no mundo. Cheia de vida, de orgulho... Que se move debaixo dos mares. Que ressoa... Que é abraçada por todas as águas e pode ir para qualquer direção.

Para que fora bulir nele?

Na sombra do arvoredo, em frente, os negrinhos esperavam gratificação suplementar. Fizeram muita força aquele dia. Mal se lhes distinguiam na escuridão as cabecinhas rapadas. No meio deles, o vulto de alguém que não era desconhecido e que, abrindo o portão do jardim, pedia licença para entrar.

João de Oliveira a custo reconhecera naquele vulto o judeu, mas nada percebera da proposta que ele lhe fazia e em que se falava de um piano.

— Um piano!... Que piano?..

TATI, A GAROTA

a ribeiro couto

VENDO QUE ERA MESMO IMPOSSÍVEL, Tati desistiu de pegar o raio de sol estendido no chão. Os dedos feriam a terra inutilmente: o reflexo não tinha espessura.

Seu capricho agora era com a água. Queria ver se retirava ao menos um pedacinho do tanque, mas o líquido suspenso em suas mãos vira uma coisa diferente que se desmancha logo, cintilando entre os dedinhos. E na superfície do tanque não ficava a menor cicatriz!...

É a primeira vez que Tati brinca na água com intenção de agarrá-la, de sentir-lhe o mistério. Fica tão absorta, que os apelos "Anda... Tati! Larga isso, menina!", que vêm da janela, nem chegam a ser ouvidos.

Logo depois, começa a ventar. Mas, com o vento era diferente: Tati já sabia que ele nunca se deixa agarrar nem ver, embora viva sempre em toda parte dando demonstrações de sua presença. Esse vento!...

Antes de subir, joga água em si mesma, apressadamente, borrifando-se no rosto, no vestido, como mulher que se perfuma.

Chegando a noite, Manuela atira-se à cama, sem responder a algumas perguntas que lhe faz a filha, sempre intrigada com a água. Debaixo das cobertas, Tati ainda balbucia os últimos pedidos: um carrinho e um patinho igual ao que viu nas mãos de outra criança.

— Esse menino que tinha patinho, não sabe, mamãe? comia cada, bombom que só você vendo!... O papel era uma beleza! Aqui, eu acho que todo mundo come muita bala, também...

— Dorme, Tati.

— Aqui é bom.

— Dorme...

O mar seria visto em toda a sua extensão se não fosse o arranha-céu. Os outros personagens da vida de Tati, as amiguinhas do subúrbio, de onde a mãe se mudara, baralharam-se-lhe naquele momento na memória. Uma porção de crianças sumindo-se na poeira, na neblina, dentro da noite... Quem mais necessitava do sono era a costureira. Exausta, só no dia seguinte trataria de pôr em ordem o aposento. O bairro era outra coisa agora, bem diferente de há seis anos atrás, quando costurava para uma família rica, já grávida de Tati. O rapaz se casara e partira para a Europa. Para que pensar em coisas tristes?...

— Mamãe esse barulho é mar, não é?

— É. Não tenhas medo, não. Dorme...

A mãe se enganou. Tati não estava com medo; estava era louca por que o dia amanhecesse depressa e ela pudesse correr até a praia, chegar bem perto das ondas. Enquanto a mãe dormia, Tati, ainda acordada no quarto escuro, sentia estar num lugar muito diferente, muito longe de tudo. Os trens do subúrbio não passavam ali. Ouvia-se tanto e tão perto o mar que, na escuridão, parecia que o quarto navegava...

Quando, na manhã seguinte, a menina abriu os olhos, uma faixa de sol cortava ao meio o corpo da costureira. Tati ficou esperando que ela acordasse. Em vez de despertá-la diretamente, começou a fazer barulho, como se fosse sem querer. As perguntas a fazer-lhe estavam se acumulando na sua impaciência. O corpo de Manuela dividia a cama em duas metades, como uma muralha branca. Tati imaginou que o outro lado seria o melhor; deu uma cambalhota e passou-se para o outro lado. Gostou e riu. Quis repetir o salto e transpôs novamente a colina de carne no vale da cintura. — Ih! esta mamãe não acorda.

Era grande sua mãe. Como ela começasse a despertar, Tati se alvoroçou, agarrou-se a seu rosto, aos beijos, cascateando frases e perguntas:

— Mamãe, você pode ter um filho patinho?... Eu já acordei, já fui até lá longe, no fim do corredor... Essa casa é engraçada. Deixa eu ir ver o mar agora?

Logo depois, a figurinha da criança se perdia entre as pernas dos pescadores de arrastão.

O bairro tinha agora mais aquela garota. Pediam-lhe cachos de cabelo, mexiam com ela, davam-lhe restos de frutas na quitanda. Duas vezes, a mãe pensou que ela tivesse sido raptada. Os motoristas do "ponto" levavam-na como mascote. A costureira, a princípio, se assustava, depois se habituou.

— Olha, se foges para o meio do arrastão, os pescadores um dia te pisam, e te botam no balaio, pensando que és peixe.

Tati está ouvindo com atenção. Ser jogada no balaio, de mistura com os peixes!

"— E depois, mamãe?" — "Depois... eles te vendem aos fregueses." — A garota, emocionada agora, sente-se vendida. Estava quase a chorar, imaginando o seu destino: cortada, frita ou cozida, explicou-lhe a mãe. — E servida, depois, nalgum pastelão ou *mayonnaise*, você vai ver.

Os gritos de dois garotos na calçada interrompem-lhe a angústia. Tati desce depressa, aos trambolhões. Lá de baixo ainda faz uma pergunta:

— Não vou ser vendida, não! Não é, mamãe?

Era a hora combinada para uma concentração de bonecas num lote vazio. Chegaram algumas crianças timidamente, cada qual sobraçando uma boneca pavorosa. Tati, a mais despachada, ia-as colocando de maneira a que formassem uma grande família. As bonecas de pano, pretinhas, se misturavam, no terreiro com as brancas, de louça, com as índias e mulatas de palha de milho. Uma menina, que se conservava longe, agarrando a sua, acabou aderindo. Mas a que ficou solitária, no sexto andar do apartamento, apenas olhava, cheia de inveja. De baixo, as crianças gesticulavam para ela:

— Vem brincar também, boba! Vem!

A ama, quando a mamãe saíra a passeio à cidade, tivera ordem de não deixar. A garota estava louca de vontade. Um moleque que apreciava a festa de longe, gargalha:

— Olha aquele lá, sem cabeça! Que gozado!...

Era o Gerê, guilhotinado o ano passado numa janela. Esse boneco não devia figurar no meio dos outros. Mas Tati votava-lhe estima particular. Sujo, esventrado, arrastado pelos cachorros, tantas vezes encharcado pela chuva e salvo da lata de lixo, Gerê vinha tendo quase a mesma idade e era o companheiro inseparável de Tati.

— Espera aí, que vou buscar a cabeça dele! — disse Tati, correndo.

Não achou a cabeça. Na janela do apartamento, a menina solitária exibia uma boneca maravilhosa, que seria a rainha no meio das outras, se descesse. Tão imóvel parecia a menina da janela e bem vestida, que não se distinguia bem qual das duas era a boneca. Tati, ao voltar, explicou que Gerê era assim mesmo: de vez em quando, caía-lhe a cabeça; as pernas, as tripas, já foram mudadas.

— Vocês não estão vendo este braço aqui? Pois foi mamãe que botou. Mamãe vai dar agora um bebê de verdade. Quando papai chegar, ele vai colar a cabeça.

— Você tem pai?

— Tenho, uai! Tenho até muitos...

As crianças se riram. Tati ficou desconcertada.

— A gente tem um pai só, boba! — explicou uma lourinha.

Tati ficou imaginando que ter mais de um, ter muitos, era até mais vantajoso. Mas as crianças continuaram a rir. Então, pensou Tati, com certeza era porque só se podia ter um pai... e o dela, nesse caso, devia ser... quem? O seu Vicente, com certeza, que a levou a Niterói tantas vezes, que lhe compra brinquedos, que a acompanha à Feira de Amostras — o melhor lugar que já se viu no mundo...

Mas ficou na dúvida. Parecia-lhe que a mãe lhe havia dito, há muito tempo, que o pai tinha viajado — viajado ou morrido, não se lembrava bem. Outros pareciam "pai", mas desapareceram logo, Tati se esqueceu deles. Um, com quem simpatizara, que passeara com ela num domingo, já era pai de outra menina, estava ocupado... Precisava, entretanto, arranjar pai, cada amiguinha tinha o seu, que era visto todo dia saindo cedo e voltando com embrulhos, com certeza de bombons. Ficaria então sendo o seu Vicente mesmo, nome que lhe acudira assim de momento.

— Eu acho que meu pai é o seu Vicente... — disse sem convicção.

As crianças sorriram.

— Então você não sabe quem é seu pai?... Que é isso?...

Apertada pelas perguntas, Tati achou melhor correr para casa. Sua mãe é que devia saber tudo. Ao passar debaixo do arranha-céu, recolheu, maravilhada, uma caixa vazia de bombons atirada lá de cima. Pediu à mãe os esclarecimentos. Não compreendeu nada, mas deu-se por satisfeita.

— ... Enfim, teu pai, não sei se voltará — disse-lhe Manuela. — Também para que ter pai?

— As outras usam, mamãe...

— Tua boneca tem pai, tem? Então!?

Tati deixou cair uma cortina sobre esse mistério. Mas devia ser aquilo mesmo: boneca não precisa ter pai... Tinha mãe, que era ela, Tati.

À porta parou uma garotinha sobraçando Gerê e Carolina, os dois bonecos que ficaram esquecidos no brinquedo. Carolina apresentava uma inchação no braço: "— Acho que foi escorpião que mordeu ela, lá no mato, mamãe!... Eu posso ir na praia?" "Quando neném nascer, eu levo ele lá para brincar comigo. Você deixa, não deixa, mamãe? Carolina também vai." Uma hora depois Tati voltava em pranto, toda suja de areia, indignada com um avião que passou baixinho por ela, quase lhe levando a cabeça.

— Garanto que foi de propósito, mamãe. Garanto... Eu xinguei ele e ele voltou com mais raiva ainda...

Contou então que ela e a pretinha, quando perceberam o avião voltando, se haviam deitado na areia; pois não é que o bicho ainda esvoaçou mais baixo, mesmo em cima delas, como um gavião enorme!...

— Uma coisa medonha, mamãe!

Horas monótonas, depois que todas as amiguinhas seguiram para a escola. Que fazer? Ninguém quer brincar. Não há ninguém para brincar. A filha do tintureiro não se mexe, quase nem fala. É com a pretinha Zuli que Tati se arranja. Já plantaram feijão e milho na areia. Feijão e milho de verdade. Tati deseja também ir para a escola, carregando a maleta cheia de objetos. Aliás, a escola tinha menos importância, o principal era a maleta com os objetos. Fica horas rabiscando à porta de entrada, aprendendo sozinha. Começa a conceber uma carta para o bebê que ia nascer. Queria dizer-lhe que viesse depressa, o novo bairro era uma maravilha, o mar pertinho mesmo.

Às vezes, à sua maneira, cantava o "Ouviram do Ipiranga", e se imaginava na escola.

— Vai chamar mamãe — disse-lhe uma freguesa ao chegar à porta.

— Não posso.

— Uai! Você é tão boazinha! Vai.

— Você não vê que estou trabalhando!

Ficou séria. Depois de algum tempo, levantou para a desconhecida o papel:

— Vê se saiu algum negócio aí. — A mulher finge ler alto qualquer cousa na folha rabiscada. Tati se levanta, exclama exaltada: — Pois é isso mesmo que eu tinha escrito! — E, logo depois, subiu ao primeiro andar: — Mamãe, eu aprendi sozinha a escrever. Sabe como é que a gente faz? A gente esfrega bem o lápis no papel, esfrega bem e pronto! Sai logo uma coisa; lê isso aqui.

A mãe sorri, olhando para o papel. Depois pergunta:

— E esses rabiscos?

— Isso é o Brasil... — A menina tomou-lhe de novo a folha e, deitada no chão, continuou rabiscando: — Mamãe, acho que tem uma moça chamando você lá embaixo...

— Por que não me disse logo?

— Me esqueci.

Tati só deixava de ser alegre quando dormindo. Mesmo assim, se tocassem nela, a garota sorria. E amanhecia sempre rindo, como o sol. Quando lhe perguntavam por ela, a mãe respondia: "— Sei lá! Anda por aí pulando..."

As pessoas da vizinhança assustavam Manuela: "— A senhora ainda perde sua filha. Esses choferes não têm entranhas, os caminhões são malucos!" Que podia ela fazer? Não tinha quem tomasse conta da filha, Prendê-la, impossível...

Brincava sempre na calçada do lado esquerdo do arranha-céu. O lado milagroso. Era de lá que caíam os objetos. Depois que descobriu esse segredo, a menina passava horas ali, na expectativa. Constantemente entravam embrulhos no edifício. Tati imaginava que lá dentro se passava muito bem. Uma espécie de paraíso. De vez em quando descia uma nuvem de papéis multicores que ela apanhava depressa, maravilhada. Sempre do lado esquerdo. Uma mulher loura, que devia ser uma fada, tinha mania de jogar fora objetos de pouco uso. De propósito já atirara aos pés de Tati uma bonequinha e um vidro vazio de perfume. Certa vez, a garota entrou na casa com um porta-seios amarrado à cintura. Tinha-o encontrado no capinzal do outro lado do arranha-céu. Achou esquisito que aquilo houvesse chamado a atenção de todo mundo. De outra feita, apareceu com uma seringa de borracha, mas sua mãe lhe arrebatou imediatamente das mãos o estranho objeto. Tati ficou sem compreender. Sua mãe era formidável, mas fazia muita bobagem. Que é que tem seringa?...

Já há muito não cai nada do lado esquerdo. Com certeza a fada se mudou. Enquanto espera o vulto de cabeleira loura, joga "amarelinha" com a preta. Avista o Pão de Açúcar e diz pulando na corda: "— Eu vou lá um dia." Olhando para o sétimo andar: "— O arranha-céu hoje está ruim. Quando eu subir o Pão de Açúcar, vou jogar pedra nos navios que passam embaixo; tem um homem que largou mamãe e que foi-se embora num navio..."

Não caía mesmo nenhum brinquedo do arranha-céu. O calção de Tati secava-lhe no corpo e do mar ventava frio.

No dia seguinte voltou na esperança de encontrar ainda alguma coisa. Mas não podia olhar para cima, para o apartamento da fada, que a cabeça lhe doía.

Uma vizinha gritou para Manuela que viesse depressa carregar a criança. Se não queria vê-la morta!... A portuguesa da quitanda tapava a cara para não presenciar o esmagamento.

— Parece até criança enjeitada...

Mas os motoristas faziam a curva com agilidade os pneumáticos cantando, e Tati continuava dormindo no asfalto, quase no meio da rua. Manuela desceu, arrecadou a filha. A menina estava febril, respirava mal. Mudaram-lhe a roupinha, limparam-lhe a cara.

Dessa vez, não achou sabor no passeio de ônibus. Mal teve tempo de agarrar Carolina no tumulto da saída. Foi levada num turbilhão para a cidade. Apearam-na, meteram-na num elevador, tudo num turbilhão. Num turbilhão foi embrulhada no lençol, deram-lhe injeções, arrancaram-lhe as amígdalas. Dias depois, mal pôde recordar-se do que lhe sucedera. Só se lembrava dos dois brutos de avental que a agarraram, do sangue que saía pela boca e molhava a bacia. Não compreendia como é que sua mãe, tão poderosa e tão boa, houvesse consentido em tamanha estupidez. Ficou ressentida durante dias, soluçando às vezes; mas, com os sorvetes sucessivos que a mãe lhe dava, convenceu-se que ela continuava a ser a mesma. Narrava com orgulho a outras crianças a proeza em que estivera metida.

— Você agora não saia de perto de mim, ouviu?

Tati aceitou. Com a condição de ganhar mais sorvetes. Seu lugar ficou sendo a janela. Passava horas quietinha lá em cima, espiando a vida. Que graça tinha aquilo? Domingo pau! Viu uma onda enorme crescendo para se arrebentar na praia.

"— Mamãe, chegou agora uma onda do tamanho do arranha-céu. Eu pensei que ela fosse levar a nossa casa..." Continuou espiando. Não acontecia nada, não passava ninguém. De repente, observou: — "Mamãe, subiu um homem de preto!..."

A costureira nada respondia, mais atenta ao rumor íntimo de seus pensamentos do que ao barulho da máquina e à voz da filha. O tempo passava. O tédio pesava. Até o mar parecia dormir. Tati também quase dormia no parapeito. De novo a voz dela: "— Mamãe, mamãe! Desceu outro homem de preto..." Fez uma pausa. — "Isso é engraçado, não é?"

Manuela, com o pensamento longe. A máquina parou o movimento. A costureira agora se assusta, porque os gritos que vêm da janela são fortes.

— Mamãe, mamãe!...

— Que é, minha filha? Que foi?... — Manuela receava que a menina estivesse a precipitar-se. Entrou atemorizada no aposento.

— Mamãe — perguntou-lhe Tati, baixando a voz —, quando é que eu vou ficar grande?.

— Assustando sua mamãe!...

Da janela, apontando para os horizontes do mar, pedia explicações:

— Pra lá, o que é que tem?

— É o mar ainda.

— E depois?

— Depois, é a África.

— E pra lá?

— Pra lá é a Tijuca.

— Não! Eu pergunto: pra lááá, o que é que tem?

— Ah! minha filhinha, não sei não, sua mãe tem mais o que fazer.

— E pra lá? — insistiu ainda, virando-se para outro lado

— É o resto do Brasil. Depois é a América do Norte.

Com ar de interpelação:

— E o mundo mesmo, onde é que fica?

— Uai, bobinha, o mundo é isto tudo!...

O que Tati quereria fazer se não estivesse presa era abrir um túnel na areia, brincar de casinha, e depois subir o elevador do arranha-céu para ver melhor o mundo que Manuela lhe vinha explicando. Mas sua mãe estava ruim aquele dia, proibiu tudo e agora jogou-a na cama. Sem ação, sem sono, começa a imaginar e faz perguntas:

— Mamãe, filho de elefante já sai daquele tamanho? Por que é que bicho não fala, hein?... Você não sabe o Zequinha? Ele é moleque mesmo... Outro dia ele quis suspender a minha saia, eu dei um soco nele. Eu também tenho muque, não tenho, mamãe? Quem tem mais muque que eu sei é o seu Vicente, mas o muque de Popeye ainda é muito maior... O muque de Deus, então nem se fala, não é, mamãe?...

Era o defeito de sua mãe, refletia Tati: quase não conversa. Quando conversa é com gente grande sobre costura e doenças:

— Só bobagens. Saltou no colo dela. Era quente esse colo.

Tati esperava amanhecer para se dirigir ao mar. O mar estava sempre em seu pensamento, diante do olhar ou nos ouvidos. Louca por ele. Respeitava-o como à sua mãe. Ambos eram até parecidos, não sabia bem por quê. Grandes, poderosos e macios, podendo enraivecer de repente, podendo matá-la se quisessem. Misteriosa, sua mãe era também; mas perto dela, como agora, Tati se sentia abrigada, ao passo que o mar era terrível, oh! terrível...

— Não brinca muito longe de casa — recomendou-lhe Manuela, quando o sol do dia seguinte clareou a praia. A criança respondeu que tinha pensado num brinquedo muito bom para não ir longe — o de horta. Num canto do terreiro abriu com a pretinha uns buraquinhos, atirou dentro grãos de milho e feijão. Uma empregada da lavanderia disse que pegava. Os dias iam passando.

— Quando você for na cidade você me leva, mamãe?

Delícia era ver as vitrinas. A princípio Tati queria possuir tudo que aparecia nelas. Custara a compreender como é que as pessoas não furtavam aquelas maravilhas. Agarrada ao dedo de sua mãe, ia ouvindo as razões por que não se podia fazer isso. A explicação não a convence, tanto mais que outros mostruários belíssimos de frutos, brinquedos e objetos bonitos vão sucessivamente se oferecendo e provocando.

— Eu acho que neste mundo tem tudo, não é, mamãe?

Impressionada com uma vitrina de queijos, pergunta qual a árvore que dava aquilo. Alguns manequins, parecendo gente de verdade, a irritavam; tinha vontade de atirar pedra neles. A mãe se demora nas compras, a garota aproveita as quadras do passeio para jogar amarelinha. Indiferente aos empurrões, vai sendo arrastada para longe, pela onda de transeuntes apressados. Meu Deus, em que casa mesmo entrou sua mãe? Tati já está longe, mais absorta no jogo do que amedrontada. Mas sua mãe está demorando. De que porta sairá Manuela? Sente-se perdida, angustiada, a querer gritar pela salvadora, quando uma mão aflita a agarra e lhe dá um beliscão. Viera assustada sua mãe. A garotinha chora. E como pede entre lágrimas um automovelzinho, a mãe não sabe se está chorando pelo beliscão ou pela falta do brinquedo. A costureira consulta a bolsa. O dinheiro não dá. À porta de uma casa de pássaros, Manuela não tem forças para arrancar a filha do êxtase que a deixara ali boquiaberta. Os canários cantavam e saltavam.

Tati foi logo escolhendo com avidez:

— Eu quero aquele, mamãe; aquele que está mais maduro...

E os peixinhos no aquário agora!

— Ai! que coisa mais linda do mundo, você um dia me dá aquilo, mamãe?

Tati quase perde a respiração diante do aquário.

Mais adiante, à entrada da Policlínica, lembra-se de dizer que está sentindo o "cheiro do dr. Almeida", o que a operou.

Aqui, seus olhos se levantam com terror para o rosto de Manuela. Estaria sendo conduzida para algum novo sacrifício?

Ficou caladinha, sua mamãe prosseguiu, entrou em outras casas, cumprimentou gente, discutiu preços. O perigo passou... Tati respirou. Sua mamãe sempre desembaraçada e corajosa, os homens a olharem para ela e ela firme, sem se perder na floresta da cidade!

Era mesmo formidável sua mãe! Tati a admirava. As meninas do bairro, às vezes, apostavam quem tinha mãe mais importante, mais bonita. Foi quando estacionara na calçada uma senhora trajada com luxo, que uma das garotas gritou orgulhosa: "— Aquela ali é que é minha mãe, olha lá!" A mulher impressionava, pela riqueza da *toilette*. As outras meninas olhavam com respeito. Tati ficou a contemplá-la, meio triste. De repente, abriu um sorriso, deu um grito: "— Mas quem fez o vestido dela foi mamãe, taí." "— Foi nada! É prosa sua!" "— Foi, sim! Qué vê?" — Atravessou a avenida e fez a pergunta: "— Não foi mamãe que fez o seu vestido, moça?" A senhora se atrapalhava com a bolsa, o *lorgnon*, e as luvas. "— Não foi mamãe que fez, moça?" Um ônibus foi parando, a senhora embarcou depressa, um tanto perturbada. Tati ainda exclamou atrás do veículo: "— Foi mamãe, sim, foi mamãe!"

Como a discussão terminasse em briga, Manuela prendeu a garota. Estranhou que ela ficasse quieta tanto tempo e foi ver. Tati se achava diante do espelho, colocando grampos nos cabelos, em atitude de grande dama, pondo-se *rouge* e fazendo ademanes de estilo. Manuela se ri. Tati, despertando de seu sonho, recebeu um susto, começou a chorar. Chorou bastante. É manha. A vida estava ficando monótona. As bonecas estão quebradas, as amiguinhas não aparecem. Será fome? Não. É sono.

Tati dorme. Desperta algumas horas depois, a ouvir uma, conversa, esquisita entre sua mãe e outra mulher. Faz uma pergunta, Manuela responde que mais tarde, quando ela for grande, explicará tudo.

Já era enorme a quantidade de coisas que Tati iria saber quando ficasse grande.

As amas impeliam os bebês nos carrinhos, à hora matinal. Tati chegava perto para acarinhá-los, mas era repelida por causa das mãos sujas. Então ia brincar com as ondas. De repente, a praia começou a ficar vazia de crianças. Os carrinhos atravessavam a rua e se recolhiam precipitadamente. Algumas amas que costuravam nos bancos ao lado dos bebês levantavam-se e fugiam. Depois, outras; e, assim, todas se foram. Alguém viera anunciar que Febrônio, o "monstro", havia fugido da prisão e passeava ali pelas imediações. A notícia ainda assustou mais devido ao céu que escureceu subitamente, e ao vento que começava a encapelar o mar. As vidraças batiam, fechando-se. O monstro já devia estar presente por ali, a pegar crianças.

É mês de agosto
O vento sopra
Lá vem Febrônio
Corre, gente!...
Fechem as janelas
Que lá vem Febrônio
Lá vem que nem um maluco
Todo barbado
Na frente da ventania
Corre, gente!...

Tati ficou sozinha, pensando fosse alguma coisa que viesse do mar. Quem pode saber tudo o que vem do mar? Todas as crianças se foram, ela se sentia abandonada, querendo soluçar. Até as ondas pareciam correr atrás, expulsando-a das águas. Uma criada explicou-lhe:

— Febrônio está solto, menina! Depressa pra casa!

— Que é, minha filha? — perguntou Manuela, ao vê-la chegar pálida de terror.

— Febrônio, mamãe, Febrônio!... Diz que fugiu... Ele é o papão!... Deixa eu ficar no seu colo? Um tiquinho só...

Manuela carregou-a ao colo, mas quase não podia mais, porque o "outro" não deixava lugar.

Um dia, sem que Tati pedisse, todos insistiram, para que fosse brincar. Quando voltou, uma senhora que ela mal conhecia dera-lhe merenda com recomendação de que continuasse a brincar. Sempre brincou, ora essa! Por que é que aquele dia todo mundo estava fazendo questão?

Era o irmão que ia nascer. Ao perceber o que se tratava, assumiu aspecto grave, não quis muita conversa com as companheiras. Enfim, chegara o dia! No matinho do terreno baldio ficou colhendo umas flores para o irmão, à espera do aviso. A cegonha estava demorando muito. Já tarde foram dizer-lhe que podia vir. Voltou correndo, a respiração cortada. No quarto se discutia a melhor maneira de dar a notícia.

— Eu acho que a senhora é quem devia explicar — disse uma velha dirigindo-se à parteira.

— Eu não. Não gosto de dar má notícia a ninguém.

— Olha, decidam depressa que a menina já vem subindo.

— Eu não digo.

— Nem eu.

— Eu acho que a senhora, como tia, é quem devia contar.

Manuela murmurou com a voz sumida:

— Mas é preciso dizer com muito jeito.

Os passos iam crescendo.

— Ih, ela vem vindo!... Já está subindo as escadas!...

— Como é que há de ser, gente?... Ela vem reclamar o irmão. Como vai ser?..

Os passos de Tati eram fortes. Subia com o ramalhete. Achou tudo diferente no quarto. Figuras estranhas, caladas, e um desagradável cheiro de desinfetante, aquele "cheiro do dr. Almeida". Reparou bem no teto, nas janelas. Nenhuma abertura. Por onde teria passado a cegonha? Quando virou o rosto para o berço, as mulheres se entreolharam, comovidas. Foi primeiro pelo olhar que ela fez a interrogação muda. E, em seguida:

— Cadê neném?...

— Fala a senhora em primeiro lugar — insistia alguém, baixinho, com a parteira.

— Cadê neném?... — repetiu a menina, deixando cair as flores.

Manuela tapou o rosto com o lençol para não assistir à cena.

— Cadê neném! — reclamou ainda, com um crescendo soluçante na voz. A pergunta fora feita agora com a vista baixada sobre o berço vazio. Uma senhora levou-a ao canto para explicar:

— Escuta, minha filha, não fica triste não. Papai do Céu levou neném, mas vai trazer outro, ouviu?

Para que foram dizer! Tati caiu no pranto. Esbravejou, sacudiu-se no chão onde se espalharam as flores. Xingou Papai do Céu, não admitiu que ninguém a tocasse.

As mulheres se limitaram a emudecer presenciando o desespero de Tati. Após alguns momentos, levantou-se grave, a fisionomia desfeita, e se dirigiu à mãe. Sua mãe é quem devia responder.

— Cadê neném, mamãe? Fala de verdade.

Manuela apenas beijou-a, sem dizer palavra.

A segunda fase do desespero de Tati foi em tom de manha e tinha a forma de uma reivindicação: "eu quero neném! eu quero nenen! eu quero neném!" De repente interrompeu o protesto. Encaminhou-se novamente para sua mãe e, solene, propôs uma solução:

— Você podia repetir o neném, mamãe.

— Posso, meu bem...

— Mas pode ser para amanhã?...

Antes de ela perceber o sorriso de Manuela, ouviu os gritos da pretinha Zuli, anunciando-lhe que as plantas tinham nascido, que viesse ver depressa o milho e o feijão. Desceu como louca as escadas. Viu que o feijão e o milho tinham nascido de verdade. Pegaram! Estavam vivos! Ficou contemplando as hastes tenras brotando da terra. E pulava de alegria.

Deu a mão à pretinha, e ambas dançaram em torno. Durante dias, Manuela já de pé, distraía-se a garota acompanhando o desenvolvimento dos vegetais. Entusiasmava-se; saía à calçada, chamava os transeuntes para ver. Um inglês, que se encaminhava cedo para o serviço, deixou-se arrastar pela mãozinha dela e teve que entrar. A mãe disse:

— Esses homens não acham graça, minha filha. Eles vão sempre muito ocupados...

E essa ventania agora? Manuela indo fechar as vidraças, encontrou Tati e a pretinha agachadas no terreiro.

— Suba depressa, menina!

— Deixa o vento passar primeiro, mamãe.

— Mas é por causa do vento mesmo.

— Você não está vendo que o vento quer quebrar o meu milho!...

Tati de cócoras, imóvel, segurava as hastes do milho com ambas as mãos. A pretinha se incumbia de proteger o feijão. O vento afinal passou, o milho estava salvo. Tati subiu com vontade de levá-lo consigo para que continuasse a crescer junto de sua, cama, debaixo dos seus olhos.

A costureira teve de trabalhar dobrado para acudir às despesas do parto. As encomendas de vestidos para as festas do fim do ano faziam com que ela tosse mais procurada pela freguesia. Todas tinham pressa. Algumas levavam as filhas vestidas como bonecas. Tati ficava admirando, convidava-as a brincar, a ver o milho. Elas nada respondiam, permaneciam imóveis. Tati estava certa de que eram meio bobas.

Costurando ou debruçada sobre os figurinos, Manuela pouco se lembrava da filha, que lhe parecia algumas vezes um obstáculo e que era, agora, como se não existisse. Mas Tati ia vivendo a seu modo. O negócio do irmãozinho, tão esperado, e que não veio, ficou ainda meio obscuro na sua ideia. Ah! se estivesse brincando com ele! Mais outro mistério aquilo... Não era tarde e o aposento entrou na penumbra. Tati se espanta.

— O quarto está murchando, mamãe. — A costureira acendeu as luzes, Tati achou engraçada aquela noite prematura. Como era fácil improvisar-se uma noite! Ficou um pouco agitada:

— Vamos brincar de dormir, mamãe? Só de pândega!...

Seria possível que sua mãe recusasse uma ocasião como aquela? Manuela nem responde. "Essa mamãe não gosta nunca de brincar com a gente."

Por que é que Tati está chorando agora, tão sentida? A culpa foi de Manuela, que soltou uma risada quando a filha lhe apresentou a boneca de barriga grande e lhe informou que "Carolina também estava esperando neném". Pois se estava esperando de verdade, pensou a garota, como é que sua mãe podia duvidar?

Tati não gostava se fizesse brincadeira com coisas sérias.

Após o parto e apesar das labutas excessivas, voltaram ao corpo de Manuela as formas e linhas habituais. Uma vontade maior de viver, de expandir-se. Dezembro vinha chegando, ia-se entrar num período diferente. O verão que se anunciava, as roupas estivais, o Natal, o *reveillon*, as praias cheias, os primeiros sinais do carnaval próximo — tudo lhe transmitia uma exaltação que ninguém lhe notava rio rosto calmo.

— Agora, minha filha, é hora de dormir.

Deitou a criança, cobriu-a. Fora, abria-se uma noite fria e bela, a primeira após a invernada. Manuela terminou algumas arrumações no apartamento e foi sentar-se junto à máquina de costura. Estava farta de costuras. Viu um barco de pesca atravessar a zona de luar e apagar-se na de sombra. Sua vontade era sair aquela noite de sábado, divertir-se um pouco.

Os namorados ressurgiram de novo na praia, depois da temporada de chuva. Parecia terem ficado escondidos na neblina, parados, esperando pelo tempo, até poderem continuar o eterno passeio.

Quando estaria a filha em idade de colégio? Manuela só teria alguma liberdade depois que a internasse. Mas a pequerrucha tem apenas seis anos. Criança é sempre um embaraço. Desfazer-se dela não seria difícil, se a entregasse à tia do subúrbio. Que fazia o pai? Abandonou a menina, nem mesmo chegou a conhecê-la.

A costureira pousou o olhar na cama de Tati e sacudiu a cabeça, afastando um pensamento sombrio. Não, isso não faria... A criança não tinha culpa, entregá-la à tia feroz, seria maldade. Nem à tia, nem ao juiz de menores.

Abriu a bolsa ao acaso, tirou um caderno de notas. Muitos nomes e endereços. Os homens!... com a sua brutalidade, o seu egoísmo, a fúria de gozar as mulheres e passarem para diante, deixando-as caídas no caminho.

Manuela era dessas muitas mulheres desiludidas do amor e que, entretanto, se guardam toda a vida para um homem desconhecido. Esperava sempre o amor, e os anos lhe iam chegando como comboios vazios. Tinham os seus grandes olhos uma luz indireta; luz que não ia buscar as coisas onde elas se achavam, como a dos holofotes; as coisas mesmas é que pareciam se vir banhar na claridade deles. Quando caminhava pelas ruas, os homens que acaso a fitavam deixavam-se ficar sob a difusão dessa claridade. Os que não lhe conheciam a voz imaginavam-lhe um timbre veludoso como correspondência à doçura desse olhar lento e absorvente de grande amorosa, pelo qual tudo mais dela se acertava — o busto, o andar, as maneiras. O corpo era delicado até à cintura; daí para baixo, porém, e à medida que se aproximava do chão pelas pernas, ganhava força, era mais apto a receber as correntes que vinham da terra. A decepção com um homem não a tornara menos amorosa. Apenas se fechava mais, usava maior prudência antes de dedicar-se a alguém. Era enorme o amor disponível que trazia, mas secreto e cauteloso; não tão secreto, porém, que impedisse o transeunte sensível de pensar ao vê-la: ali vai uma mulher que parece transbordar de amor.

Aquela noite, enquanto Tati dormia, pensava em sair sem destino pela cidade. Valeria a pena aceitar algum convite? Ficou examinando as propostas, os endereços: *Capitão Xavier...* um belo tipo, pensou, mas com qualquer coisa de estúpido, de desagradável; e desses que só apaixonam as mulheres a distância, perto dão enjoo; grupo numeroso. *Dr. Bastos...* este parece um homem fino, mas envaidecido de sua situação social, de sua clínica; no fundo, bem tolo e cheio de preconceitos. *Heitor...* atleta, rico... um tanto imbecil...

— Ó meu Deus — exclamou baixinho —, será que uma pobre mulher não encontra a quem confiar o seu coração?... *Antônio...* — continuou, examinando os endereços. — Ah! esse, sim; aqui está um que eu topava... Se dependesse de mim, ele nunca seria infeliz... Onde andará a essas horas? Que camaradão! Tão sincero, tão espontâneo... — Era capaz de amá-lo... passear com ele por esta noite afora, até a madrugada.

— Mamãe, você gosta de mim?

Manuela se assustou. Nem se lembrava de que a filha existia. Que ideia de fazer-lhe Tati essa pergunta!

— Você não estava dormindo, minha filha?...

— Mas você gosta de mim?

Sua mãe estava tão misteriosa aquela noite!

— Dorme, menina. Olha: Carolina já está sonhando.

— Mas gosta, não gosta?

Tati abraçou Carolina e continuou a fingir que dormia. Manuela começara a despir-se. Sua mãe era mais bela fora da roupa, notava agora. Mais bela que todas as freguesas que vinham provar vestidos. Sua mãe era divina...

Dela lhe vinha tudo. Quando tiritava de frio, saltava-lhe ao colo e era logo aquele calor! Pena que só gostasse de conversar com gente grande.

A menina, deslumbrada, prosseguia na inspeção do corpo que a gerou:

— Ah, é verdade, antigamente havia uma barriga enorme... Com certeza, foi Papai do Céu que levou também aquilo... Está aí, isso foi bom...

No dia de Natal a praça amanheceu vibrante de campainhas, atravessada por dezenas de bicicletas novas, luminosas. Nenhuma criança quis emprestar a sua a Tati.

Sentada no banco, olhando com inveja para as que se divertiam, estava indignada com Papai Noel que não lhe trouxera nada. Desde o ano passado guardara essa mágoa. O velho só botava brinquedo para as outras crianças. Resolveu queixar-se à sua mãe, levando pela mão a pretinha Zuli, que também não ganhou nada. Na praça, já se tinha acamaradado com outras que ficaram chupando dedo, de longe. Sua mãe, sendo tão poderosa, devia ter conseguido de Papai Noel alguma coisa. Uma freguesa prometera um brinquedo que nunca mais chegava. Mas o ideal de Tati, o que ela desejava mesmo, era uma bicicleta. Não a tendo obtido, retirou da gaveta Carolina e Gerê e arranjou-se com os dois. Manuela sentiu a solidão da filha. Amargurou-se ao vê-la brincar com Gerê, todo esfrangalhado, como sempre. Levou-a ao alto de Santa Teresa. Lá em cima, um português veio brincar com a menina, enquanto a mãe contemplava o oceano. Ao descerem do bonde, à noitinha, já a criança dormia no colo.

Na verdade, quem descia de bonde era só Manuela, porque a filha vinha descendo de bicicleta, uma linda e macia bicicleta, como não havia igual na praça. As outras crianças faziam ala para vê-la passar... E Tati passava fazendo vibrar as campainhas com orgulho, um pouco pálida, os cachos do cabelo esvoaçando... Sentia uma delícia enorme naquela corrida. O bondezinho chegou ao Viaduto, a mãe teve que acordá-la para a baldeação próxima. Foi o único trecho que Tati viajou de bonde, dormindo logo em seguida para retomar a sua bicicleta macia e velocíssima. Zuli, a pretinha, viajava na garupa...

Decorreram mais alguns dias. A noite de S. Silvestre estava quase... Nas ruas reinava alegria, tamanho o alvoroço da população às portas do Ano Novo. Compras, abraços, encomendas, convites, pressa. Parecia certo que desta vez a cidade inteira ia mesmo ficar feliz dentro de poucas horas. As freguesas de Manuela exigiam que ela terminasse depressa os vestidos a fantasia. A costureira trabalhava dobrado, ela mesma adiantando a compra dos aviamentos, escolhendo os figurinos.

Tati demorava-se muito no parapeito da janela vendo o mar, vendo a vida. No arranha-céu entravam centenas de embrulhos de encomendas. Que haveria dentro deles? interrogava. Que vontade de abri-los para ver o que têm dentro!

Na calçada, nos ônibus, nos bondes, desfilavam os gigantes, gente que não brincava, ocupada sempre com qualquer coisa que Tati não compreendia e que era um mistério. As mulheres que passavam na praia pareciam-lhe divindades...

Algumas dessas divindades não costumavam pagar as contas. Manuela teve prejuízo. A dona da casa sabia disso. Entretanto, veio declarar à costureira que não podia esperar mais, o atraso já era grande:

— A senhora compreende, não é? Eu não quero desconfiar de ninguém... Longe de mim... Mas os impostos estão cada vez... A senhora sabe... Além disso, estamos no fim do ano, vem aí o *reveillon*, as minhas filhas precisam se divertir, tudo são despesas... A vida está difícil.

Tati, chegando da praia no momento, interveio na conversa das duas mulheres:

— Fizemos uma montanha de areia, mamãe, que só você vendo...

— Espera, minha filha, deixa tua mãe conversar.

— ... E lá em cima pusemos, sabe quem? Carolina...

— Em todo caso — prosseguiu a proprietária — ainda posso esperar uns três dias.

— Depois — continuava por sua vez Tati —, fizemos um buraco que eu acho que vai sair na Europa...

— Não atrapalha, menina! — gritou a costureira, afastando a filha. E virando-se para a proprietária: — Mas a senhora podia deixar que eu levasse ao menos a máquina para terminar algumas costuras.

— Só se deixar a vitrola, como garantia.

A proprietária ficou satisfeita, as filhas teriam vitrola para dançar. E Manuela deixou correr uma lágrima.

Como a receberia sua irmã, em Deodoro? Começou a arrumar as tralhas, não se esquecendo de embrulhar alguns mantimentos para os primeiros dias. Telefonou a algumas freguesas pedindo pagamento, mas ou elas não se achavam em casa, ou não podiam pagar. Acabou vendendo, no dia seguinte, uma joia à mulher do térreo, para as despesas de carreto e passagem. A joia que Tati tinha pedido "quando ela morresse".

Terrível o estrépito de trens e veículos da noite, ressoando aos ouvidos da criança, relampagueando pela janela aos seus olhos. Tati sentiu que a cidade não acabava mais. — Só sua mãe nunca se perdia naquela floresta.

Sempre formidável, sua mãe!... Mas tão silenciosa!... Aconchegou-se bem ao colo dela. Viu passar coisas estranhas pela vidraça. Anúncios luminosos. Cinemas borbulhantes. Para onde estaria sendo levada dessa vez? Haverá criança no lugar aonde ia? Haverá mar? Que lhe estaria reservando sua mãe?

Tati inesperadamente teve a sensação paradisíaca de um lugar por onde passara, onde vivera entre delícias. Onde, esse lugar, não se lembrava bem... Mas havia estado lá, acordada ou dormindo... Quanto tempo? Não era nos subúrbios, não era também na praia. Parecia-lhe que foi há muitos anos. Talvez no fundo do mar, debaixo das águas... Antes de nascer.

Passaram Engenho Novo, Meyer, Piedade, Encantado, Cascadura... Manuela silenciosa, humilhada, fazia conjeturas amargas. Nunca mais voltaria a Copacabana. Da primeira vez perdera lá a virgindade, agora já ia ficando a máquina de costura. As freguesas, àquela hora, já se estavam preparando para o *reveillon,* muitas delas vestindo a fantasia que ela, Manuela, fizera com suas mãos, sem ter sido paga. E, agora, num carro de segunda classe, a caminho do subúrbio, lá se ia para a casa de uma irmã geniosa, a implorar-lhe favor, levando aquela criança, aquele trambolho!

A noite dos subúrbios apresentava aquela vez um aspecto diferente, meio pânico. Trens apinhados, correria, grupos gritando. Algum levante militar? Ou a busca da alegria, a corrida apressada para as festas?

Manuela está triste. Tati, irrequieta. A menina descobriu qualquer coisa ou alguém no banco do lado esquerdo. A todo momento se levanta, olha e ri.

— Toma modos, minha filha!

Mas a pequena não se corrige. A mãe impacienta-se, dá-lhe um beliscão. Seu pensamento estava muito longe da filha, estava mesmo contra ela. Tati começa a chorar. Menos pelo belisção do que pela hostilidade tão estranha que começava a pressentir na fisionomia de sua mãe. Como se a sua maior amiga pensasse em abandoná-la naquele momento. Tati está mesmo magoada. O carro de segunda classe tem pouca luz.

— Você é ruim, mamãe...

— Você não tem nada que estar olhando assim para essa mulher — repreendeu Manuela.

Tati se explica então entre soluços:

— É a maminha dela, mamãe. A maminha dela nasceu no pescoço!...

— Fala baixo, que ela ouve. Aquilo não é maminha, minha filha é papo...

— Como é então que a gente pode mamar ali?

Manuela ri-se. Que bola! Ri muito, abraça a filha. Criança! Sente-a pela primeira vez. Que animalzinho feliz, despreocupado — sua filha! Tão viva! Enchia uma casa, um bairro; poderá encher uma cidade inteira. Olhou demoradamente para ela, encarou-a bem, como se fosse pela primeira vez. Tinha cachos, a boca fresca, os olhos grandes. E era linda!

Tati!

Ainda pode ser tudo na vida. Como é que não a descobrira antes? Só agora se rendia sem luta à filha que a vinha conquistando há tanto tempo, sem esforço. Pega de novo a rir. Esquece tudo. Nem sabe qual o subúrbio que passou pela janela. A menina não se espanta mais com o papo da velha. O que a espanta é o riso convulsivo de sua mãe. Está até com medo dela. Os passageiros pensam que a mulher enlouqueceu. Manuela aperta a filha ao peito, beija-a muitas vezes, rindo, chorando... Caíram-lhe os embrulhos ao chão. Os cacarecos estão sendo sacolejados. Alguns legumes rolaram, saíram pela portinhola. Uma mulher vem entregar-lhe uns paninhos:

— Isso não é da senhora?

Manuela continua rindo, a olhar para a filha, a passar-lhe a mão pela cabeça.

— Eu adoro você, minha filha.

Vem se aproximando um estafeta do correio com um objeto na mão:

— Olha a sua caneca, minha senhora.

Manuela nem se lembra de agradecer. Estava-se passando dentro dela um acontecimento enorme.

Outros objetos foram sendo entregues pelo pessoal da segunda classe. Sob a bota de um português, Carolina está sendo pisada. Boneca infeliz, Carolina... A bota não era brinquedo. Tati dá um grito, corre até lá, salva Carolina. Só agora, vencida pela filha, a mãe começa a achar-lhe graça nos menores movimentos. E cheia de felicidade, envolve-a de novo no abraço.

Quem vem chegando agora, na direção de Manuela, é um operário:

— Olha a sua batata, minha senhora.

Manuela agarrada com Tati, Tati com Carolina — dormiram as três, até que a locomotiva apitou para Deodoro.

A costureira desce com cuidado, sobraçando a filha, Carolina e os embrulhos. Era preciso que a criança não acordasse. Tomou um caminho escuro. O que ia dar à casa da irmã. Tati abre um pouco os olhos, espia a espessura da noite. Está com medo.

— Tem Febrônio, mamãe?...

E adormece de novo. Passava ao longe um grupo com estandarte. Mas o caminho que a costureira trilhava era deserto.

— Não vá arranjar outro filho por esses matos aí, moça! — gritou-lhe um soldado. — Agora é hora dos bailes...

A mulher caminhava sem sentir cansaço. Outro dichote injurioso bateu-lhe apenas no ouvido:

— Tão sozinha, meu bem!...

Não, ia sozinha. Ia com Tati. A menina acordou de novo, ao som de uma canção que a mãe lhe cantava. As duas se entreolharam sorrindo. A primeira vez que Manuela sorri de fato para a filha. Ouviu-se uma zoeira enorme, ao longe, cortada de bombas e foguetes.

O ano virava. 1938.

Manuela galgou uma pequena colina. Chegou ao alpendre do bangalô da irmã. Tudo fechado e de luzes apagadas. No trinco da porta havia um escrito: "Fomos ao baile; pode bater que tem uma velha no fundo, tomando conta." Não bateu. A noite de céu alto estava clara. Relanceou a vista pelos longes. De todos os horizontes vinham rumores e reflexos de festa, como se houvesse naquele momento uma tentativa universal de esquecer guerras, perseguições e misérias. O armistício do Ano-Bom. Manuela se esquece também de tudo, as agruras passadas e as que ainda prometiam. Sai a caminhar pelas estradas. Uma vaga de esperança enche seu coração. Tati está vendo o céu.

— Aqueles furinhos todos são estrelas, mamãe? Todos?...

Sobre a relva da campina, Manuela começa a dançar como louca:

— É o Ano-novo, Tati, meu passarinho, meu tesouro... Precisamos também comemorar...

A costureira ergue Tati aos ombros. E, dentro da noite, comemora a entrada do Ano-novo, empunhando sua filha. E continua a dançar, carregando-a ao ombro, como um cântaro cheio de vinho.

— Daquele lado ainda tem mais estrelas, mamãe. Olha lá...

A MORTE DA PORTA-ESTANDARTE

QUE ADIANTA AO NEGRO FICAR OLHANDO para as bandas do Mangue ou para os lados da Central?

Madureira é longe e a amada só pela madrugada entrará na praça, à frente do seu cordão.

O que o está torturando é a ideia de que a presença dela deixará a todos de cabeça virada, e será a hora culminante da noite.

Se o negro soubesse que luz sinistra estão destilando seus olhos e deixando escapar como as primeiras fumaças pelas frestas de uma casa onde o incêndio apenas começou!...

Todos percebem que ele está desassossegado, que uma paixão o está queimando por dentro. Mas só pelo olhar se pode ler na alma dele, porque, em tudo mais, o preto se conserva misterioso, fechado em sua própria pele, como numa caixa de ébano.

Por que não se incorporou ao seu bloco? E por que não está dançando? Há pouco não passou uma morena que o puxou pelo braço, convidando-o? Era a rapariga do momento, devia tê-la seguido... Ah, negro, não deixes a alegria morrer... É a imagem da outra que não tira do pensamento, que não lhe deixa ver mais nada. Afinal, a outra não lhe pertence ainda, pertence ao seu cordão; não devia proibi-la de sair. Pois ela já não lhe dera todas as provas? Que tenha um pouco de paciência: aquele corpo já lhe foi prometido, será dele mais tarde...

Andar na praça assim, todos desconfiam... Quanto mais agora, que estão tocando o seu samba... Está sombrio, inquieto, sem ouvir a sua música, na obsessão de que a amada pode ser de outrem, se abraçar com outro... O negro não tem razão. Os navais não são mais fortes que ele, nem os estivadores... Nem há nenhum tão alinhado. E Rosinha gosta é dele, se reserva para ele. Será medo do vestido com que ela deve sair hoje, aquele vestido em que fica maravilhosa, "rainha da cabeça aos pés"? Sua agonia vem da certeza de que é impossível que alguém possa olhar para Rosinha sem se apaixonar. E nem de longe admite que ela queira repartir o amor.

O negro fica triste.

E está até amedrontado com as ameaças da noite, com essa Praça Onze que cresce numa preamar louca.

A Praça transbordava. Dos afluentes que vinham enchê-la, eram os do Norte da cidade e os que vinham dos morros que traziam maior caudal de gente. O céu baixo absorvia as vozes dos cantos e o som em fusão de centenas de pandeiros, de cuícas gemendo e de tamborins metralhando. O negro, indiferente à alegria dos outros; estava com o coração batendo, à espera. Só depois que Rosinha chegasse, começaria o Carnaval. O grito dos clarins lhe produz um estremecimento nos músculos e um estado de nostalgia vaga, de heroísmo sem aplicação. Ó Praça Onze, ardente e tenebrosa, haverá ponto no Brasil em que, por esta noite sem fim, haja mais vida explodindo, mais movimento e tumulto humano, do que nesse aquário reboante e multicor em que as casas, as pontes, as árvores, os postes parecem tremer e dançar em conivência com as criaturas, e a convite de um Deus obscuro que convocou a todos pela voz desse clarim de fim do mundo?...

A Praça inteira está cantando, tremendo. O corpo de Rosinha não tardaria a boiar sobre ela como uma pétala. O povo dá passagem aos blocos que abrem esteiras na multidão, entre apertos e gritos.

— Isso não é assim à beça, Jerônimo! Cuidado com essa aí! É virgem...

Rompem novos cantos. Os "Destemidos de Quintino", os "Endiabrados de Ramos" estão desfilando. Há correria do povo para ver. Os companheiros se separam, as filhas perdem-se das mães, as crianças se extraviam. Acima das vagas humanas os estandartes palpitam como velas. E é pela ondulação dessas flâmulas que os que não podem se aproximar deduzem os movimentos das porta-estandartes.

Não se vê o corpo delas, vê-se-lhes o ritmo dos passos no pano alto. Mas era como se fossem vistas de corpo inteiro, tão fiel a imagem delas na agitação das bandeiras.

— Oh, aquela lá, que colosso!... É pena não se poder vê-la; mas é mulata, te garanto...

— Ih, como deve estar dançando aquela do outro lado!... Dezoito anos com certeza... Coxas firmes... Meio maluca...

— A que está empunhando o estandarte que vem vindo aí é que deve ser do outro mundo. Preta com certeza... Veja só como a bandeira se agita, como a bandeira samba com ela...

— Pelo frenesi, a gente conhece logo.

Dezenas de estandartes pareciam falar, transmitiam mensagens ardentes, sacudiam-se, giravam, paravam, desfalecendo, reclinavam-se para beijar, fugiam...

— Imagino como estão tremelicando os seios daquela, lá longe; aquela diaba deve estar suando... Eta gostosura de raça!

— Cala a boca, Jerônimo... Você acaba apanhando...

Os cordões se entrecruzam, baralham-se os cantos. Vem crescendo agora um baticum medonho de tambores. Um bloco formidável se anuncia. O negro amoroso interpreta os sinais semafóricos do estandarte que está entrando pelo lado da Praça da República. O negro fura a massa, coloca a sua figura enorme em situação de poder ficar bem perto. Apura o ouvido para saber se é o canto do seu cordão. A barulheira é grande. Algumas notas são do hino... Sente um arrepio. Ela virá com aquele vestido? Se entristece mais, à medida que a mulata se vem aproximando numa onda de glória, entre alas do povo.

Se quiser agora sair daquele lugar, já não poderá mais, se sente pregado ali. O gemido cavernoso de uma cuíca próxima ressoa-lhe fundo no coração.

— Cuíca de mau agouro, vai roncar no inferno... Será ela, meu Deus!...

O negro está tremendo. Mas não pode ser ela. Rosinha, quando aparece, ninguém resiste, é um alvoroço, uma admiração geral... Não vê que é assim... Até o ar fica diferente. E o estandarte que vem vindo é de veludo azul, tem a imagem de São Miguel entre estrelas e as insígnias do cordão. Ainda não é o bloco de Madureira.

O preto se enganou. Sente-se desoprimido. Foi melhor assim. Pensa em ir embora, desistir de tudo. No dia seguinte, na oficina do Engenho de Dentro, se sentirá leve ouvindo o batido das bigornas e o farfalhar das polias. Se os companheiros perguntarem por que não apareceu, dirá que esteve doente, que foi ao enterro de algum parente, de uma tia, por exemplo. Está mesmo disposto a voltar para casa. Que o tomem por decadente, se quiserem...

Se Rosinha desobedecer e vier à Praça, não faz mal. Está também disposto a não se importar... Nem indagará se ela fez sucesso, se alguém mais se apaixonou por ela, se o Geraldo continuou com aquelas atenções, aquele safado. Amanhã, no trabalho, recomeçará a vida, será livre novamente. Rosinha que venha procurá-lo depois. Ele é homem e é forte. O que vale no homem é a vontade. Além disso, uma noite corre depressa. Enfiará a cabeça debaixo do travesseiro e a desgraça passará. Apelará para o sono. Já está até com vontade de dormir. Entretanto, não seria mal que caísse uma tempestade. Ao menos assim, Rosinha deixaria de vir à frente do cordão... Oh! como gostaria, como estava torcendo por um temporal que estragasse o vestido dela! Daqueles que inundam tudo, derrubam as casas, param os bondes e trazem uma desmoralização geral. No fundo está até com ódio do Carnaval...

Perto, estão tocando um samba de fazer dançar as pedras. Todos se mexem. Só quem está imóvel é ele, sob o peso de uma dor enorme. As mulatas passam rente, cheias de dengue; sorriem, dizem palavras. Hoje ele não topa. Se sente mesmo envergonhado de estar tão diferente. Nunca foi assim. No futebol, no trabalho, nas greves, nas festas, era sempre o mais animado. Foi de certo tempo para cá que uma coisa profunda e estranha começou a bulir e crescer dentro de seu peito, uma influência má que parecia nascer, que absurdo! do corpo de Rosinha, como se esta tivesse alguma culpa. Rosinha não tem culpa. Que culpa tem sua namorada? — essa é que é a verdade.

E está sofrendo, o preto. Os felizes estão se divertindo. Era preferível ser como os outros, qualquer dos outros a quem a morena poderá pertencer ainda, do que ser alguém como ele, de quem ela pode escapar. Uma rapariga como Rosinha, a felicidade de tê-la, por maior que seja, não é tão grande como o medo de perdê-la. O negro suspira e sente uma raiva surda do Geraldão, o safado. Era este, pelos seus cálculos, quem estaria mais próximo de arrebatar-lhe a noiva. O outro era o Armandinho, mas esse era direito; seu amigo, de fato, incapaz de traí-lo. Sentiu um reconhecimento inexplicável pelo Armandinho.

Suas pernas o vão levando agora sem direção. Não se acha a caminho de casa, nem se sente completamente na Praça.

Alguns trechos de sambas e marchas lhe chegam aos ouvidos, pousam-lhe na alma:

O nosso amor
Foi uma chama...
Agora é cinza,
Tudo acabado
E nada mais...

Tudo acabado, tudo tristeza, caramba!... Cabrochas que fogem, leitos vazios, desgraças. Nunca viu tanta dor de corno. Não nasceu para isso, nem tem vocação para sofrer. Os sambas o incomodam. Por que não está dançando como os outros?

O negro está hesitante. As horas caminham e o bloco de Madureira é capaz de não vir mais. Os turistas ingleses contemplam o espetáculo a distância, e combinam o medo com a curiosidade. A inglesa recomenda de vez em quando: "— Não chegue muito perto, minha filha, que eles avançam..." — A mocinha loura pergunta então ao secretário da Legação se há perigo: "— Mas eles são ferozes?" "— Não, senhorita, pode aproximar-se à vontade, os negros são mansos." — A baiana dos acarajés se ofendeu e resmunga desaforos: "— Nóis é que temo medo de vancês, seu cara de não sei que diga; nóis não é bicho, é gente!..."

Passa rente aos olhos da *miss* um torso magnífico de ébano. Ela se perturba, fica excitada, segreda aos ouvidos do secretário, tremendo na voz: "— Eu tinha vontade de dançar com um... posso?" "— *You are crazy, Amy!...*" — exclama-lhe a velha, escandalizada. Mas os turistas agora se assustam. No fundo da Praça, uma correria e começo de pânico. Ouvem-se apitos. As portas de aço descem com fragor. As canções das Escolas de Samba prosseguem mais vivas, sinfonizando o espaço poeirento. A inglesa velha está afobada, puxa a família, entra por uma porta semicerrada.

— Mataram uma moça!

A notícia, que viera da esquina da Rua Santana, circulou depois em tomo da Escola Benjamim Constant, corria agora por todos os lados alarmando as mães.

— Mataram uma moça! — comentava-se dentro dos bares.

— Mataram, sim, mataram uma moça!...

— Que maldade matarem uma moça assim, num dia de alegria! Será possível?...

— Mas mataram, sim senhora, garanto que mataram!...

— Como é o tipo dela? O senhor viu?

— Me disseram que é morena, de uns dezenove anos, por aí...

— Morena? Dezenove anos!... Ai, meu Deus! É capaz de ser a minha filha!... Diga depressa como é o resto do tipo dela...

Outra senhora cheia de pressentimentos se aproxima do informante:

— O homem que estava com ela era preto, era? Estava de branco?... E tinha uma cicatriz? Ai! se tinha, não me diga mais nada... não me diga mais nada! Meu Deus, mataram minha filha!... Nenucha! Nenucha! Cadê Nenucha?...

As mães todas se levantam e saem a campear as filhas. O clamor de umas vai despertando as outras. Cada qual tem uma filha que pode ser a assassinada. Rompem a multidão, varam os cordões, gritam por elas. Os noivos são ferozes, os namorados prometem sempre matá-las.

A animação da Praça é atravessada agora pelo grito das mães aflitas. A mãe de Nenucha, porém, a primeira desgrenhada que se levantou, já está de volta ao seu lugar. Voltou porque cruzara com uma que se rasgava toda em imprecações: "— Laurinha, eu bem te disse que não viesses, o malvado jurou que te matava. Virgem Mãe, mataram minha filha... Eu sei... Eu nem quero ver." A mãe de Nenucha transfere o seu desespero para a mãe de Laurinha e se acalma. Mas apareceu uma gorda a dizer por sua vez à mãe de Laurinha que a morta era outra, uma pequena de Bangu, operária de fábrica. A fera tinha sido presa.

Distante do tumulto mortífero, as outras mães que já haviam arrecadado as filhas seguram-nas bem, ao abrigo dos noivos fatais. Eram as que escaparam de morrer, as que tinham sido salvas. "— Mariazinha, que susto tua mãe passou! Não vai lá mais não, ouviu? É melhor irmos embora, teu namorado está rondando..."

Outras mães, cheias de maus presságios, partem ainda à procura das filhas.

Uma senhora que recebia a corte de um português debaixo do coreto, ao ouvir a notícia, larga-se aos berros, ainda toda embrulhada em serpentinas, à procura de sua Odete. Era Odete, com certeza... Nem tinha dúvidas... Dava encontros, punha a mão na cabeça, corria. O povo achava graça imaginando fosse alguma farsante bêbeda. Odete já devia estar numa poça de sangue, esvaindo-se. Foi o namorado! Nunca tirava os olhos dos seios dela, aquele monstro... Dizia sempre que ela havia de ser sua. E tinha uma cara malvada, o diabo do homem... Coitadinha de sua Odete... Aqueles seios!... Bem não queria, oh! que fossem tão grandes. Odete também não queria, já estava amedrontada. A mãe corria e soluçava, perguntando a todos onde se achava a filha morta. Era Odete, sim, tinha quase certeza! Caminhava como uma sonâmbula. Falava sozinha, soltando lamentações. Onde é que Odete estaria caída? E não tirava do pensamento que a desgraça foi por causa dos seios da mocinha... Quem não estava vendo? Ela mesma, como mãe, reconhecia que aqueles seios chamavam demais a atenção.

Tinha o pressentimento de que aquilo acabava mal. Até os passageiros dos bondes cheios se viravam para apreciá-los, quando Odete parava na calçada. Odete a princípio, coitada, tão inexperiente, se sentia faceira com eles... Depois, cresceram mais do que se esperava, e ela própria teve medo. Já produziam escândalo... Fora o demônio que tomara conta daquela parte do corpo de sua filha. Ultimamente, era um desespero: a pobrezinha mal podia atravessar a rua, sentia-se perseguida pelos homens. E não eram dois nem três que olhavam, não: da porta dos cafés, de dentro dos armarinhos, das sacadas, de todos os lados, todos queriam espiar, ficavam olhando... Ela passava depressa, envergonhada. Porque sempre foi muito seriazinha, a sua Odete... Que gente mal-educada... Deus nos livre dos homens. Que adiantou o *soutien* de arrocho?... Foi pior. "Ah, meu Deus, haverá mãe que possa dormir tranquila vendo os seios da filha crescerem assim dessa maneira?..." Quando Odete caminhava é que eles adquiriam a sua plenitude de vida e mistério. Daí o fato de todo mundo, quando pensa em Odete, pensar logo nos seios dela, que sempre apareciam primeiro e na frente, como a proa dos navios...

A mulher tremia e soluçava. Ah! Odete não tem culpa. Foram os seios, foram... Tanto desejava levá-la para longe desses brutos.

Agora, lá vai como louca, à procura do corpo da filha.

Caminha e vê crescendo uma rosa vermelha bem em cima do seio esquerdo de sua Odete. Dá um grito, cai sem sentidos. Dois pretos carregam-na para um bar. Já outras mães vinham de volta, trazendo as respectivas filhas bem seguras nas mãos. Deram-lhe éter a cheirar, abanaram-na. Quando voltou a si, parecia ter saído de um banho de resignação. Calma. Como se tivesse se conformado com tudo o que acontecera.

Começa então a declamar a história, da filha com o criminoso: conheceram-se num banho à fantasia, na praia de Ramos; ele parecia distinto a princípio, tinha emprego, dava presentes. Depois... o malvado começou a ameaçar a pobrezinha, a fazer-lhe exigências. Não queria que fosse aos bailes, que usasse blusa de malha. Dizia que ela remexia demais as cadeiras quando caminhava. Proibiu-lhe trazer flor na cabeça, conversar com os amiguinhos.

— Mas a senhora tem certeza de que foi sua filha? — interrompeu um mascarado.

— Se já estou vendo o cadáver!... Ah, meu Deus, que dor! Não! Não! Eu quero é contar a história dela. Isso me consola...

Fez uma pausa. Recomeçou depois, mais patética:

— Ainda nem tinha dezoito anos. Uma menina... Bordava que era um gosto. Todos apreciavam ela... Me ajudava tanto.

Um sujeito, vestido de Hailé Selassié, escutava comovido. Pouco a pouco, a pobre senhora foi percebendo que estava sendo cercada de cavalos, bois e porcos prestimosos, além de um Mefistófeles e alguns Arlequins que vieram oferecer seus serviços. Essa fauna grotesca afigurava-se-lhe como aparições do reino do pesadelo. Fixou-os de olhos esbugalhados, deu um grito de horror. Eles compreenderam, tiraram as máscaras. De dentro das máscaras surgiram fisionomias cheias de compaixão, que se voltavam para ela, querendo consolá-la. Alguém disse que a vítima era outra, uma mulata de Madureira, porta-estandarte de um cordão. A mulher não acreditava. Era inútil iludi-la.

Lá fora, um coro de vozes perguntava ainda, insistentemente, por certa Maria Rosa:

Cadê Maria Rosa
Tipo acabado de mulher fatal?

E anunciava que ela tinha como sinal

Uma cicatriz,
Dois olhos muito grandes,
Uma boca e um nariz.

A mulata tinha uma rosa no pixaim da cabeça. Um mascarado tirou a mantilha da companheira, dobrou-a, e fez um travesseiro para a morta. Mas o policial disse que não tocassem nela. Os olhos não estavam bem fechados. Pediram silêncio, como se fosse possível impor silêncio àquela Praça barulhenta. A última das mães aflitas chega atrasada, atravessa o cerco, espia bem o cadáver, solta um grito de alegria:

— Ah, eu pensava que fosse a Raimunda! Graças a Deus que não foi com minha filha! Escapaste, Raimunda!

Saiu satisfeita. Alguns malandros, de cavaquinho nas mãos, foram se afastando, meio desajeitados. Um deles dava opinião:

— Dor eu não topo, franqueza... Sou contra o sofrimento.

Tentaram pedir silêncio novamente. Uma rapariga comentava, enxugando as lágrimas:

— Só se você visse, Bentinha, quanto mais a faca enterrava, mais a mulher sorria... Morrer assim nunca se viu...

O crime do negro abriu uma clareira silenciosa no meio do povo. Ficaram todos estarrecidos de espanto vendo Rosinha fechar os olhos. O preto ajoelhado bebia-lhe mudamente o último sorriso, e inclinava a cabeça de um lado para outro como se estivesse contemplando uma criança. Uma Escola de Samba repontava no Mangue. Ainda se ouviam aclamações à turma da Mangueira. Quando o canto foi se aproximando, a mulata parecia que ia levantar-se.

E estava sorrindo como se fosse viva, como se estivesse ouvindo as palavras que o assassino agora lhe sussurra baixinho aos ouvidos.

O negro não tira os olhos da vítima. Ela parecia sorrir; os curiosos é que queriam chorar. A qualquer momento ela poderia se erguer para dançar. Nunca se viu defunto tão vivo. Estavam esperando esse milagre. Ouvia-se uma canção que parece ter falado ao criminoso:

Quem quebrou meu violão de estimação?
Foi ela.

Ainda apareceram algumas mães retardatárias rondando de longe a morta.

A morta não tinha mãe nem parentes, só tinha o próprio assassino para chorá-la. É ele quem lhe acaricia os cabelos, lhe faz uma confidência demorada, a chama pelo nome:

— Está na hora, Rosinha... Levanta, meu bem... É o "Lira do Amor" que vem chegando... Rosinha, você não me atende! Agora não é hora de dormir... Depressa, que nós estamos perdendo... O que é que foi? Você caiu? Como foi?... Fui eu? Eu?... Eu, não! Rosinha...

Ele dobra os joelhos para beijá-la. Os que não queriam se comover foram se retirando. O assassino já não sabe bem onde está. Vai sendo levado agora para um destino que lhe é indiferente. É ainda a voz da mesma canção que lhe fala alguma coisa ao desespero:

Quem fez do meu coração seu barracão?
Foi ela...

Que ninguém o incomode agora. Larguem os seus braços. Rosinha está dormindo... Não acordem Rosinha. Não é preciso segurá-lo, que ele não está bêbedo... O céu baixou, se abriu... Esse temporal assim é bom, porque Rosinha não sai. Tenham paciência... Largar Rosinha ali, ele não larga não... Não! E esses tambores? Ui! que ventania... É guerra... ele vai se espalhar... Por que estão malhando em sua cabeça?... Na bigorna do Engenho de Dentro é assim... Se afastem que ele está lutando por ela... Ele é bamba... Não se massacra um operário dessa maneira... Estão atrapalhando o seu caminho para Rosinha... Se apitam assim, acordam ela... Ela já não está mais presente... Deslizando no éter... Deixem ele passar... Os outros fiquem no chão... Fiquem por aí... Ele vai tirar Rosinha da cama... Ela está dormindo, Rosinha... Fugir com ela, para o fundo do país... Abraçá-la no alto de uma colina...

Apêndice

O rato, o guarda-civil e o transatlântico*

para o alvaro moreyra

Alguma cousa segredavam-se àquela hora o cais e o transatlântico recém-chegado. Estavam atracados.

Quase deserta, a praça inunda-se de um sol tal que debaixo dele, guardando o molde dos pés transeuntes, o asfalto se faz dócil.

Que sol!

E que fazem as árvores que não intercedem a favor da gente? Apenas algumas, de poucos recursos vegetais, deixam cair no chão, já agora um cautchu elástico, o nanquim desaproveitado de sua sombra. São ossudas e verticais, como mulheres magras que nunca se casaram.

O paquete viera de atravessar o Atlântico, mas não dava mostras de cansaço.

Era um colosso. E o guarda-civil, seu admirador principal, ficara a contemplá-lo a respeitosa distância.

Dele se desprendiam acordes de orquestra, como se lhe fosse musical a fumaça das chaminés.

---

*Conto publicado na revista *Estética* (direção de Prudente de Morais, neto e Sérgio Buarque de Hollanda), janeiro-março de 1925, Rio de Janeiro, p. 167-184.

O monstro havia entrado alta noite em silêncio e todo iluminado; desde a madrugada conservava-se assim em intimidade com o cais.

Passageiros de binóculo olhavam do convés para o Brasil e recebiam de chofre nas retinas a agressão das cordilheiras.

Um jovem esteta alemão, negociante de motores, largara o chope e viera ao convés para fazer o diagnóstico: "Cubismo nas montanhas, pontilhismo no mar e arrivismo na cidade. Natureza virgem, imprevista, bárbara, etc., etc. População gesticulante. Pigmento vário. Sol. Material para teorias, estéticas. Este país precisa de maquinismos e de filosofias. *Przf.*"

Suspenso o flerte de bordo, seguiam-se as exclamações em diversos idiomas:

X: — Charmant pays!...
Y: — Dio mio, come è bello!...
X: — What a good nature!...
Z: — Wunderbar!!
H: — Caramba! Que hermozo! Es otra vez Andalucia...
Todos: — Oh! oh! ohhh...

Um surdo-mudo, que só tomou parte na última exclamação, impossibilitado de explicar o seu entusiasmo, atirou-se ao mar.

Não sabendo se Brasil se escrevia com *s* ou *z*, um inglês escrupuloso sentiu-se incomodado e não quis desembarcar.

Havia festa. O mundo inteiro é uma festa! Já o guarda anda desconfiado disso.

Sua imaginação andou para trás no tempo e evocou a catedral parecida com aquilo, em que costumava entrar na infância para rezar. Ele é moreno, ar infantil, olhos mais sonhadores do que vigilantes tem a preguiça no corpo, mas é brioso de ânimo. No fundo, repele a farda e prefere, por exemplo, ir-se embora naquele navio. Quando não está de serviço, lê romances de engraxate e de estradas de ferro, dentro dos quais vive mais que na vida.

Com a emoção da chegada, a bronquite que grassava na 3ª classe começa a fazer um grande barulho, semelhante ao protesto dos colegiais nos internatos.

O paquete de uma só vez trazia um mundo de cousas, tanta cousa junta que só a carga dessa viagem dava para despersonalizar o Brasil inteiro. O casco do navio estava impregnado do universo!

(Ó meu país, cada vez que toca em teu litoral um transatlântico, sinto que estremeces como o corpo virgem às mãos do sedutor. Dia virá em que há de ser um só cais febril a tua infinita costa!)

Cais e transatlântico continuavam atracados confidenciando-se. Os passageiros aproveitavam o idílio para descer, e o navio, que podia perfeitamente interromper aquele desembarque e partir pelo oceano fora, deixava-se ficar, não se importava... Como soltasse água pelos orifícios competentes, parecia ter arrebentado alguma veia Mas o guarda não receou pela sorte dele, porque já notara essa diurese marinha em outros companheiros, transatlânticos daquele tamanho quase.

— É pena — refletiu —, nenhum fica... Deixam depois o cais e vão-se embora... São todos assim. Fazem com o cais o que fez Sebastiana comigo... Sebastiana!...

De uma rua que dá na praça eis que desemboca um grupo em rixa. A lei estava violada. O policial interveio, providenciou e restabelecida a ordem inefável, voltou a seu posto para enamorar-se do transatlântico.

— Sim, senhor, que colosso!... E tão mansinho! Mas dizem que no mar alto ele é feroz!... Um dia embarco também...

Ele observava admirado as criaturas que desembarcavam. Homens de negócio, mulheres complicadas, americanos avermelhados, turistas, gente difícil que a nave arrebanha pelos portos deste vasto mundo.

Depois, imigrantes famintos, cáftens vorazes, e anarquistas melancólicos.

O navio paternalmente deixava a todos sair.

Ao lado, diante de umas malas de cabine, uma francesa sorria, achando fácil a vida. Sorria para todos e para tudo, como faz há muitos séculos. E o guarda também sorria para ela, enquanto um estivador musculoso olhava com fúria para o pomerânia algodoado que ela acariciava nas mãos sem anéis.

— Um dia embarco também...

Num grupo destacou-se um senhor de incontestável importância que parou para ser fotografado, sorriu e foi fotografado com flores na mão e cavalheiros atenciosos ao lado.

— Aquele está bom para presidente — opinou o guarda.

Por último as malas... Dentro delas os produtos, a moda, as ideias, cousas novas para o país novo. Vinham ulceradas de letreiros indecifráveis. Dormia lá dentro o mistério. Contratos escandalosos, inventos, empréstimos, cartas de amor, planos de guerra, livros anarquistas, joias falsas e de vez em quando um cadáver de milionário ou de mulher fatal — os reputados maiores segredos do mundo cruzam os mares dentro de malas e valises.

— É possível haja uma grande confusão pelo outro lado — refletiu o guarda ante a algaravia poliglótica dos letreiros.

Ao longo do cais, os guindastes desocupados pareciam-lhe girafas a olhar.

Havia no ambiente uma atividade entre mundana e alfandegária.

Afinal, quando nada fosse, tratava-se de um grande navio que se encostara ao Novo Continente... O choque de dois mundos abrandado pela ternura do cais...

A chegada de um comboio ou de um paquete sempre se espera ver descer um conhecido. Tem-se mesmo a necessidade de adotar um amigo para abraçá-lo perante o público. Lembrara-se o policial de que, quando criança, seu avô lhe mostrara o retrato de um amigo, cujo filho, Pantaleão Bellini, havia seguido para a Europa e se ficara por lá. Quem sabe estava ele ali em meio de tantos estrangeiros? O guarda procurava Pantaleão Bellini...

Debaixo de um sol inamovível, a praça teve alguns minutos de vida cosmopolita. O asfalto gravava novos moldes de pés.

Mulheres que se aposentaram no Velho Mundo afluíam de Varsóvia, de Nápoles, de Paris e de Moscou à busca da revalidação sexual na América. Vinham algumas cobertas de joias, outras cheias de sabedoria, todas com o Wassermann positivo e rigorosamente vestidas.

O guarda já apaixonado pela francesa que sorria incansavelmente junto às malas, conjeturava o que podia fazer por ela. Divina! Seu coração pressentiu um escândalo, um rapto, um desfalque, um homicídio, pelo menos... Viu a morte nos olhos da tentadora internacional e começou a rezar...

Homens de maneiras frias e o adunco judaico do nariz na cara semítica desciam para fazer negócio, montar casas de penhor e, conforme as leis, tentar o comércio branco. Vinha a luxúria no corpo das primeiras; no espírito dos outros a astúcia.

Dentre vários turistas hipocondríacos, alguns, não se tendo suicidado em tempo, desciam com esperança de curarem em novas terras a neurastenia contraída nas velhas civilizações. Britanicamente entediados, fechavam a boca que só dava entrada ao charuto e saída para a respectiva fumaça. Entrevistados pela reportagem dos trópicos, negavam-se a dizer qualquer cousa, e, como fossem polidos, ofereciam charutos aos rapazes jornalistas que ficavam satisfeitos.

Um mutilado relatava a um repórter a história patriótica de seu braço direito levado por um obus na batalha do Marne; outro, com lágrimas nos olhos, contava a mesma cousa da perna esquerda que se ausentou do tronco em companhia de algumas falangetas da mão direita. Um russo, que se dizia pintor e amigo de Strawinsky, afirmava ter-lhe cabido a honra do primeiro tiro em Rasputin.

O guarda sentiu abalos na sua estrutura moral. A chegada daquele navio, o desembarque, as malas, as frases em estrangeiro, a francesa — tudo o perturbava e parecia querer corrompê-lo. E foi presa de um acesso nativista.

— É um desaforo! descem para fazer uso da nossa pátria...

O navio estava agora a sós com o cais. Parecia que ansiava por esse momento. Vazio o ventre daquelas gentes e bagagens que ele trouxera de fora e que acabavam de ser despejadas na terra de Santa Cruz, sentia-se leve e alteado pelas próprias ondas.

— Olha que são oito milhões de quilômetros quadrados! — referia a meia voz um imigrante a outro imigrante que se chamava Carducci e que estava desanimado.

— Enfim — consolou-se o guarda —, o país precisa entender-se com o resto do mundo. Os navios não têm culpa...

Lá vem a francesa. Que ainda estará fazendo ali a francesa? Sorrindo... O guarda junta as imagens mais doces que sabe e atribui-as à francesinha que o está enfeitiçando.

— Iara, leva-me em teus braços.

— Guarda, deixa-me pecar fora das leis.

A praça, passada a agitação do desembarque, fica mais erma ao sol do meio-dia. Parece um ringue de patinação logo após um grande desastre.

Àquela hora dava-se na cidade um fenômeno térmico-social, tão comentado como os maiores escândalos. Era o calor, que se combate nas sorveterias, debaixo dos chuveiros, nas casas de chope; o calor de que se maldiz desejando-o voluptuosamente nas praias de banho; o calor que expõe o corpo das mulheres, multiplica os delitos carnais, e inspira ideias monstruosas aos imaginativos. O calor longe do giro unânime dos ventiladores, endoidecendo a população nas praças cheias de labaredas.

— Bom é ficar dentro da água como o navio...

O guarda a um tempo suava e imaginava e, depois que foi autorizado pelo termômetro, começou a sentir calor oficialmente.

Instalara-se a preguiça no céu. Tempo ideal para um Congresso de Ópio. As árvores no auge da canícula suspenderam o fornecimento de sombra. Um absurdo, pois todo mundo quer viver à sombra de alguém ou de um chapéu-de-sol. O grito do sorveteiro lança no ar uma hipótese de frescura.

De um quinto andar uma rapariga quase despida reclina o busto para espiar... Tenta ler: "Cap... Cap... Cap..." — mas o sol turva-lhe a vista e derrete as outras letras que se fundem...

E o navio fica-lhe sendo apenas um grande navio sem nome.

O guarda olha para os lados, e furtivamente arranca do bolso uma brochura. *Simbad, o marujo.* Leu. Tirou depois um caderno de modinhas. Declamou. Como não havia nada, só lhe restava cochilar. Cochilou. Parece que o transatlântico também.

Silêncio!...

Ouviam-se acordes da harmonia universal.

....

Tripulante retardatário, passageiro anônimo, eis surge no alto da escada, risonho, mas cauteloso e com visíveis sinais de quem quer descer, um rato. Um rato e nada mais.

Bem o divisara o guarda da sua semissonolência atordoada.

Ergueu o focinho ao céu e deslumbrou-se da claridade que o enchia. Quanta luz! Que país será esse, maravilhoso assim?

O cheiro de cereais que o vento levava dos armazéns vizinhos para o seu olfato acordara-lhe o instinto profissional exercitado nos empórios europeus. Diante de tão imperiosa solicitação resolveu ficar.

Desceu a escada com muito jeito, com calma, certa elegância de maneiras e bastante esperança. Desceu com a dignidade imprópria de um rato.

O transatlântico nada percebia, distraído com o cais. O guarda é que via tudo.

Acompanhou os movimentos do minúsculo imigrante e ficou desconcertado. Notou o espanto quase humano que se desenhou no rosto dele quando do alto da escada contemplando a cidade cheia de luz, orlada de montanhas. Ficou quieto. Quieto, porém reflexivo. Desandou a imaginar... Fazia considerações que a canícula concorria para tornar imprecisas, se não absurdas. Esteve horrorizado com certas conclusões de um raciocínio... Era o calor...

Formara-se grande atrapalhação em sua cabeça. Aquele rato não podia deixar de ter qualquer coisa de anormal... O ar malicioso, o olhar inteligente... Certamente, era um rato de tratamento, desonesto como todo rato, mas fino e especioso, com o dom do raciocínio e noções gerais sobre as coisas. Bastava a circunstância de ser passageiro de um transatlântico de luxo...

Fosse como fosse, havia qualquer coisa de espantosamente humano em sua maneira de olhar, de gesticular, de saltar com prudência e de cheirar com volúpia. Além do mais, era europeu, e da Europa, como de Nova York chegam diariamente coisas fantásticas...

Quem lhe poderia assegurar que com aquele mamífero displicente não aportava ao Brasil uma coisa fantástica?

A superstição confirmava as hipóteses da imaginação. Diante do desconhecido, o guarda ficou mais humilhado que curioso. O homem enfatuado humilha-se de reconhecer as suas maneiras num canguru, num macaco ou num sapo. E o rato assimilava modos de *Homo sapiens*. O novo hóspede pisou o território nacional.

Sentiu uma emoção esquisita. Olhou depois para os lados e certificando-se de que não havia gatos em torno, baixou o focinho ao chão religiosamente, mas fê-lo com tal respeito e frenesi que mais parecia um beijo.

O beijo com que recolhera no original o primeiro cheiro da terra brasileira.

Ao olho agora bem estatelado do guarda não passou despercebido o gesto gentil do roedor europeu. Não! positivamente... aquilo era um camundongo especial, um rato de categoria. Poderia vir imbuído de ideias anarquistas, de princípios prematuros soprados de Moscou sobre a América do Sul. E o guarda fora instruído de que caminhavam pelo planeta ideias diabólicas. Algumas delas já haviam chegado até nós, mas caíram como corredores ao termo da prova.

A terra move-se sob o signo da Extravagância, cuja influência já desce ao Brasil inocente e começa a atordoar o policial desprevenido.

Assim considerando, deliberou deter o animal. Teve ímpeto de matá-lo a cassetete. Ímpeto apenas, porque depois recuou da imprudência com supersticioso receio.

Não, pensou consigo, trata-se de um rato de cerimônia, europeu provavelmente e incontestavelmente passageiro de um transatlântico; talvez nem seja rato, tendo deste apenas o físico miúdo e o pelo inequívoco; talvez venha cumprir um destino no país.

O guarda não sabia se devia esmagar o animalzinho sob os pés, ou se adorá-lo como uma divindade nova.

Saem tantas coisas absurdas de um transatlântico!...

O hóspede ouve o rumor da cidade e deseja conhecer coisa nova.

O asfalto arde-lhe tanto nos pés que o faz dançar contrariado.

Vê à frente, à sua disposição três ruas como três destinos que se lhe abrem.

Dirige-se para o guarda. O gesto é de quem vai colher informações. A meio caminho, para como quem posa para o fotógrafo. O policial já não tem mais dúvida. Arrepia-se; súbita sensação de frio de quem chega a Petrópolis. Iria prestar informações a um rato, iria admiti-lo como interlocutor humano...

Mas enquanto este se concentra, o guarda cai em transe filosófico... Pensa nas coisas, tolera tudo e quase já admite o rato como fenômeno plausível, filho de um século de absurdos. Desconfia que vai por este mundo de Deus uma festiva animação e quer tomar parte em tudo. São os hotéis, são as mulheres, são os navios que não param quietos, são os aeroplanos que voam; é a dança, é a música por toda parte. Na terra uma quermesse, no mar uma festa veneziana. O guarda achou tudo admirável. Seus lábios preparam-se para deixar passar um conceito dissolvente. Mas ele é prudente, nada dirá; sete anos de serviços, e um reumatismo incipiente já lhe vêm despertando as primeiras covardias.

Sentindo, porém, que ninguém o percebe, abre um sorriso mole, combinação feliz entre o da Gioconda e o de Carlito. Momentos depois, entre os lábios dilatados pelo sorriso, o conceito sai, como bala atrasada depois da detonação: "uma festa este mundo!... Franqueza..."

O pronunciamento filosófico-policial era profundo, apesar de vulgar, e como se verificou a 39° à sombra de um guarda-chuva, e diante de um transatlântico de muitas toneladas, não podia deixar de ser peremptório.

Definido assim o mundo, o guarda voltou ao rato. Mas voltou menos alarmado, quase tranquilo, como o amante ao lado da mulher na noite em que pensa tê-la compreendido.

Era já o Signo da Extravagância irradiando plenamente em lugar do Cruzeiro do Sul...

Tudo tinha explicação, menos aquele rato e o telégrafo sem fio. Era certo que na vida do guarda o sorriso de Sebastiana tinha-se também consumado uma coisa misteriosa. Mas o mais... tudo se explica. Por exemplo, as mulheres que desembarcaram do navio antes do rato, estando alegres e bem vestidas, vinham com certeza para animar a Nação, distraindo os congressistas e distribuindo carícias ao alto comércio. O próprio navio se ali estava parado era por causa do cais. Tudo se explica, refletiu o guarda. O sol, se brilha, é para que não haja escândalos na rua, como nos cinemas, e as montanhas, se são altas, é por causa do panorama que delas se descortina — mas aquele rato estava na obrigação de ser rato e nada mais que rato. Já que assim não era, seja admitido como um rato de exceção. E seja entre nós bem-vindo um rato providencial.

Ele ou ela? Rato ou rata? Dos ratos em geral ficara-lhe na memória uma reminiscência gramatical da idade escolar: "— rato, substantivo masculino, singular... singular..." Era o que sabia de rato, noção que o não habilitava a precisar o sexo do que desembarcou. Também que adianta hoje o sexo? A cidade está cheia de rapazes tão lindos e de raparigas tão esportivas, que só os podem diferençar os médicos-legistas e nunca os estetas.

O que descera do navio era, pois, um substantivo masculino, singular.

A alguns metros do guarda ainda quedava o insigne roedor. Era evidente que estava raciocinando, formulando um programa, o programa da entrada. Eram três ruas em frente, à escolha. Saltaria nalgum táxi por causa do calor; entraria na cidade de táxi. Foi quando lhe ocorreu a ideia de voltar para despedir-se do transatlântico, que o trouxera a tão imprevisto mundo, e guardar-lhe a quilha branca na retina.

E olhou saudoso o quieto paquete... Na verdade não lhe correra bem a viagem. Em Biscaia muito mar com enjoos; dias depois quase o mata o salame de bordo; no Havre escapou de ser frigorificado às ordens do comandante; pouco antes de Vigo, um capitalista com evidente maldade, atira-lhe na cara as cinzas do charuto. Durante nove dias seu olho direito ficou camoniano. Finalmente, ao entrar na baía, pisado de boa-fé por uma prima-dona de companhia lírica. Nem por tudo isso se magoara com o transatlântico.

Por sua vez, o policial considerava no destino que o fizera guarda-civil. Não nascera para isso, nascendo para diplomata. O programa do seu ideal falhara nesse ponto. Quanto à fazenda de café em São Paulo, ainda tinha esperança de adquiri-la. Enfim, era guarda-civil em caráter provisório, esperando há sete anos coisa melhor.

A sorte parecia sussurrar a este otimista: "tem paciência, espera um pouco, mais sete anos ou quinze; vai continuando assim mesmo, policial ou coisa pior, pouco importa, serás tudo depois..." De repente ao contemplar o cassetete teve uma rápida sensação de que era autoridade, como o *sportsman* nu que, após o exercício, diante do espelho, obtém dos músculos intumescidos o direito de afirmar: "— eu sou um colosso!"

Era autoridade, estava ali para manter a ordem, fazer respeitar a lei, cumprir o dever. Iria cumprir o seu dever.

Mas preferiu dormir.

Dormiu e sonhou.

Sonhou que viajava naquele mesmo paquete, deixando ao país sete anos de serviços, e levando consigo uma dançarina russa de meio sangue Romanoff, muito friorenta. Viu outros portos e metrópoles encantadas. No convés brigou com um argentino, dançou com uma chilena, discutiu com um alemão e foi roubado por um turco. Viu sereias do tempo de Ulisses encantadas com o *jazz-band* universal que se está ouvindo agora pelos oceanos e descobriu o velho Netuno escondido sob o casco de um navio velho, envergonhado de não saber dançar. Cruzou no mar alto outros paquetes iluminados, sonoros de apitos, de orquestras e cantos.

E concluiu que este mundo é uma festa...

Tudo dança sobre a terra, sobre o mar dançam todos os navios...

Enquanto o guarda viaja, o rato procura pôr em prática o seu melhor método de entrar numa cidade. Aos poucos se foi informando das instituições, dos comestíveis, dos grandes nomes nacionais. Convinha instruir-se previamente acerca das coisas da terra. Para tranquilidade sua, assegurou-se de que o clima era bom, de que não havia muitos gatos. Depois, como apelo hereditário, um desejo diabólico de roer, como quem, roendo sempre, aqui viesse cumprir um destino.

E, não tendo encontrado táxi, entrou satisfeito na cidade, em passos de foxtrote acelerado que o asfalto quente ainda tornava mais vivaz.

Eram quatro horas e vinte cinco minutos da tarde.

Machucara-o numa das esquinas a vassourada de um caixeiro lusitano. Não estava sendo bem recebido. Pouco lhe importava. Ele trazia o destino de roer, ele queria encontrar o que roer. Já pretendia farejar os infólios da Academia e os queijos mais frescos da República; ansiava pelos casacos mais velhos da Monarquia, dentro dos respectivos móveis coloniais; ia deliciar-se com as fardas que restavam do Paraguai; ia, enfim, iniciar a santa roedura de tudo o que nesta terra virgem não estivesse exposto aos raios diretos do sol e da vida. Tudo seria minuciosamente roído. Não era só pela terra. Era pelo desejo de roer, sem motivo, risonhamente...

A francesa ainda persistia sorrindo ao lado das malas. Alguém fazia perguntas, que ela não entendia.

— Sua profissão?

— *Femme fatale.*

Sonhando incorrigivelmente, o policial prosseguia na viagem com o mar diante dos olhos e a bailarina dentro dos braços. Recebeu a carícia de todas as cousas, e a melhor carícia que é da água, achando o mundo uma maravilha.

Navegando, viajou até Xangai.

Quando, na remota cidade chinesa, estendia a mão à risonha vítima dos sovietes para descerem juntinhos, foi acordado às sacudidelas por um cidadão que reclamava os seus serviços. E como chegara a hora de algum atentado ao pudor, era precisamente disso que se tratava.

O guarda teve que regressar urgentemente da China para abrir os olhos na Praça Mauá.

— Pois o senhor não compreende que eu estou chegando da China!... Espere um pouco, tenha paciência... Como é longe a China!...

Fez esforço a fim de não misturar sonho e realidade, baralhados em seu espírito cheio de ressonâncias marítimas. Depois de uma operação mental complicada, conseguiu isolá-los e ficar coma parte de realidade, de que precisava para responder ao queixoso. Até o último momento antes de deliberar qualquer cousa, a russazinha dos Romanoff ainda o atrapalhou.

Acendeu o cigarro.

À fumaça compareceram o transatlântico, a dançarina, a francesa, o rato e um panorama parcial de Xangai. Parecia fumaça de cachimbo chinês, de tão concorrida. Acabou conseguindo restabelecer em si a unidade moral, desagregada pelas emoções e dissolvida pelo calor.

Quis experimentar se estava em condições: "França, capital Paris... 7 e 7, 14... Minha mãe se chamava Balduína, meu pai, Romero... Devemos amar a pátria... Não se deve cuspir no chão nem, desejar a mulher do próximo... Rockfeller é milionário, eu, não; eu sou guarda-civil..."

Verificou que podia. E recaiu no fenomenismo profissional.

Dilatou a vista para o cais. Que é do navio?...

Sem nenhum motivo o transatlântico abandonara o cais.

Ingrato!... Não disse?... Todos vão-se embora...

Pobre cais!...

Com grande exibição de fumaça e disposto a ganhar o oceano, o paquete ia fugindo veloz. Nada o fazia voltar. Estava resoluto e de ar avalentoado. Corriam-lhe atrás as ondas, que depois desistiam, como cães que correm latindo ao comboio em velocidade. Já navegava longe, mas ainda era grande e visível como um anúncio de dentista. O oceano dentro em pouco ia devorá-lo.

O cais voltava à sua nostalgia específica.

Embarcações ligeiras encostavam-se a ele com doçura, procurando consolá-lo. Mas ele repelia esses contatos e já esperava ansiante outro transatlântico que vinha chegando barra adentro, carregado de promessas...

Os cais agora só querem saber de transatlânticos.

A nave desertora já entrara na jurisdição do almirantado inglês. Sumira-se.

O guarda lembrou-se das montanhas que desapareceram atrás da garupa do seu cavalo, quando partiu da terra natal.

Montanha, parto da montanha... ah! onde estaria o rato, o seu rato?

O Signo da Extravagância exercia-se agora com alarmante intensidade.

— Mas, afinal, o senhor não me atende! É um absurdo. Não se tem garantias neste país — gritou o queixoso ao guarda impassível.

Com uma grande inocência nos olhos, o policial fitava o cais e não se mexia. O vento atirava-lhe o quepe para longe. Que importa o vento!

Alheio a tudo, dizia cousas baixinho, devagar e quase cantando:

— Oh! estava chegando em Xangai... Xangai... Como é interessante o mundo!... Eu não sabia que era assim. Ninguém nunca me disse que o mundo era, assim... Eu bem desconfiava...Tão longe, Xangai!...

— !!...

— Com dançarina russa, nunca mais! nunca mais!... Romanoff... Voronoff... Roskoff... off...

— !?...

— ... rato, substantivo masculino, singular... singularíssimo... sing...

— !!!!...

— Coitado do cais! nunca mais! nunca mais... masculino, singular... Xangai... Xang... O senhor tem calos? Só tem calos quem quer... Quem é o pai da criança? Eu não sabia que o mundo era assim... Que beleza este mundo!...

Teve a sensação de que era coquetel, depois que era ventilador, quilha de navio, rato e finalmente que não era nada. Fazia contrações com os dedos estrangulando Luís XVI e em seguida uma criança. Ouviu o Padre Vieira e passou-lhe uma vaia. Tomou sorvete ao lado de Landru, Cleópatra e Sete Coroas.

Pisou no calo de Mussolini e interveio na política inglesa assobiando a *Gigolette*. Deixou a cachoeira de Paulo Afonso pingar dentro de seus olhos e, logo depois, jogou pôquer com Napoleão. Acabou fumando o cassetete...

Mas, como estava uniformizado, continuou guarda-civil até às sete da noite, hora em que recebeu ordem de partir com urgência para o Hospício, onde acordou no dia seguinte fazendo apreciações sensatas sobre a China... para onde seguia num luxuoso transatlântico em companhia de uma porção de ratos maliciosos...

Este livro foi impresso nas oficinas da
DISTRIBUIDORA RECORD DE SERVIÇOS DE IMPRENSA S.A.
Rua Argentina, 171 – Rio de Janeiro, RJ
para a EDITORA JOSÉ OLYMPIO LTDA.
em fevereiro de 2010

*

78º aniversário desta Casa de livros, fundada em 29.11.1931